목표, 그 성취의 기술

GOALS!
by BRIAN TRACY

Copyright ⓒ 2003 by Brian Tracy
All rights reserved including the rights of reproduction in whole or in part in any form.
Korean translation copyright ⓒ 2003 by Gimm-Young Publishers, Inc.

This Korean edition is published by arrangement with
Berrett-Koehler Publishers through Eric Yang Agency, Seoul.

목표, 그 성취의 기술

goals!

브라이언 트레이시 지음 | 정범진 옮김 | 김동수 감수

김영사

목표, 그 성취의 기술

지은이_ 브라이언 트레이시
옮긴이_ 정범진
감수_ 김동수

1판 1쇄 발행_ 2009. 10. 28
1판 43쇄 발행_ 2023. 9. 15

발행처_ 김영사
발행인_ 고세규

등록번호_ 제406-2003-036호
등록일자_ 1979. 5. 17.

경기도 파주시 문발로 197(문발동) 우편번호 10881
마케팅부 031)955-3100, 편집부 031)955-3200, 팩스 031)955-3111

이 책의 한국어판 저작권은 에릭양 에이전시를 통한
Berrett-Koehler Publishers사와의 독점계약으로 김영사에 있습니다.
저작권법에 의하여 한국 내에서 보호를 받는 저작물이므로
무단전재와 무단복제를 금합니다.

값은 뒤표지에 있습니다.
ISBN 978-89-349-1358-0 03320

홈페이지_ www.gimmyoung.com   블로그_ blog.naver.com/gybook
인스타그램_ instagram.com/gimmyoung   이메일_ bestbook@gimmyoung.com

좋은 독자가 좋은 책을 만듭니다.
김영사는 독자 여러분의 의견에 항상 귀 기울이고 있습니다.

책머리에

　이 책은 더 빨리 성공하고 싶은 야망이 있는 사람들을 위한 책이다. 이 책에 담긴 아이디어들을 받아들이면, 아주 중요한 목표들을 달성하는 데에 몇 년의 수고를 덜 수 있다.
　나는 지금까지 24개 나라에서 200만 명이나 되는 청중들 앞에서 2,000번이 넘게 강연을 해왔다. 그 세미나와 대담들은 5분에서 5일에 이르기까지 길이도 다양하다. 그러나 언제나 나는 특정한 주제에 관한 최고의 생각들을 그 순간 그 자리에 있던 청중들과 함께 나누려고 노력했다. 이제껏 다양한 주제들을 가지고 셀 수도 없이 많은 강연을 해온 내가 만일 5분 동안 당신의 성공에 도움이 될 만한 딱 한 가지 생각만을 전해줄 수 있다면, 이런 말을 해주고 싶다. "목표를 설정하고, 그것을 성취하기 위한 계획을 세우고, 날마다 그 계획을 실천하기 위해 노력하십시오."
　이 조언을 충실히 따르기만 한다면 이제껏 배워온 그 어떤 것보다도 큰 도움이 될 것이다. 많은 대학 졸업생들이 이 단순한 생각 하나가 4년 동안의 공부보다 더 값지다는 말을 한다. 나의 삶과 다른 수백만 명의 삶을 바꾸어놓은 이 생각은 당신의 삶 역시 바꿔놓을 것이다.

얼마 전 일군의 성공한 사람들이 시카고에 모여 인생에 대해 이야기하는 자리를 마련했다. 모두 백만장자나 억만장자인 그들은 역시 성공한 사람들답게 자신이 이룬 성취와 삶으로부터 받은 축복에 겸허하고 감사하는 마음을 지니고 있었다. 인생에서 그렇게 많은 것을 성취할 수 있었던 이유에 대해 이런 저런 얘기를 나누던 가운데 그들 중 어떤 이가 거침없이 이렇게 말했다. "성공이 곧 목표이고, 그 외의 모든 것은 주석이다."

시간과 삶은 소중하다. 시간과 삶을 낭비하는 가장 빠른 길은 단 몇 달이면 해치울 수 있는 일을 가지고 쓸데없이 몇 년을 질질 끄는 것이다. 이 책에서 제시하는 현실적이고 증명된 목표 설정 및 성취 과정을 따르기만 한다면, 상상했던 것보다 훨씬 짧은 시간에 훨씬 더 많은 것들을 이룰 수 있다. 빠르게 전진하고 비상하는 모습에 자신은 물론 주변의 모든 사람들도 깜짝 놀라게 될 것이다. 간단하면서도 실천하기 쉬운 이러한 방법과 기술들을 잘 따르기만 하면, 앞으로 몇 달 또는 몇 년 안에 곤궁한 처지에서 벗어나 부자가 될 수 있다. 가난과 좌절은 풍요와 만족으로 변할 것이다. 동료들과 가족들을 훨씬 앞지르고 살면서 다른 사람들보다 훨씬 더 많은 것을 성취할 수 있다.

나는 지금까지 살아오면서 뚜렷한 목표를 지닌 평범한 사람들이 자신이 무엇을 원하는지 제대로 모르는 천재를 이기는 모습을 여러 번 목격했다.

나의 사명은 아무리 시간이 흘러도 변함없다. 그것은 바로 "사람들이 좀더 빨리 목표를 이룰 수 있도록 돕는 것"이다. 이 책에는 성공, 성취, 목표 달성에 관하여 내가 지금까지 터득한 모든 것들의 진수가 담겨 있다. 앞으로 설명될 방법들을 실천한다면, 당신은 삶의 선두로 나아갈 수 있을 것이다. 내 자녀들에게는 이 책이 지금 있는 곳에서 목표하는 곳으로 나아가고자 할 때 길잡이가 될 수 있는 지도이자 안내자가 되었으면 한다. 내 동료들과 독자들에게는 성공의 지름길로 나아가는 데 유용하다고 입증된 시스템을 마련해주었으면 한다.

두 팔 벌려 당신을 환영한다. 놀랍고도 새로운 모험이 당신을 기다리고 있다.

저자 브라이언 트레이시

목차

책머리에 5

서문_ 내 삶이 뒤바뀐 날 11

1_ 잠재능력을 깨워라 16

2_ 내 손에 달려 있다 28

3_ 가장 완벽한 삶을 그려보라 40

4_ 마음속 열망을 발견하라 50

5_ 꿈의 목록을 작성하라 62

6_ 핵심 목표 하나를 정하라 74

7_ 되고 싶은 모습대로 행동하라 84

8_ 정확한 진단이 치료의 절반이다 96

9_ 코끼리를 어떻게 먹을까? 110

10_ 병목 지점을 빠져나가는 법 122

11_ 자기 분야에서 최고가 되어라 136

- **154** 독수리가 되려면 독수리 떼와 함께 _12
- **168** 종이 위에서 생각하라 _13
- **182** 중요한 목표부터 하나씩 _14
- **194** 목표를 설정하는 3P 공식 _15
- **204** 성공한 모습을 항상 떠올려라 _16
- **218** 마음의 컴퓨터를 작동하라 _17
- **230** 어린아이처럼 유연하게 _18
- **244** 자신의 노래를 끝까지 불러라 _19
- **258** 날마다 무언가를 하라 _20
- **268** 마지막 1분까지 포기하지 말라 _21

- **284** 추천 도서 목록
- **288** 찾아보기

당신이 진정으로 원하는 바가 무엇인지 깨달아라.
그때부터 당신은 나비를 쫓아 다니는 일을 그만두고
금을 캐러 다니기 시작할 것이다.

- 윌리엄 몰턴 마스든

서문

내 삶이 뒤바뀐 날

살아 있다는 것이 너무나 멋지게 느껴지는 시절이다. 창의적이고 결단력 있는 사람들이 더 많은 목표를 이룰 수 있는 더 많은 기회를 그 어느 때보다도 마음껏 누리고 있다. 경제적 상황이나 개인적인 삶에서 단기적인 부침이야 있겠지만, 우리는 바야흐로 인류 역사상 그 어느 시기보다 평화롭고 풍요로운 시대로 돌입하고 있다.

1900년에 미국에는 5,000명의 백만장자가 있었다. 2000년에 이르러 그 수는 500만 명을 넘어섰으며, 그들 대부분은 한 세대 만에 자수성가한 사람들이다. 전문가들은 앞으로 20년 안에 백만장자가 1,000만에서 2,000만 명 가량 더 생길 것으로 예측한다. 당신의 목표는 그들 가운데 한 사람이 되는 것이어야 한다. 이 책은 바로 그 방법을 보여줄 것이다.

뒤늦은 출발

나는 열여덟 살에 고등학교를 졸업하지 않고 자퇴했다. 내가 처음으로 한 일은 어느 조그만 호텔의 접시닦이 일이었다. 거기에서 세차장으로 옮겼다가 다시 수위로 있으면서 바닥 청소를 하는 일자리로 옮겼다.

그 다음 몇 해 동안 나는 여기저기를 떠돌아다니며 온갖 막노동을 했고, 그렇게 땀 흘려 번 돈으로 겨우 생계를 유지했다. 제재소와 공장에서도 일을 했고, 농장과 대목장에서도 일을 했다. 전기톱으로 커다란 목재를 자르는 일도 했고, 벌채 철이 끝나면 우물 파는 일을 하기도 했다.

나는 높은 건물을 짓는 건설 노동자로도 일했고, 북대서양을 오가는 한 노르웨이 화물선의 선원 노릇도 했다. 그러면서 차 안이나 값싼 하숙집에서 잠을 자는 일이 잦았다. 스물세 살 때에는 수확기 동안 헛간의 건초더미에서 잠을 자고 농장주의 가족과 함께 밥을 먹으면서 떠돌이 농업 노동자로 일하기도 했다. 교육도 받지 못하고 내세울 만한 기술도 없었던 나는 수확기가 끝나자 또다시 실업자 신세가 되고 말았다.

막노동 일자리마저도 더 이상 찾을 수 없게 되자 나는 일정한 수수료를 받는 판매직에 뛰어들었다. 이 사무실 저 사무실, 이 집 저 집을 일일이 찾아다니면서 물건을 팔아야 하는 일이었다. 하지만 하루 온종일 겨우 물건 하나를 팔아서 하루 숙박비만 근근이 마련하고 밤을 보낼 곳을 찾는 일이 비일비재했다. 정말이지 그리 신통치 않은 삶의 출발이었다.

내 삶을 바꾼 종이 한 장

그러던 어느 날 나는 종이 한 장에 터무니없는 목표를 적어보았다. 그것은 방문 판매로 매달 1,000달러를 번다는 것이었다. 나는 그 종이를 접어서 치워버렸고 다시는 그것을 찾지 않았다.

그러나 30일 후에 내 인생은 송두리째 바뀌어버렸다. 그동안 나는 재고까지 완전히 처리하는 기술을 하나 발견했고, 첫날부터 내 수입은 세 배로 뛰어올랐다. 그 사이에 회사의 소유주는 그때 막 도시로 이주해온 한 기업가로 바뀌어 있었다. 내가 종이에 목표를 적은 지 꼭 30일째 되는 날, 그는 다른 판매 사원들에게 내가 그들보다 훨씬 높은 판매 실적을 올릴 수 있었던 방법을 가르쳐주면 매달 1,000달러를 주겠노라고 제안했다. 나는 그의 제안을 받아들였고, 그날 이후로 내 삶은 완전히 달라졌다.

18개월 동안 나는 그 직장에서 다른 직장으로, 다시 또 다른 직장으로 옮겼다. 판매 직원에서 이제는 다른 사람들을 거느리는 판매 관리자가 되어 직원 95명을 모집해 판매 팀을 하나 만들었다. 말 그대로 다음 끼니를 걱정하는 처지에서 주머니 가득 20달러짜리 지폐를 채우고 거리를 활보하는 사람이 된 것이다.

나는 판매원들에게 목표를 설정하고 더욱 효과적으로 물건을 파는 방법을 가르치기 시작했다. 거의 순식간에 그들의 수입은 두세 배, 심지어는 열 배까지 올랐다. 그들 가운데 많은 이들이 지금은 백만장자나 천만장자가 되어 있다.

그렇다고 해서 20대 중반 이후로 나의 삶이 줄곧 순탄한 길만 밟아온 것은 아니다. 많은 우여곡절을 겪었고, 성공했다 싶으면 금세 또 실패가 찾아오기도 했다. 나는 80개가 넘는 나라를 돌아다니면서 일하고 생활하며 불어와 독일어와 스페인어를 배우고 22가지의 다른 분야에서 경험을 쌓았다.

경험 부족과 가끔씩 드러나는 무지의 소치로 인해 그동안 이룬 것을 모두 잃고 나서 처음부터 다시 시작한 경우만 해도 한두 번이 아니었다. 이런 일이 있을 때마다 나는 자리에 앉아 종이에 새로운 목표들을 적고 앞으로 이 책에서 설명할 방법들을 이용했다. 그런 식으로 나는 다시 시작하곤 했다.

마구잡이로 목표를 설정하고 달성하는 식으로 몇 년을 보내다가 마침내 내가 터득한 모든 것들을 모아서 단일한 시스템을 만들기로 결심했다. 나는 그러한 아이디어들과 전략들을 한 자리에 모아 시작과 중간과 끝이 있는 일종의 목표 설정 방법론과 과정을 개발하고 그것을 날마다 실천하기 시작했다.

목표 달성을 위한 이러한 청사진을 실행에 옮긴 지 어언 1년 만에 내 삶은 다시 한번 변화를 맞았다. 그 해 1월에 나는 임대 가구로 들어찬 임대 아파트에서 살고 있었다. 3만 5,000달러나 되는 빚을 지고 있었고, 값을 다 치르지도 못한 중고차를 몰고 다녔다. 그랬던 내가 12월에는 10만 달러짜리 아파트에 살고 있었다. 새로 장만한 메르세데스 벤츠를 몰았고, 빚을 모두 갚았으며, 은행에는 5만 달러가 예치되어 있었다.

성공에 대해 정말 진지하게 생각하게 된 것은 그때였다. 나는 이 '목표 설정'이라는 것이 엄청나게 강력한 힘을 발휘한다는 사실을 깨달았다. 나는 수백 수천 시간을 쏟아 부어 목표 설정과 달성에 관한 책을 읽고 연구했다. 그리고 내가 발견한 최고의 아이디어들을 종합해서 믿을 수 없을 만큼 효율적으로 작동하는 완벽한 목표 설정 및 달성 과정을 만들어냈다.

어떤 계획이든 무계획보다는 낫다

1981년부터 시작해서 나는 24개국 200만 명 이상의 사람들을 상대로 워크숍과 세미나 등에서 내가 개발한 시스템을 가르쳐왔다. 그 교육 과정을 다른 사람들도 활용할 수 있도록 녹음도 하고 비디오 녹화도 했다. 우리는 지금까지 전 세계에 걸쳐 다양한 언어로 수백만의 사람들에게 이러한 원칙들을 교육시켰다.

　나는 출발점에서의 교육 상태나 경험이나 배경이 어떠하든 이런 아이디어들이 사실상 모든 나라의 모든 사람들에게 효과가 있다는 사실을 깨달았다.

　무엇보다도 이런 아이디어들은 나를 비롯한 수많은 사람들이 삶을 완벽하게 통제하는 데에 큰 도움을 주었다. 목표 설정 과정을 규칙적이고 체계적으로 실천하다 보니 어느덧 빈곤은 풍요로, 좌절은 성취로, 불만족스러운 성취는 성공과 만족으로 바뀌어 있었다. 이 시스템을 이용하면 누구나 그와 똑같은 결과를 얻을 수 있다.

　일찍이 내가 터득한 바는 무계획보다는 어떤 계획이든 세우는 것이 낫다는 사실이다. 이미 해답이 나와 있는 것에 쓸데없이 시간을 낭비할 필요는 없다. 수십만 어쩌면 수백만이나 되는 사람들이 빈손으로 시작해서 이러한 원칙들을 따른 덕분에 놀라운 성공을 거두었다. 그리고 그 방법을 배우기만 한다면, 누구든 얼마든지 그들처럼 목표를 달성할 수 있다.

　이 책을 통해 삶에서 원하는 모든 것을 성취하는 데 가장 중요한 21가지의 아이디어와 전략을 배우게 될 것이다. 또한 성취를 방해하는 장애물은 스스로가 지레 짐작하는 한계뿐임을 알게 될 것이다. 그리고 그러한 상상에는 어떠한 한계도 없기 때문에 성취에 대한 한계도 전혀 존재하지 않는다. 이것이야말로 가장 중요한 발견 가운데 하나이다. 이제부터 시작해보자.

1 잠재능력을 깨워라

평범한 사람의 잠재능력은 아직 항해하지 않은 대양과도 같고,
아직 탐험하지 않은 신대륙과도 같고,
풀어헤쳐져 어떤 위대한 행복을 향하여
나아가기를 기다리는 가능성의 세계와도 같다.

— 브라이언 트레이시

◎ 성공이 곧 목표이고, 그 외의 모든 것은 주석이다. 성공한 사람들은 대단히 목표 지향적이다. 그들은 자신이 원하는 바를 알고 있으며, 하루하루 오로지 그것을 이루는 데에만 전념한다.

목표를 설정하는 능력은 성공의 최고 기술이다. 목표는 긍정적인 정신을 깨우고 목표 달성을 위한 아이디어와 에너지를 해방시킨다. 목표가 없으면 삶의 풍랑 속에서 표류하며 흘러갈 뿐이다. 목표가 있으면 마치 화살과도 같이 표적을 향하여 곧장 날아간다.

사실 우리는 백 번의 생을 살아도 모자라지 않을 만큼 큰 잠재력을 타고났다. 당신이 지금까지 성취한 모든 것은 진정으로 가능한 것 중

에서 극히 작은 일부분일 뿐이다. 성공의 법칙 하나. "중요한 것은 어디에서 왔는가가 아니라 어디로 가고 있는가 하는 것이다. 그리고 어디로 갈 것인지를 결정하는 것은 오로지 자신과 자신의 사고이다."

목표가 명확하면 자신감이 커지고, 능력이 향상되며, 동기 부여의 수준이 높아진다. 세일즈 트레이너인 톰 홉킨스가 말했듯이, "목표는 성취라는 용광로 속의 연료이다."

짙은 안개 속에서 운전하기

인류 역사상 가장 위대한 발견은 삶의 거의 모든 측면을 창조하는 정신의 힘일 것이다. 인위적인 주변 세계의 모든 것은 현실화되기 전에 한 개인의 정신 속에 담긴 사고나 아이디어로서 시작되었다. 삶의 모든 것은 자신이나 또는 다른 누군가의 정신 속에서 하나의 사고, 소망, 희망 혹은 꿈으로 시작된다. 당신의 사고는 창의적이다. 사고가 자신의 세계와 자신에게 일어나는 모든 것을 형성한다.

모든 종교, 철학, 형이상학, 심리학, 성공학은 한마디로 이렇게 요약된다. 우리는 대부분의 시간 동안 생각하는 그대로 된다. 외부 세계는 궁극적으로 내부 세계를 반영하며, 우리가 생각하는 바를 스스로에게 되비추어준다. 끊임없이 생각하는 바는 그것이 무엇이든 현실로 나타나기 마련이다.

성공한 사람들은 대부분의 시간 동안 무슨 생각을 하느냐는 질문을 많이 받는다. 그들이 내놓는 가장 일반적인 대답은 대부분의 시간 동안 원하는 것과 그것을 얻을 수 있는 방법을 생각한다는 것이다. 불행한

낙오자들은 대부분의 시간 동안 자신이 원하지 않는 것을 생각하고 말한다. 그들은 자신의 문제와 걱정거리를 얘기하고 남을 탓하느라 많은 시간을 허비한다. 그러나 성공한 사람들의 사고와 대화는 그들이 가장 열렬하게 바라는 목표에 집중되어 있다.

명확한 목표 없이 살아가는 것은 짙은 안개 속에서 운전을 하는 것과 같다. 차가 아무리 성능이 좋고 튼튼하다 한들 머뭇거리면서 천천히 운전할 수밖에 없으며 가장 평탄한 길에서조차 나아가지 못한다. 목표를 결정하고 나면 안개는 어느덧 걷히고 우리는 에너지와 능력을 집중시켜 한 방향으로 전진할 수 있다. 명확한 목표만 있다면 삶의 가속 페달을 밟고 빠르게 앞으로 달려서 진정으로 원하는 것을 더 많이 성취할 수 있다.

1,000킬로미터를 되돌아오는 전서 비둘기처럼

다음과 같은 훈련을 상상해보자. 전서 비둘기 한 마리를 둥지에서 꺼내 새장 속에 집어넣는다. 새장을 담요로 덮고 상자에 담는다. 그런 다음 상자를 짐칸이 밀폐된 트럭에 싣는다. 그리고 어느 방향으로든 1,000킬로미터를 달린다. 트럭 짐칸을 열고 상자를 내려 담요를 벗기고 전서 비둘기를 새장 밖으로 꺼낸다. 그러면 전서 비둘기는 하늘로 날아올라가 세 바퀴를 맴돌다가 1,000킬로미터나 떨어져 있는 원래 둥지로 정확하게 되돌아간다. 이처럼 믿을 수 없는 인공 두뇌학적 목표 추구 기능을 가진 생명체는 지구상에는 그 외에 오직 인간뿐이다.

우리는 전서 비둘기와 똑같은 목표 달성 능력이 있지만, 놀라운 것을 하나 더 가지고 있다. 목표가 절대적으로 명확하기만 하다면 그것이 어디에 있는지, 어떻게 그것을 달성할 것인지 굳이 알 필요가 없다. 무엇을 원하는지만 확실히 결정하라. 그러면 목표는 어김없이 당신에게 다가오기 시작한다. 정확한 시간에 정확한 장소에서 당신과 목표는 만나게 된다.

정신 깊숙이 자리잡고 있는 이 믿을 수 없는 인공 두뇌학적 체계 덕분에 무슨 목표든 거의 틀림없이 성취할 수 있다. 밤에 집으로 돌아가 텔레비전을 보는 것이 목표라면, 그 목표는 거의 확실하게 이루어진다. 건강과 행복과 풍요로 가득 찬 멋진 삶을 창조하는 것이 목표라면, 그것 역시 이루어질 것이다. 컴퓨터와 마찬가지로 목표 추구 체계는 개인적 판단을 넘어서 있다. 무엇을 프로그래밍해놓든 그것은 자동적이고 지속적으로 작동해서 원하는 것을 우리 앞에 가져다준다.

목표의 크기는 상관없다. 작은 목표를 설정하면 자동적인 목표 성취 체계는 작은 목표를 성취시켜줄 것이다. 큰 목표를 설정하면 이 자연적 능력은 큰 목표를 성취시켜줄 것이다. 대부분의 시간 동안 생각할 목표의 크기와 범위와 세부 사항은 전적으로 자신에게 달려 있다.

사람들이 목표를 설정하지 않는 이유

목표 추구가 자동적으로 이루어지는 것이라면, 글로 씌어지고 측정 가능하고 시간 한계가 정해진 명확한 목표를 설정하고 날마다 그것을 위해 노력하는 사람들은 정작 왜 그렇게도 적은 것일까? 이것은 삶의 가장 큰 미스터리 가운데 하나이다. 사람들이 목표를 설정하지 않는 이유는 네 가지이다.

목표가 중요하지 않다고 생각한다 | 첫째, 사람들은 대부분 목표가 얼마나 중요한지 모르고 있다. 만일 어떤 사람이 목표라고는 없는 가정에서 자라거나 목표를 이야기하지도 소중히 여기지도 않는 집단에서 사회화된다고 가정해보자. 그 사람은 성인이 되어서도 목표를 설정하고 성취하는 능력이 다른 어떤 기술보다도 삶에 큰 영향을 미친다는 사실을 미처 깨닫지 못할 것이다. 주변을 둘러보라. 친구나 가족들 중에 명확한 목표가 있고 또 그것에 전념하는 이들이 몇이나 되는가?

방법을 모른다 | 사람들이 목표를 설정하지 않는 두 번째 이유는 무엇보다도 그 방법을 모르기 때문이다. 설상가상으로 자신이 이미 목표를 가지고 있다고 생각하는 사람들이 많다. 하지만 그것은 기껏해야 "행복해지고 싶다", "돈을 많이 벌고 싶다", "행복한 가정을 꾸리고 싶다" 식의 소망이나 꿈에 불과하다.

그런 것들은 결코 목표가 아니다. 누구나 품고 있는 환상에 지나지 않는다. 목표는 소망과는 분명하게 다르며, 명확하고 구체적으로 기록되고 다른 사람에게 언제든지 쉽게 설명할 수 있다. 또한 측정할 수 있으며, 그것을 언제 성취했는지 또는 못했는지 알 수 있다.

목표 설정에 관한 지도를 전혀 받지 않아도 일류 대학에서 높은 점수를 받는 데에는 아무런 지장이 없다. 이는 대학의 교육 내용을 결정하는 사람들이 성공적인 인생에 목표 설정이 얼마나 중요한지 전혀 모르고 있음을 의미한다. 그리고 나도 경험했듯이, 성인이 될 때까지도 목표에 관해 전혀 들어보지 못한 사람은 모든 일에 목표가 얼마나 중요한

지 전혀 알지 못할 것이다.

실패를 두려워한다 | 사람들이 목표를 설정하지 않는 세 번째 이유는 실패에 대한 두려움 때문이다. 실패는 상처가 되어 정서적으로 그리고 가끔은 경제적으로도 우리를 괴롭힌다. 누구나 이따금씩 실패를 경험하고 그때마다 앞으로는 좀더 조심해서 실패를 피하리라 다짐한다. 그래서 실패할 것 같은 목표는 아예 설정하지 않음으로써 무의식적으로 스스로를 망치는 실수를 저지른다. 결국 실제로 가능한 것보다 훨씬 낮은 수준에서 활동하며 삶을 낭비한다.

타인의 시선을 두려워한다 | 사람들이 목표를 설정하지 않는 네 번째 이유는 타인의 시선에 대한 두려움 때문이다. 목표를 설정하고서도 성공하지 못한다면 다른 사람들이 자신을 비난하거나 조롱하지 않을까 두려운 것이다. 바로 그 때문에 목표를 설정하기 시작할 때에는 그것을 비밀에 붙여둘 필요가 있다. 어느 누구에게도 말하지 말 것이며, 성취한 것을 다른 사람에게 보여주되 미리 말하지는 말자. 그들이 모르고 있는 것이 나에게 상처를 입힐 수는 없다.

상위 3퍼센트 그룹에 들어가라

스포츠 마케팅의 선구자이자 세계적 매니지먼트 그룹인 IMG의 설립자 마크 매코맥(Mark McCormack)은 『하버드 경영대학원에서도 가르쳐주지 않는 것들 What They Don't Teach You at Harvard Business

School』이라는 책에서 1979년과 1989년 사이에 행해진 하버드 교육에 대해 이야기하고 있다. 1979년 하버드 경영대학원 졸업생들에게 "명확한 장래 목표를 설정하고 기록한 다음 그것을 성취하기 위해 계획을 세웠는가?"라는 질문을 해보았더니 졸업생의 3퍼센트만이 목표와 계획을 세운 것으로 밝혀졌다. 13퍼센트는 목표는 있었지만 그것을 종이에 직접 기록하지는 않았고, 나머지 84퍼센트는 학교를 졸업하고 여름을 즐기겠다는 것 외에는 구체적인 목표가 전혀 없었다.

10년 후인 1989년에 연구자들은 그 질문 대상자들을 다시 인터뷰했다. 목표는 있었지만 그것을 기록하지 않았던 13퍼센트는 목표가 전혀 없었던 84퍼센트의 학생들보다 평균적으로 2배의 수입을 올리고 있었다. 그리고 너무나 놀랍게도 명확한 목표를 기록했던 3퍼센트의 졸업생들은 나머지 97퍼센트의 졸업생보다 평균적으로 10배의 수입을 올리고 있었다. 그 그룹들 사이의 유일한 차이는 졸업할 때 얼마나 명료한 목표를 세워두었는가 하는 점이었다.

도로 표지판이 없다면?

명료성이 얼마나 중요한지는 쉽게 이해할 수 있다. 한 대도시의 외곽에서 그 도시의 특정한 집이나 사무실까지 찾아가야 한다고 해보자. 단 여기에는 함정이 있다. 도로 표지판도 전혀 없고, 지도도 없다. 주어진 것이라고는 그 집이나 사무실에 대한 아주 일반적인 묘사가 전부이다. 지도나 도로 표지판 없이 그 집이나 사무실을 찾아가기까지 얼마나 오랜 시간이 걸릴까?

아마도 평생이 걸릴 것이다. 설사 그 집이나 사무실을 찾아낸다 해도 그것은 순전히 운 때문이다. 너무나 안타깝게도 바로 이것이 대부분의 사람들이 삶을 살아가는 방식이다. 그들은 지도도 없고 약도도 없는 세계를 아무런 목적도 없이 떠돌아다니며 인생을 시작한다. 즉 아무런 목표도 계획도 없이 삶을 시작하는 것이다. 그들은 그저 살아가면서 그때그때 일을 해결한다. 그렇게 일에 파묻힌 채로 10년, 20년을 보내고 난 후에도 여전히 그들은 불만족스러운 직업과 결혼 생활에 묶여 있을 것이다. 그리고 여전히 매일 밤 집에서 텔레비전만 보며 앞으로는 나아지리라 기대할 것이다. 그러나 그들은 거의 아무것도 하지 않는다.

목표는 삶에 의미를 부여한다

얼 나이팅게일은 "행복이란 어떤 가치 있는 이상이나 목표의 점진적인 실현이다"라고 썼다. 자신에게 중요한 무언가를 향하여 한 걸음 한 걸음 나아갈 때만 진정으로 행복을 느낄 수 있다. 정신 치료법의 일종인 로고테라피의 창시자 빅터 프랭클은 인간에게 가장 필요한 것은 삶의 의미와 목적에 대한 인식이라고 했다.

목표는 의미와 목적에 대한 인식을 부여한다. 목표는 방향 감각을 부여한다. 목표를 향해 나아갈 때 더 행복해지고 강해짐을 느낀다. 더 활력을 얻고 자기 자신과 스스로의 능력에 자신 있는 유능한 사람이 된 듯한 기분이 든다. 목표를 향해 한 걸음 한 걸음 내디딜 때마다 장차 훨씬 큰 목표를 설정하고 성취할 수 있으리라는 믿음도 더욱 커진다.

오늘날에는 역사상 그 어느 때보다도 많은 사람들이 변화를 두려워하고 미래를 걱정한다. 목표 설정의 커다란 이점 가운데 하나는 목표가 삶의 변화의 방향을 통제해준다는 점이다. 목표가 있으면 자기 스스로 삶의 변화를 결정하고 통제할 수 있다는 확신이 생긴다.

그리스 철학자 아리스토텔레스의 가장 중요한 가르침은 인간은 목적론적 유기체(teleological organism)라는 것이다. 그리스어 teleos는 목표를 의미한다. 아리스토텔레스는 인간의 모든 행위에는 어떤 목적이 있다고 결론지었다. 자신이 원하는 바를 향해 나아가면서 무언가를 할 때에 비로소 행복하다. 그렇다면 중요한 문제는 바로 이것이다. 목표는 무엇인가? 삶의 마지막을 어떻게 마감하고 싶은가?

목표는 명료하게 | 우리는 참으로 엄청난 잠재능력을 타고났다. 지금 이 순간 우리의 내부에는 그 어떤 목표라도 성취할 수 있는 능력이 있다. 여기서 꼭 해야 할 일은 시간이 얼마나 걸리든 원하는 바와 그것을 가장 잘 성취할 수 있는 방법을 전적으로 명확하게 파악하는 것이다. 진정한 목표가 명료할수록 삶의 행복을 위한 잠재력은 더 많이 발휘될 것이다.

보통 사람들은 잠재력을 겨우 10퍼센트밖에 사용하지 않는다고 한다. 스탠포드 대학에 따르면, 안타깝게도 사람들이 평균적으로 사용하는 정신적 잠재력은 겨우 2퍼센트 정도라고 한다. 그 나머지는 언제가 될지 모를 훗날을 위해 그냥 남겨져 있다. 부모로부터 10만 달러의 신탁 기금을 물려받고도 겨우 2,000달러밖에 꺼내쓰지 않는 것과 같은 꼴이다. 나머지 9만 8,000달러는 평생 통장 안에서 썩는 것이다.

강렬한 욕망을 키워라

목표 달성의 출발점은 욕망이다. 진실로 목표를 이루고자 한다면, 그에 대한 강렬하게 타오르는 욕망을 키워야 한다. 강렬한 욕망이 있어야 앞길에 나타날 모든 장애물을 극복할 수 있는 에너지와 내적인 추진력이 생긴다. 아주 오랫동안 아주 간절하게 원하는 것이라면 결국에는 거의 모두를 성취할 수 있다.

유명한 석유 억만장자 H. L. 헌트는 성공의 비밀에 대한 질문을 받자 딱 두 가지만 있으면 된다고 대답했다. 첫째, 자신이 원하는 바를 정확히 알아야 한다. 대부분의 사람들은 그것을 판단하지 못한다. 둘째, 그것을 성취하기 위해 치러야 할 대가를 결정한 다음 열심히 그 대가를 치러야 한다.

카페테리아식 성공 모델

인생은 레스토랑보다는 뷔페나 카페테리아를 닮았다. 레스토랑에서는 차려진 음식을 먹고, 그 다음 음식값을 지불한다. 그러나 뷔페나 카페테리아에서는 음식을 직접 가져오고, 먹기 전에 음식값 전액을 지불해야 한다. 많은 사람들은 성공을 경험한 후에 대가를 지불하겠다는 잘못된 생각을 지니고 있다. 그들은 인생이라는 화덕 앞에 앉아서 이렇게 말한다. "먼저 나를 따뜻하게 해줘봐. 그러면 나무를 넣어주지." 동기부여 전문 강사인 지그 지글러(Zig Ziglar)가 말했듯이, "성공으로 가는 엘리베이터는 작동하지 않는다. 그러나 계단은 항상 열려 있다."

목표를 향해 나아갈 때 진정한 행복을 느낀다

목표를 설정하고 매일매일 그것을 이루기 위해 노력하고 궁극적으로 그것을 성취하는 것이 행복에 이르는 열쇠이다. 목표의 성취를 향해 첫 발을 내딛기 전이라도, 목표를 생각하는 그 자체만으로 행복해질 수 있다. 목표 설정은 그 정도로 강력하다.

모든 잠재능력을 완전히 깨우려면 생이 끝날 때까지 날마다 목표를 설정하고 성취하는 습관을 들여야 한다. 원하지 않는 것에 대해서가 아니라 언제나 원하는 것에 대해 생각하고 이야기해야 하며, 이를 위해 레이저와도 같은 초점을 개발해야 한다. 지금 이 순간부터 유도 미사일이나 전서 비둘기와 같은 목표 추구 유기체가 되리라, 중요한 목표를 향하여 똑바로 나아가리라 다짐해야 한다.

진정으로 원하는 그대로의 사람이 되고 진정으로 원하는 것을 더 많이 소유하고 성취하기 위해 끊임없이 노력하는 것, 이것이야말로 오랫동안 행복하고 건강하며 풍요로운 삶을 누릴 수 있는 확실한 방법이다. 분명한 목표가 있으면 개인적 삶에서나 일에서나 성공에 필요한 모든 잠재능력을 발휘하여 어떤 장애물이라도 극복하고 장차 무한한 성취를 이룰 수 있다.

GOALS! ● 잠재능력을 깨워라

잠재능력을 깨워라

1 어떤 목표라도 능히 성취할 수 있는 타고난 능력을 가지고 있다고 상상하라. 진정으로 되고 싶고, 갖고 싶고, 하고 싶은 것은 무엇인가?

2 인생의 의미와 목적을 일깨워주는 활동은 무엇인가?

3 현재의 개인적 삶과 직업적 삶을 바라보고 당신의 사고가 어떻게 당신의 세계를 창조했는지 확인하라. 무엇을 변화시켜야 하는가? 또는 변화시킬 수 있는가?

4 당신은 대부분의 시간 동안 무엇에 대해 생각하고 이야기하는가? 자신이 원하는 것? 아니면 원하지 않는 것?

5 가장 중요한 목표를 성취하기 위해 치러야 할 대가는 무엇인가?

6 위의 질문들에 대한 대답의 결과 지금 당장 취해야 할 행동은 무엇인가?

───────

진정한 잠재능력은 무한하다는 사실을 항상 기억하라. 지금까지 삶에서 성취한 모든 것은 앞으로 성취할 수 있는 놀라운 일의 준비 단계였을 뿐이다.

2

내 손에 달려 있다

일반적으로 인간은 타고난 것에
그리 좌지우지되지 않는다.
인간은 스스로 자기 자신을 만들어나가는 존재이다.

— 알렉산더 그레이엄 벨

◎ 내 나이 스물한 살, 나는 빈털터리였고 아주 추운 한겨울에 단칸방 아파트에서 살면서 날품팔이 건축 일을 하고 있었다. 저녁에는 외출할 여유가 없어서 그나마 따뜻한 집 안에 틀어박혀 있었고, 덕분에 생각할 시간이 많았다.

어느 날 밤 나는 식탁에 앉아 있다가 내 삶을 완전히 바꾸어 놓은 섬광과도 같은 깨달음을 얻었다. 앞으로 무슨 일이 일어나든 모두 내 책임이라는 사실을 문득 깨달은 것이다. 그 누구도 나를 도와주러 와주지 않을 것이다.

나는 고향을 떠나온 후 오랫동안 되돌아갈 생각도 없이 혼자 지내고 있었다. 내 삶에 어떤 변화가 일어난다면 그것은 나로부터 시작되어야 하리라. 내가 변하지 않는 한 다른 어떤 것도 변하지 않는다. 내 인생에 대한 책임은 나에게 있다.

아이에서 어른으로

나는 그 순간을 결코 잊지 못한다. 마치 처음으로 낙하산 점프를 하는 것처럼 두려움과 흥분이 교차했다. 삶의 벼랑 끝에 서 있던 나는 뛰어내리기로 결심했고, 그 순간부터 내 인생은 바로 내가 책임져야 한다는 사실을 받아들였다. 상황을 바꾸고 싶다면 나 자신부터 달라져야 했다.

삶에 대한 책임이 전적으로 자신에게 있음을 인정하는 순간 비로소 아이에서 어른으로 커다란 발걸음을 떼어놓게 된다. 너무나 안타까운 사실은 대부분의 사람들은 결코 그렇지 않다는 점이다. 내가 만난 수많은 4, 50대 사람들은 여전히 과거의 불행한 경험들에 대해 불평을 늘어놓으면서 자기 문제를 남들과 환경의 탓으로 떠넘기고 있었다. 많은 사람들은 20년 전이나 30년 전, 심지어는 40년 전에 부모가 자신에게 무슨 일을 했다고 또는 하지 않았다고 아직까지 화가 나 있었다. 과거에 사로잡혀 있으면 결코 자유로워질 수 없다.

성공의 최대 적

성공과 행복을 방해하는 최대의 적은 부정적인 감정들이다. 부정적인 감정들은 우리를 억누르고 지치게 하고 모든 기쁨을 앗아가며, 태고 적부터 역사상 그 어떤 재앙보다도 개인과 사회에 큰 해를 끼쳐왔다. 진정으로 행복해지고 성공하고 싶다면, 부정적인 감정들에서 벗어나는 것을 가장 중요한 목표 가운데 하나로 삼아야 한다. 다행스럽게도 그 방법만 배운다면 그 목표를 이룰 수 있다.

두려움, 자기 연민, 시기, 질투, 열등감, 그리고 분노까지 이러한 부정적인 감정들은 대체로 네 가지 요인들에 의해 발생한다. 머릿속에서 이런 요인들을 확인하고 제거하는 순간 부정적인 감정들은 자동적으로 중단된다. 그러고 나면, 사랑, 평화, 기쁨, 열정 같은 긍정적인 감정들이 밀려와 그것들을 몰아내고, 인생은 몇 분, 심지어는 단 몇 초 만에 더 나은 방향으로 변화하기 시작한다.

정당화하지 말라 | 부정적인 감정들의 네 가지 근원 가운데 첫 번째는 정당화이다. 이런 저런 이유가 있어 화를 내거나 기분이 엉망이 될 만하다고 자기 자신과 다른 사람들에게 정당화를 할 때 부정적인 감정이 표출된다. 사람들이 크게 화를 내는 와중에도 끊임없이 그 이유를 세세히 설명하려고 애쓰는 것도 바로 그 때문이다. 그렇지만 부정적 감정들을 정당화할 수 없다면 분노할 수 없다.

예를 들어보자. 어떤 사람이 경기 변동과 회사의 매출 감소로 인해 해고당한다. 그렇지만 그는 사장의 이런 결정에 분노하면서 자신의 해고가 불공정한 이유를 낱낱이 따지며 분노를 정당화한다. 분노가 머리 꼭대기까지 치밀어 오르면 고소를 하는 식으로 보복을 할 수도 있다. 사장과 회사에 대한 부정적인 감정들을 계속해서 정당화한다면 결국 그 감정들은 그를 지배하고 그의 삶과 사고 전반을 장악해버리고 만다.

하지만 "좋다, 나는 해고당했다. 충분히 있을 수 있는 일이다. 나 혼자만 당하는 일이 아니다. 차라리 새 일자리를 열심히 찾아다니는 편이 낫다"라고 말하는 순간, 부정적인 감정들은 사라진다. 평온을 되찾은 그는 목표에 전념하고 일터로 되돌아가기 위한 단계를 차근차근 밟아 나간다. 정당화를 중단하는 순간 더 긍정적이고 유능한 사람이 된다.

합리화하지 말라 │ 부정적인 감정들의 두 번째 원인은 합리화이다. 합리화란 "사회적으로 받아들여질 수 없는 행위에 대해 사회적으로 받아들여질 수 있는 설명"을 제시하려는 시도이다.

우리는 자신이 행한 언짢거나 불쾌한 일들을 변명이나 아전인수식의 해석으로 합리화한다. 어떤 일을 행했든 그 행위의 주체는 바로 자신임을 알고 있으면서도 정황상 어쩔 수 없었다며 그럴 듯해 보이는 구실로 장황하게 자기 행위를 변명한다. 이런 식의 합리화는 부정적인 감정들을 계속해서 살리는 것밖에 되지 않는다.

합리화와 정당화를 하려면 자기 문제의 근원이나 원인을 남이나 다른 무언가로 떠넘길 수밖에 없다. 그래서 스스로 희생자의 역할을 떠맡고 다른 사람이나 조직을 가해자나 '나쁜 놈'으로 만들어버린다.

타인의 견해에 휘둘리지 말라 │ 부정적인 감정들의 세 번째 원인은 타인의 반응에 대한 지나친 관심과 민감함이다. 남들의 평가나 견해에 따라 자아 이미지를 결정하는 사람들이 있다. 그들은 타인의 견해와는 다른 자아 가치를 인식하지 못한다. 사실이든 추측이든 어떤 이유로 인해 타인이 부정적인 견해를 비치면 '희생자'는 그 즉시 분노, 당황, 수치심, 열등감, 심지어는 자기 연민, 절망까지 경험한다. 우리가 하는 거의 모든 일은 다른 사람에게 존경받거나 적어도 그들의 존경심을 잃지 않기 위한 것이라는 심리학자들의 말은 한 번쯤 새겨볼 만하다.

다른 어느 누구도 탓하지 말라 | 부정적인 감정들의 마지막이자 최악의 원인은 비난이다. 세미나에서 '부정적 감정들의 나무'를 그릴 때, 나는 자신의 문제를 남의 탓으로 돌리면서 그들을 원망하려는 성향을 나무 줄기로 묘사한다. 나무 줄기를 베어 넘어뜨리는 순간 그 나무에 달린 과일들, 즉 다른 모든 부정적 감정들은 곧바로 시들어버린다. 크리스마스트리의 전구들을 밝히는 소켓에서 플러그를 확 뽑아버리는 순간 모든 불빛이 사라져버리듯이 말이다.

해독제는 책임감이다

온갖 부정적인 감정들을 없애줄 해독제는 스스로가 자신의 상황에 전적으로 책임을 지는 것이다. "내 책임이다!"라는 말을 하면서 계속 화만 내고 있을 수는 없다. 책임을 지는 그 자체만으로도 자신이 경험하고 있을지도 모르는 모든 부정적인 감정들은 중단되고 소멸된다.

"내 책임이다"라고 하는 단순하면서도 강력한 긍정문을 발견하고 그것이 즉각적으로 부정적인 감정들을 없애준다는 사실을 깨달으면서 내 인생은 전환점을 맞았고 나의 가르침을 받아들인 수십만 명의 다른 사람들도 마찬가지였다. 멋지지 않은가! 어떤 이유로든 분노나 혼란이 느껴지기 시작하면 지체없이 "내 책임이다"라고 말해보라. 자신이 행한 일에 전적인 책임을 지고 그로써 부정적인 감정들에서 벗어나야만 비로소 삶의 모든 영역에서 목표를 설정하고 성취해나갈 수 있다. 개인의 전적인 책임 없이는 그 어떤 진전도 불가능하다. 정신적으로나 감정적으로 자유로울 때만 에너지와 열정을 하나로 모아 앞으로 나아갈 수 있다.

더 이상 남을 탓하지 말라

과거의 일이든, 현재의 일이든, 미래의 일이든, 그 어떤 일에 대해서도 더 이상 다른 사람에게 책임을 떠넘기지 말라. 엘리너 루스벨트가 말했듯이, "열등감을 느끼는 것은 자신이 그것에 동의했기 때문이다." 유머 작가 버디 해킷은 이렇게 말했다. "나는 결코 원한을 품지 않는다. 원한을 품고 있으면 그것이 광란의 춤을 춰대니까."

지금 이 순간부터 변명을 늘어놓거나 자신의 행위를 정당화하려고 하지 말라. 만일 실수를 한다면 "미안합니다"라고 말하고 부지런히 뛰어다니면서 상황을 바로잡아라. 남을 비난하거나 변명을 늘어놓을수록 능력은 점점 떨어지고 나약해지고 작아진다. 내면은 부정적인 감정과 분노로 가득 찬다. 이런 상태를 경계하라.

긍정적인 정신을 유지하고 싶거든 무슨 일이든 다른 누군가를 탓하거나 싫어하는 어떤 일을 불평하거나 어떤 일을 하거나 못한 이들을 책망하지 말라. 고통을 당하는 사람은 바로 자신이다. 자신의 부정적인 감정은 다른 사람에게는 아무런 영향도 끼치지 않는다. 누군가에게 분노하는 것은 곧 그로 하여금 나의 감정과 나아가서는 삶의 질 전체까지 좌지우지하도록 허용하는 꼴이니 어리석은 일이다.

게리 주커브(Gary Zukav)가 『영혼의 의자 Seat of the Soul』라는 저

서에서 말했듯이, "긍정적인 감정은 능력을 부여하고, 부정적인 감정은 능력을 앗아간다"는 사실을 잊어서는 안 된다. 행복, 흥분, 사랑, 열정은 더 큰 자신감을 심어준다. 분노, 고통, 비난 같은 부정적인 감정들은 우리를 나약하게 하고 적대감과 짜증과 불쾌감을 불러일으킨다.

자기 자신, 주변 상황, 그리고 자신에게 일어나는 모든 일에 전적으로 책임을 지겠다고 결심하는 순간 일과 인생사를 당당하게 헤쳐나갈 수 있다. '자기 운명과 영혼의 주인'이 되는 것이다.

내가 사장이다

몇 년 전 뉴욕에서 행해진 한 연구에서 한 가지 주목할 만한 사실이 발견되었다. 각 분야의 상위 3퍼센트에 속한 사람들은 실적이 평범한 사람들과는 다른 특별한 태도를 지니고 있었다. 그것은 바로 급료를 지불해주는 사람이 누구든 직업 생활 내내 스스로를 자영업자라고 여긴다는 것이다. 그들은 마치 자신이 회사의 소유주인 양 회사에 대해 책임감을 느끼고 있었다. 우리도 이와 똑같은 마음가짐을 지녀야 한다.

지금 이 순간부터 자신을 개인 서비스 회사의 사장이라고 생각하라. 바로 자신이 스스로의 삶과 직업 생활의 전부를 전적으로 책임지고 있다고 생각하라. 지금 내가 있는 자리가 곧 나이고 나의 지금 모습이 곧 나이며, 또 이 모든 것은 내가 이루었거나 이루지 못한 일에서 비롯되었음을 명심하라. 내가 바로 내 운명의 설계자이다.

지금 여기 머물러 있기로 결정한 사람은 나다

지금까지 우리의 삶은 어떤 선택과 결정을 내렸느냐 내리지 못했느냐에 따라 좌우되어왔다. 뭔가 불쾌한 문제가 있다면, 자신이 직접 책임을 지고 필요한 조치들을 취해서 그것을 더 좋은 방향으로 변화시키고 개선해야 한다. 개인 서비스 회사의 사장으로서 자신이 하는 모든 일과 그 결과에 대해 전적으로 책임을 져야 한다. 지금 내가 어떤 자리에 있는 것은 내가 거기에 그렇게 있기로 결정했기 때문이다.

지금 벌어들이고 있는 것은 스스로 결정한 만큼이며, 그 이상도 그 이하도 아니다. 현재 수입이 만족스럽지 않다면, 더 많은 돈을 벌겠다는 목표를 설정하고, 계획을 세우고, 그것을 이루기 위해 해야 하는 일을 부지런히 행하라. 직업 생활과 삶의 사장으로서, 자기 운명의 건축가로서, 무슨 결정이든 마음대로 내릴 수 있다. 내가 사장이다. 내가 책임자다.

인생을 경영할 전략을 짜라

사장이 자기 회사의 전략과 활동들을 책임지듯이, 우리는 삶과 직업 생활에 관련하여 개인적으로 전략을 세워야 한다. 사장으로서 목표 설정, 계획 수립, 평가 기준 확립, 업무 수행 등의 전반적인 경영 전략, 생산·노동의 질과 양, 그리고 기대되는 일정한 산출 수준의 성취, 경쟁 시장에서 자신의 몸값을 최고로 끌어올리기 위한 자아 이미지 창조, 자기 포장 등의 마케팅 전략, 서비스를 얼마에 팔고 싶은지, 얼마나 벌고 싶은지, 해마다 수입을 얼마나 빨리 증대시키고 싶은지, 얼마나 저축하고 투자하고 싶은지, 은퇴할 때 재산이 얼마였으면 하는지 정확하게 결정하는 재정 전략을 책임져야 한다.

내가 강연에서 강조하는 점은 "어떤 사장 밑에서 일할지 신중하게 선택하라"는 것이다. 그에 따라 수입의 수준, 승진의 속도, 직업에 대한 만족도가 크게 달라지니까 말이다.

가정과 직장에서의 대인 관계 전략을 짜고 인간 관계를 책임져야 한다. 동료와 친구의 선택도 다른 그 어떤 결정 못지않게, 아니 그보다 더 크게 성공이나 행복에 영향을 미친다. 현재의 선택들이 만족스럽지 못할 경우 그것들을 개선하거나 변화시키기 위한 단계를 밟아나가는 것은 전적으로 자신의 몫이다.

마지막으로, 사장으로서 책임져야 할 일은 개인적인 연구와 개발, 훈련과 학습이다. 앞으로 몇 달이나 몇 년 안에 원하는 만큼 돈을 벌기 위해 필요한 재능, 기술, 능력 등을 결정하고 그것들을 배우고 개발하기 위해 투자하고 시간을 쏟아야 한다. 그 일을 대신 해줄 사람은 아무도 없다. 자신의 일에 자신만큼 진정으로 관심있는 사람은 없다.

'성장주'가 되자

좀더 나아가 자신을 주식 상장 회사로 생각하라. 사람들이 나라는 주식에 투자할까? 몇 달이나 몇 년 후에도 그 주식의 가치와 수익률은 계속 성장할까? 시장에서 나는 '성장주'일까, 아니면 '거품주'일까?

'성장주'가 되기로 결심했다면 해마다 수입을 25퍼센트에서 30퍼센트까지 증대시키기 위한 전략은 무엇인가? 삶의 사장으로서, 가정의 배우자나 부모로서 가치와 수입과 수익률을 지속적으로 증대시킬 수 있는 것은 모두 삶에서 중요한 의미를 차지하는 주위 사람들 덕분이다.

행복은 삶에 대한 통제력에 비례한다

지금 이 순간부터 스스로를 자기 운명의 주인으로 삼아라. 자신을 개인 서비스 회사의 사장으로, 능력 있는 사람으로, 전적으로 스스로 결정하는 자기 주도적인 사람으로 생각하라.

지나간 일들에 대해서는 더 이상 넋두리나 불평을 늘어놓지 말라. 이미 엎질러진 물은 주워 담을 수 없다. 차라리 미래를 바라보면서 자신이 원하는 것은 무엇이고 자신이 어디로 가고 있는지 생각하라. 무엇보다도 목표를 생각하라. 목표를 생각하는 그 자체만으로도 긍정적이고 결단력 있는 사람으로 거듭난다.

많은 심리학 문헌들이 통제 구역 이론을 주요 테마로 다루고 있다. 50년이 넘게 진행된 연구를 통해 심리학자들은 통제 구역이 삶의 행복이나 불행을 결정하는 요소라고 결론 내렸다. 그 이유는 이렇다.

내적 통제 구역을 지닌 사람들은 자신이 삶을 완전히 통제하고 있다고 믿는다. 그들은 자신을 강하고 자신 있고 능력 있는 사람으로 여기며 일반적으로 낙관적이고 긍정적이다. 또한 스스로를 대단하게 생각하며 자기 운명은 자기 손에 달려 있다고 믿는다. 이와 달리 외적 통제 구역을 지닌 사람들은 자기가 외적 요소들, 이를테면 사장, 월급, 결혼, 자녀 문제 등의 여건에 좌지우지된다고 느낀다. 그들은 그런 현재 상황을 통제할 수 없다고 느끼기 때문에 스스로를 나약하고, 분노하고, 소심하고, 부정적이고, 적대적이고, 무능력한 사람으로 여긴다.

더 많은 책임을 받아들일수록 삶에 대한 통제력은 더욱 커진다. "내 책임이다"라는 말을 많이 하면 할수록 내적 통제 소재가 더욱 개발되고, 따라서 스스로를 더 능력 있고 자신 만만한 사람으로 느끼게 된다.

황금의 삼각 지대

책임감이 커질수록 행복 역시 커진다. 책임, 통제력, 행복, 이 세 가지는 서로 불가분의 관계에 있다.

책임을 받아들일수록 통제력은 더 커지고, 통제력이 커지면 그만큼 더 행복해지고 자신만만해진다. 스스로 긍정적인 사고를 하면서 삶을 통제하고 있다고 느낄 때, 더 크고 더 도전적인 목표들을 설정하게 되고 그것들을 성취할 추진력과 의지 또한 생길 것이다. 그리고 삶이 자신의 손에 달려 있어 그것을 마음대로 만들어갈 수 있다고 느낄 것이다.

내 손에 달려 있다

목표 설정의 출발점은 자신이 무한한 잠재능력을 가지고 있다는 사실을 깨닫는 것이다. 무언가를 간절히 바라고 또 그것을 성취할 수 있을 만큼 오랜 시간 열심히 노력할 마음만 있다면, 진정으로 원하는 바를 이룰 수 있는 거의 무한한 잠재력을 지니고 있는 것이다.

목표 설정의 두 번째 부분은 어떤 비난이나 변명도 늘어놓지 않고 자기의 삶과 자기에게 일어나는 모든 일을 전적으로 책임지는 것이다.

자신이 무한한 잠재능력을 지니고 있고, 무슨 일이든 스스로 책임진다는 이 두 가지 개념만 확실히 명심한다면 이제 다음 단계로 넘어갈 차례이다. 이제부터는 이상적인 미래를 구상해보자.

1. 현재 삶에서 당면한 가장 큰 문제의 근원을 확인하라. 이 상황을 어떤 식으로 책임지고 있는가?
2. 자신을 한 회사의 사장으로 생각하라. 100퍼센트의 주식을 소유하고 있다면, 어떻게 다르게 행동할 것인가?
3. 오늘부터 어떤 일이든 그 책임을 다른 누군가에게 떠넘기지 않으며, 삶의 모든 영역을 전적으로 책임지겠다고 결심하라. 어떤 행동을 취해야 하는가?
4. 변명은 그만하고 전진을 시작하라. 자주 늘어놓는 변명들을 전혀 근거가 없는 것으로 생각하고, 그에 따라 행동하라.
5. 자신이 삶에서 가장 중요한 창조자라고 생각하라. 내가 지금 있는 곳이 곧 나이고 나의 지금 모습이 곧 나이다. 그 모두는 나의 선택과 결정으로 이루어진 것이기 때문이다. 변화시켜야 할 것은 무엇인가?
6. 오늘은 어떤 식으로든 자신에게 해를 끼친 적이 있는 사람들을 모두 용서하기로 마음먹어라. 그 일을 눈감아주고 또다시 거론하지 말라. 대신에 그 일을 또 생각할 겨를이 없을 만큼 중요한 무언가를 이루기 위해 바쁘게 일하라.

지금 이 순간의 자기 모습, 자신이 생각하고 말하고 행동하는 모든 것, 앞으로의 자기 모습은 전적으로 자신의 책임이다. 변명을 늘어놓거나 다른 사람들을 원망하지 말고 하루하루 자신의 목표를 향하여 앞으로 나아가라.

3 가장 완벽한 삶을 그려보라

> 당신을 지배하는 욕망에 따라
> 당신은 보잘것없는 사람이 될 수도 있고
> 위대한 사람이 될 수도 있다.
> — 제임스 앨런

◎ 지도자에 관한 3,300건이 넘는 수년간의 연구에서 모든 위대한 지도자들의 공통적인 한 가지 특별한 자질을 확인할 수 있다. 바로 비전(vision)이라는 것이다. 지도자들은 비전이 있지만 비지도자들은 그렇지 않다.

우리는 대부분의 시간 동안 생각하는 바대로 되기 마련이며 이것이 바로 인류 역사상 가장 중요한 발견이라고 앞서 말한 바 있다. 그렇다면 지도자들은 대부분의 시간 동안 무슨 생각을 할까? 그들은 미래에 대해, 자신이 어디로 가고 있는지에 대해, 그리고 그곳에 도달하기 위해 할 수 있는 일에 대해 생각한다.

이와 달리 비지도자들은 현재에 대해, 순간

의 쾌락과 문제들에 대해 생각한다. 그들은 이미 벌어진 지나간 일을 생각하고 걱정한다.

지도자들의 이러한 특성을 '미래 지향적'이라고 한다. 지도자들은 미래에 대해, 성취하고자 하는 바에 대해, 언젠가 도달하고자 하는 그곳에 대해, 목표 달성을 위해 할 수 있는 일에 대해 생각한다. 지도자들처럼 미래에 대해 생각하기 시작한다면, 곧 그들과 똑같은 성과를 얻을 수 있을 것이다.

하버드 대학의 에드워드 밴필드(Edward Banfield) 박사는 50년 이상 연구를 진행한 끝에 '장기적 안목'이 삶의 경제적, 개인적 성공을 좌우하는 가장 중요한 요인이라는 결론을 내렸다. 밴필드는 장기적 안목을 '몇 년 후의 미래까지 생각해 현재의 결정을 내리는 능력'이라고 정의했다. 이 또한 중요한 발견이다. 당장 미래를 생각하라! 더 먼 미래를 생각할수록 그 미래를 실현시킬 수 있을 만한 훌륭한 결정을 내리게 될 것이다.

백만장자가 되는 법

예를 들어 20세부터 65세까지 매달 100달러씩 저축하고, 매년 평균 10퍼센트의 수익을 올릴 수 있는 뮤추얼 펀드에 그 돈을 투자한다고 가정해보자. 그러면 퇴직할 때쯤에는 110만 8,000달러가 넘는 돈을 벌어들일 수 있다.

장기적인 안목만 있다면, 누구나 매달 100달러씩 저축할 수 있다. 바로 오늘부터 시작하는 사람은 지속적으로 저축하면서 경제적 독립이라는 장기적 비전을 고수한다면 일정한 시간이 흐른 후 백만장자가 될 수 있다.

5년 후의 모습을 상상하라

개인적인 전략을 세우는 과정에서도 삶에 대한 장기적 안목으로 출발해야 한다. 모든 일에서 이상화를 실행하는 것으로 시작해야 한다. 이상화의 과정에서 모든 것이 완벽하다면 5년 후 자기 삶의 모습이 어떨지 생각해보라.

목표 설정의 가장 커다란 장애물은 '자기 제한적 신념'이다. 즉 어떤 영역에 어떤 식으로든 한계가 있다고 믿는 것이다. 자신이 지능, 능력, 재능, 창의력, 인격, 또는 다른 영역에서 불충분하거나 열등하다고 믿는 것이다. 그 결과 스스로를 싼값에 팔아넘겨버린다. 자신을 과소평가함으로써, 목표를 전혀 설정하지 않거나 실제로 이룰 수 있는 것보다 훨씬 낮은 목표를 설정한다.

이상화와 미래 지향을 결합시켜 이러한 자기 한계에 대한 믿음을 없애버리거나 무력화시켜라. 자신에게 아무런 한계도 없으며 목표를 성취하는 데에 필요한 시간과 재능, 능력을 모두 다 갖추고 있다고 상상하라. 삶의 어느 지점에 도달해 있든 모든 문을 열고 진정으로 원하는 모든 것을 성취하는 데에 필요한 친구와 인간 관계가 부족하지 않다고 상상하라. 중요한 목표를 추구하는 과정에서 무엇이든 될 수 있고 가질 수 있고 할 수 있으며, 그에 관한 한 방해가 되는 것은 아무것도 없다고 상상하라.

가장 완벽한 삶을 가정하라

찰스 가필드(Charles Garfield)는 '최고의 성취자들'에 관한 연구에서 수년 동안 평범하게 일을 하다가 어느 날 갑자기 위대한 성공과 성취를 이룬 사람들을 분석하고 한 가지 흥미로운 사실을 발견했다. 그들은 '이륙 지점'에서부터 이른바 '이상적인 사고'를 하기 시작했다.

이상적인 사고를 통해, 마치 투명한 창공을 올려다보는 것처럼 아무런 제한 없이 모든 일이 가능하다고 상상하라. 그리고 몇 년 후의 시점으로 넘어가서 모든 면에서 완벽한 삶을 상상하라. 그런 다음 지금 이 순간 자신이 있는 곳을 되돌아보며 이렇게 질문해보자. 완벽한 미래가 창조되었다면 그때 나는 어떤 일들을 해야 했을까? 그리고 현재 자신이 있는 곳으로 되돌아와 이렇게 질문해보자. 미래의 언젠가 모든 목표를 성취하려면 지금부터 어떤 일들을 해야 할까?

절반의 성공에 만족하지 말라

이상화와 미래 지향을 실행에 옮길 때, 자기 자신과 미래의 꿈과 비전을 절대로 포기하지 말라. 더 작은 목표나 절반의 성공에 만족해서는 안 된다. 오히려 '거창한 꿈을 꾸면서' 마음속으로 몇 년 후의 시점으로 넘어가 자신이 우주에서 가장 힘 있는 사람들 가운데 하나인 것처럼 상상하라. 완벽한 미래를 창조하라.

먼저 사업과 일에서의 문제로 시작하라. 지금으로부터 5년 후의 완벽한 직업 생활을 상상하라. 다음의 질문들에 대답해보자.

- 무슨 일을 하고 있을까?
- 어디에서 그 일을 하고 있을까?
- 누구와 함께 일하고 있을까? 어떤 직책에 있을까?
- 어떤 기술과 능력을 지니고 있을까?
- 어떤 목표를 성취하게 될까?
- 그 분야에서 어느 정도의 위치에 있을까?

한계는 없다

이런 질문들에 답할 때, 자신에게는 아무런 한계도 없다고 상상하라. 모든 일이 가능하다고 상상하라.

피터 드러커는 이렇게 말했다. "우리는 1년 동안 성취할 수 있는 것에 대해서는 과신하면서도 5년 동안 성취할 수 있는 것에 대해서는 지나치게 짜게 군다." 이런 실수를 범하지 말라.

자, 이제 경제적으로 완벽한 미래의 삶을 이상화해보자.

- 5년 후에는 돈을 얼마나 벌고 있을까?
- 어떤 생활 양식을 누리고 있을까?
- 어떤 집에서 살고 있을까?
- 어떤 차를 몰고 있을까?
- 어떤 명품들을 쓰고 있을까?
- 은행에 얼마를 저축해놓고 있을까?
- 매달 그리고 매년 얼마를 저축하며 투자하고 있을까?

- 퇴직할 때의 재산은 어느 정도일까?

여기에 마법의 석판이 있다. 내가 원하는 바를 무엇이든 적고, 과거에 일어난 일을 지우고, 이상적인 미래의 그림을 그릴 수 있다. 언제든 석판을 지우고 다시 시작할 수도 있다. 나에게 한계는 없다.

가능성이 아닌 '어떻게'를 고민하라

현재의 가족과 인간 관계를 관찰하고 5년 후로 가보자.

- 지금부터 5년 후 가정 생활이 완벽하다면, 그것은 어떤 모습일까?
- 누구와 함께 살고 있을까? 누가 집을 떠나고 없을까?
- 어디에서 어떻게 살고 있을까?
- 생활 수준은 어느 정도일까?
- 어느 모로 보나 모든 것이 완벽하다면, 지금으로부터 5년 후에 삶에서 가장 중요한 사람들과 어떤 관계를 맺고 있을까?

완벽한 미래를 상상하면서 던져야 할 유일한 질문은 "어떻게?"이다. 이것은 가장 강력한 질문이어서 그것을 자꾸 반복하다 보면 창의력이 자극받아 목표를 성취하는 데 도움이 될 아이디어들을 쏟아놓는다. 실패한 사람들은 항상 목표가 가능할지에 대해서만 생각한다. 하지만 최고의 성취자들은 "어떻게?"라는 질문을 던지고 비전과 목표를 실현시키는 방법들을 열심히 찾아 다닌다.

이상적인 건강

모든 면에서 건강 수준을 검토하라.

- 5년 후 육체가 완벽하게 건강하다면, 어떤 모습이고 또 어떤 느낌일까?
- 이상적인 몸무게는 얼마일까?
- 매주 얼마나 운동을 할까?
- 전반적인 건강 수준은 어떨까?
- 미래에 육체적인 건강을 누리려면, 오늘부터 음식, 운동 습관, 위생 습관을 어떻게 바꿔나가야 할까?

그리고 자신이 지역 사회의 영향력 있는 인사, '활동가(player)'라고 상상하라. 주변 세계에 의미 있는 공헌을 하면서 자신의 삶과 다른 사람들의 삶에 중요한 영향을 끼치고 있다면, 사회적 지위와 사회 참여가 이상적이라면,

- 무슨 일을 하고 있을까?
- 어떤 조직들과 함께, 또는 어떤 조직들을 위해 일하고 있을까?
- 강하게 믿고 지지하는 대의명분은 무엇이며, 어떻게 하면 거기에 너욱 깊게 참여할 수 있을까?

지금 당장 시작하라

성취하는 사람들이 그렇지 못한 사람들과 가장 크게 다른 점은 '행동 지향성'이다. 그들은 항상 움직이고 있다. 항상 바쁘다. 어떤 아이디어가 있으면, 그것을 즉시 행동에 옮긴다. 반면에, 목표를 달성하지 못하는 사람들은 좋은 의도가 있어도 온갖 변명을 늘어놓으며 당장 행동으로 옮기지 않는다. 흔히 말하듯이 "지옥으로 가는 길은 선의로 포장되어 있다." 다시 말해 성공하지 못하는 사람들은 늘 갖가지 그럴싸한 이유와 변명을 늘어 놓는다.

기술, 지식, 재능, 교육, 능력 면에서 자기 자신을 검토하고 다음 질문들에 대답하라. 가능한 최고 수준에까지 발전하게 된다면,

- 5년 후 어떤 지식과 기술을 더 획득해놓았을까?
- 어떤 영역에서 제1인자라는 인정을 받게 될까?
- 미래의 언젠가 분야 최고의 성취자 중 한 사람이 되는 데 필요한 지식과 기술을 발전시키기 위해 매일 무엇을 하고 있을까?

이러한 질문들에 대답하고 나면, 그 다음 질문은 "어떻게?"이다. 장차 그 분야를 이끌어가는 데 필요한 기술과 전문 지식을 어떻게 획득해야 하는가?

매일 일정표대로 생활하라

하루하루 이상적인 생활 방식을 어떻게 영위할지 결정하라. 1월 1일부터 12월 31일까지의 완벽한 일정표를 짜라.

- 주말과 휴가 기간에 무엇을 하고 싶은가?
- 매주, 매달, 매년 얼마 동안 휴가를 즐기고 싶은가?
- 어디로 가고 싶은가?
- 아무런 제약도 없고 시간을 완전하게 통제할 수 있다면, 1년을 어떻게 구성하겠는가?

「잠언」 29장 18절에는 "계시가 없으면 백성은 방자히 행하거니와"라는 구절이 있다. 미래에 대한 고무적인 비전이 없으면 하는 일에 대한 동기와 열정이 없어 안으로부터 '방자해진다'는 의미이다. 그러나 미래에 대한 고무적인 비전이 있으면 매일매일 끊임없이 동기 부여를 받아서 이상적인 비전을 현실로 바꾸는 데 필요한 행동들을 취하게 된다.

가장 행복한 순간을 위하여

삶의 가장 아름다운 나날이 앞에 놓여 있음을 잊지 말라. 가장 행복한 순간들은 아직 오지 않았다. 몇 달 몇 년이 지난 뒤에 최고의 수입을 올리게 될 것이다. 미래는 그 어떤 과거보다 멋질 것이다. 장애물은 전혀 없다. 먼 미래가 명확할수록 그 미래를 현실로 바꾸는 데 도움이 될

GOALS! ● 가장 완벽한 삶을 그려보라

사람들과 상황들이 더 빠르게 삶 속으로 끌려들어온다.

> 가장 완벽한 삶을 그려보라
>
> 1 모든 문제에는 해결책이 존재하고, 모든 한계에는 극복 방법이 있으며, 어떤 목표라도 성취할 수 있다고 상상하라.
>
> 2 '미래로부터 거슬러 오는 사고'를 실행하라. 5년 후로 가서 현재를 되돌아보라. 완벽한 삶을 위해 5년 전 어떤 일을 해야 했을까?
>
> 3 경제적으로 완벽한 삶을 상상하라. 얼마를 벌고 있는가? 재산은 얼마나 되는가? 이런 목표들을 달성하기 위해 지금 당장 어떤 일들을 할 수 있는가?
>
> 4 완벽한 가정 생활과 개인 생활을 상상하라. 그것은 어떤 모습인가? 지금 이 순간부터 무슨 일을 더 하고 무슨 일을 덜 해야 하는가?
>
> 5 완벽한 일정표를 짜라. 아무런 한계도 없다고 생각하고 1월부터 12월까지 1년 계획을 짜라. 지금 이 순간부터 무엇을 변화시킬 것인가?
>
> 6 몸이 완벽하게 건강하다고 상상하라. 비전을 실현하기 위해 바로 지금부터 무엇을 할 수 있는가?
>
> ———
>
> 앞으로 몇 달이나 몇 년 안에 무엇이든 할 수 있고, 될 수 있고, 가질 수 있으며, 거기에는 아무런 한계도 없다고 상상하라. 어떤 삶을 바라든 그 삶을 창조하는 데 필요한 모든 재원이 다 갖추어진 미래를 생각하고 계획하라.

4

마음속 열망을 발견하라

> 이 세상에서 당신이 가장 중요한 이라고
> 느낄 수 있게 해주는 것이 무엇인지 말해보라.
> 그러면 내가 당신의 인생 철학을 말해주겠다.
> — 데일 카네기

지도자들이나 삶의 모든 영역에서 크게 성공한 사람들의 중요한 특성 가운데 하나는 자신이 누구인지, 무엇을 믿고 있는지, 무엇을 추구하고 있는지 알고 있다는 점이다. 대부분의 사람들은 목표, 가치, 이상에 대해 혼란스러워하며 우왕좌왕하다가 거의 아무것도 성취하지 못하고 만다. 반면에 똑같은, 아니 오히려 더 적은 능력과 기회를 가지고도 지도자가 되는 사람들이 있다. 그들은 무슨 일을 하든 항상 위대한 성취를 이룬다.

삶은 내면으로부터 외면으로 표출된다. 인격의 핵심은 가치관이다. 가치관이 인격을 형성한다. 외면으로 표출되는 모든 것들은 명확하든 흐릿하든 내면의 가치관에 의해 결정된다. 내면의 가치관이 명료하면 할수록 외면적 행동들은 더 정교하고 효과적으로 된다.

인격을 이루는 다섯 가지 요소

인격이 여러 동심원으로 이루어진 표적이라고 상상해보자. 인격은 다섯 개의 원으로 이루어져 있으며, 그 중심에는 가치관이, 그 바로 바깥 원에는 신념이 자리잡고 있다.

가치관은 자기 자신과 주변 세계에 관한 신념을 결정한다. 사랑, 연민, 관대함과 같은 긍정적인 가치관을 가지고 있다면, 자기 세계 안에 있는 다른 사람들도 그런 대우를 받아 마땅하다고 믿고 그에 맞게 그들을 대할 것이다.

신념은 인격의 세 번째 원인 기대를 결정한다. 긍정적인 가치관을 가지고 있다면, 스스로를 좋은 사람이라고 믿을 것이다. 스스로를 좋은 사람이라고 믿는다면, 자신에게 좋은 일들이 일어나리라 기대할 것이나. 자신에게 좋은 일들이 일어나리라 기대하다 보면, 긍정적이고 유쾌하고 미래 지향적인 사람이 된다. 다른 사람들과 주변 상황에서 좋은 면을 찾게 될 것이다.

인격의 네 번째 원은 기대에 의해 결정되는 태도이다. 가치, 신념, 기대가 외적으로 표출되거나 반영되면 그것이 곧 태도이다. 예를 들어, 이 세상은 살기에 좋은 곳이라는 가치관과 자신의 삶은 매우 성공적일 것이라는 신념만 있다면 자신에게 일어나는 모든 일이 어떤 식으로든 도움이 될 것이라는 기대가 생길 것이다. 그 결과 다른 사람들에 대해

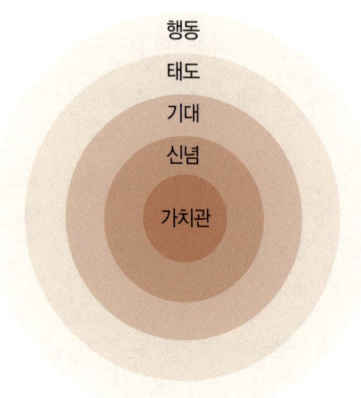

| 인격을 이루는 다섯 가지 요소 |

긍정적인 태도를 취할 것이고, 또 그들에게 긍정적인 반응을 얻어낼 것이다. 나는 더 유쾌하고 낙관적인 사람이 되고, 다른 사람들은 나와 함께 그리고 나를 위하여 일하고 싶어하며, 나에게 구매하거나 판매하고 싶어할 것이고, 내가 더 성공할 수 있도록 도울 것이다. 바로 이런 이유에서 긍정적인 정신 태도는 삶의 모든 영역에서의 위대한 성공과 연관된다.

인격의 다섯 번째 원은 행동이다. 외부적 행동은 궁극적으로 내적 가치관, 신념, 기대를 반영한다. 따라서 삶과 일에서의 성취를 결정짓는 가장 중요한 요인은 내면의 움직임이라 할 수 있다.

내면과 외면을 일치시켜라

어떤 이의 외면적 삶의 조건들을 잘 지켜보면, 그가 대부분의 시간 동안 어떤 생각을 하고 있는지 알 수 있다. 내면이 긍정적이고 낙관적이며 목표 지향적이고 미래 지향적인 사람은 외면적으로 행복하고 성공적이고 풍요로운 삶을 누린다.

아리스토텔레스는 인생의 궁극적인 목적은 자기 자신의 행복을 성취하는 것이라고 말했다. 외면적으로 하고 있는 일이 내면의 가치관과 일치될 때 가장 큰 행복을 느낀다. 스스로 선하고 올바르고 진실하다고 여기는 것과 완전히 일치하는 삶을 살 때에야 비로소 자율적으로 행복을 느끼고 자신과 세계에 긍정적인 태도를 지니게 된다.

목표는 가치관과 일치되어야 하며, 가치관은 목표와 일치되어야 한다. 이 때문에 가치관을 명확하게 정립하는 것은 종종 높은 성취의 출발점이 되곤 한다. 가치관을 명료화하기 위해서는 삶에서 진정으로 중요한 것이 무엇인지 생각해보아야 한다. 그런 다음 그 가치관을 중심으로 삶 전체를 구성해야 한다.

내면의 가치관과 모순되는 방식으로 외면의 삶을 영위하려 하면 스트레스, 부정적인 감정, 불행, 비관주의, 심지어는 분노와 좌절에 직면하게 된다. 위대한 삶을 창조하는 과정에서 스스로 책임지고 꼭 해야 할 일은 모든 일에서 가치관을 최대한 명료하게 정립하는 것이다.

스티븐 코비는 "성공의 사닥다리를 오를 때에는 그것이 더없이 튼튼한 건물에 기대어 있다고 확신하라"라고 말했다. 많은 사람들은 자신이 원한다고 생각하는 목표를 성취하기 위해 열심히 노력한다. 그러다가 결국 삶의 마지막에 가서는 그러한 성취로부터 아무런 기쁨이나 만족도 얻지 못한다는 사실을 깨닫는다. 그들은 "이게 다야?"라고 묻는다. 외면적인 성취가 내면의 가치관과 조화를 이루지 못할 때 이런 일이 벌어진다.

소크라테스는 "성찰이 없는 삶은 살 만한 가치가 없다"라고 말했다. 이 말은 삶의 다른 영역뿐만 아니라 가치관에도 적용된다. '앞으로 나아가는' 과정에서 가치관을 명확하게 정립하는 일을 하게 된다. 야구 경기에서 타임아웃을 하듯, 끊임없이 시간을 멈추어놓고 이렇게 질문하라. "이 영역에서 내 가치관은 무엇인가?"

「마태복음」 16장 26절에 "사람이 만일 온 천하를 얻고도 제 목숨을 잃으면 무엇이 유익하리요?"라는 구절이 나온다. 오늘날 이 세상에서 가장 행복한 사람은 내면의 확신이나 가치관과 조화를 이루며 살아가는 이들이다. 가장 불행한 사람은 자신의 진정한 가치관이나 신념과 배치되는 삶을 살려 하는 이들이다.

내면의 목소리에 귀를 기울여라

자기 신뢰는 위대함의 토대이다. 자기 신뢰는 직관, 내면에서 들려오는 '고요하고 자그마한 목소리'에 귀를 기울이는 것에서 비롯된다. 우리는 내면의 목소리에 귀를 기울이기 시작하면서, 그리고 걸음걸음이 어떤 더 높은 힘에 의해 인도되고 있다고 확신하면서 위대해지기 시작한다.

자신의 진성한 가치관과 일치하는 삶을 사는 것이 곧 자기 확신, 자기 존중, 자부심에 이르는 지름길이다. 사실 거의 모든 인간적 문제는 가치관으로 돌아감으로써 해결할 수 있다. 스트레스를 받을 때마다 자신의 내면을 들여다보고 "현상황에서 나는 어떤 식으로 내면의 가치관을 훼손하고 있는가?"라고 물어보라.

자신의 행동을 관찰하라

자신의 진정한 가치관이 무엇인지 어떻게 알 수 있는가? 대답은 간단하다. 진정한 가치관은 항상 행동들을 통해, 특히 급박한 상황에서 드러난다. 한 행위와 다른 행위 사이에서 선택을 해야 하는 순간이 닥치면 가장 중요하고 가치 있는 것에 맞게 행동하기 마련이다.

사실, 가치관에는 나름의 위계 질서가 있다. 여러 가치관 가운데 강하고 중요한 것들도 있고 미약하고 덜 중요한 것들도 있다. 나는 진정 누구인지 그리고 진정으로 원하는 것이 무엇인지를 판단하기 위해 할 수 있는 가장 중요한 일은 가치관의 우선 순위를 정하는 것이다. 가치관의 상대적인 중요성을 명확히 한 다음에야 외면적 삶을 가치관과 일치하도록 구성할 수 있다.

선택의 상황에서 가치관이 드러난다

진정한 가치관을 결정하는 데 도움이 될 통찰 방법이 몇 가지 있다. 우선 과거를 돌이켜보자. 과거에 급박한 상황에서 어떻게 행동했는가? 시간이나 돈 문제에 관련하여 선택을 해야 했을 때, 어떤 선택을 했는가? 그에 대한 대답이 그 당시의 지배적인 가치관을 보여준다.

데일 카네기는 이렇게 썼다. "이 세상에서 당신이 가장 중요한 이라고 느낄 수 있게 해주는 것이 무엇인지 말해보라. 그러면 내가 당신의 인생 철학을 말해주겠다." 스스로를 중요한 사람이라고 느끼게 해주는 것은 무엇인가? 자기 존중을 불러일으키는 것은 무엇인가? 자존심과 자부심을 증대시켜주는 것은 무엇인가? 지금까지 살아오면서 성취한 것 중에 가장 큰 자부심과 만족을 준 것은 무엇인가? 이에 대한 대답들이 자신의 진정한 가치관을 보여주는 좋은 지표가 될 것이다.

마음속 열망을 발견하라

영적 스승인 에멋 폭스(Emmet Fox)는 '진심어린 열망'을 발견하는 것이 얼마나 중요한지에 대해 쓴 바 있다. 마음속으로 어떤 열망을 품고 있는가? 진정으로 되고 싶거나 갖고 싶거나 하고 싶은 것은 무엇인가? 내 친구의 표현대로 하자면, "무엇으로 이름을 떨치고 싶은가?"

내가 없는 자리에서 사람들이 나에 대해 어떤 말을 했으면 좋겠는가? 내 장례식에서 사람들이 나에 대해 어떻게 이야기했으면 좋겠는가? 가족, 친구, 자식들이 나를 어떻게 기억해주었으면 좋겠는가? 사람들이 그들에게 나에 대해 어떤 이야기를 들려주었으면 좋겠는가?

지금 남들로부터 어떤 평가를 받고 있는가? 앞으로는 어떤 평가를 받고 싶은가? 원하는 평가를 얻기 위해서 지금 이 순간부터 무슨 일을 시작해야 할까?

과거는 미래가 아니다

많은 사람들이 성장하면서 이런 저런 어려움을 겪는다. 곤경에 빠져 나쁜 사람들과 손을 잡기도 하고 사회적으로 용인되지 않는 행동을 하기도 한다. 심지어 범죄를 저질러 감옥에 갇히기까지 한다. 그러나 어느 한순간 삶을 바꾸기로 결심한다. 훗날 어떤 사람으로 기억되고 싶은지 진지하게 생각한다. 삶의 기준이 되는 가치들을 변화시킴으로써 삶을 변화시키기로 결심한다. 이러한 결심을 하고 그것을 굳게 지킴으로써 삶을 변화시킨다. 그리고 다른 사람들이 해낸 일이라면 나 역시 할 수 있다.

명심하라. 어디에서 왔는지는 중요하지 않다. 진정으로 중요한 것은 어디로 가고 있는가 하는 것이다.

모든 면에서 뛰어난 사람이라면 다른 사람들을 어떻게 대할까? 다른 사람들과 만나 이야기를 나눈 뒤에 그들에게 어떤 인상을 남길까? 완벽하게 뛰어난 사람이 되었다고 상상하라. 지금 내 모습과는 어떻게 다를까?

스스로에 대한 호감도

심리학에서는 자기 존중의 수준이 행복의 수준을 결정한다고 말한다. 자기 존중은 '스스로에 대한 호감도'로 정의되며, 자아 이미지에 의해 결정된다. 이는 다른 사람들과의 일상적인 교류에서 스스로를 바라보고 스스로에 대해 생각하는 방식이다. 자아 이미지는 미덕, 가치, 목표, 희망, 꿈, 열망에 관한 자신의 이상과 자신의 실제 모습이 얼마나 부합되는가에 따라 결정된다.

심리학자들에 따르면, 자신의 행위가 스스로 이상적이라고 느끼는 행위와 일치할수록 자신을 더욱 좋아하게 되고 더욱 행복해진다.

이와 달리 스스로 이상적이라고 여기는 최선의 행위와 불일치하는 행동을 하면, 항상 부정적인 자아 이미지를 경험하게 된다. 자신의 행위가 최선에, 다시 말해 자신이 진정으로 열망하는 바에 미치지 못한다고 느낀다. 그 결과 자기 존중과 행복은 감소한다.

최선을 다하라

최고의 이상들에 걸맞게 걷고 이야기하고 행동하기 시작하는 순간 자아 이미지는 향상되고, 자기 존중은 커지며, 자기 자신과 세계에 대해 더 큰 행복을 느낀다.

예를 들어, 어떤 일의 성취로 인해 다른 사람에게 칭찬을 받거나 상을 받으면 자기 존중은 증대하는데, 때로는 극적으로 커진다. 삶이 온통 조화롭고 최고의 이상들과 일치한다고 느낀다. 자신이 성공적이고 가치 있는 사람으로 느껴진다.

모든 일에서 자기 존중을 증대시킬 수 있는 상황을 의도적이고 체계적으로 만들어내야 한다. 언젠가는 되고 싶은 그런 저명 인사가 이미 된 것처럼 살아야 한다.

내 가치관은 무엇인가?

일이나 직업 생활에서의 가치관은 무엇인가? 성실, 근면, 신뢰, 창의력, 협동심, 솔선수범, 야망, 원만한 대인 관계 같은 가치들을 믿는가?

일에서 이런 가치들을 실천하면 그렇지 못한 사람보다 훨씬 더 성공하고 더 존경받는다.

가족에 대한 가치관은 무엇인가? 무조건적인 사랑, 지속적인 격려와 응원, 인내, 용서, 관용, 온정, 관심의 중요성을 믿는가? 삶에서 중요한 사람들에게 일관되게 이런 가치들을 실천하면 그렇지 못한 사람보다 훨씬 더 행복하다.

돈이나 경제적 성공에 대한 가치관은 무엇인가? 정직, 근면, 절약, 검소, 교육, 탁월한 임무 수행, 우수성, 끈기의 중요성을 믿는가? 이런 가치들을 실천하면 그렇지 않은 사람보다 재정 상태가 훨씬 더 튼튼하며 훨씬 빠르게 경제적 목표를 성취한다.

건강에 대해서는 어떠한가? 식사, 운동, 휴식과 관련하여 자기 규율, 자기 통제, 자기 억제의 중요성을 믿는가? 건강에 관한 높은 기준을 설정하고 매일매일 그 기준에 맞추려고 노력하고 있는가? 이런 가치들을 실천하면 그렇지 않은 사람보다 더 오래 더 건강하게 산다.

스스로에게 성실하라

뭐니 뭐니 해도 가장 중요한 가치는 성실이 아닐까 싶다. 한 억만장자가 내게 이런 말을 한 적이 있다. "성실은 그 자체로 하나의 가치라기보다는 다른 모든 가치들을 보장해주는 가치이다."

내게 큰 깨달음을 준 말이었다. 어떤 가치와 일치하는 삶을 결심하는 순간, 얼마나 성실한가에 따라 그 약속을 지킬 수도 지키지 못할 수도 있다. 최선의 가치들과 일치하는 삶을 위해 스스로를 제어하면 할수록 성실성은 더 커진다. 그리고 더 성실할수록 하는 모든 일에서 더 큰 행복과 더 큰 힘을 느낄 것이다.

진정으로 위대한 사람은 항상 아주 성실한 모습으로 묘사된다. 지켜보는 이가 아무도 없을 때에도 그들은 최고의 가치들과 일치하는 삶을 살아간다. 이와 달리 평범한 사람들은 항상 지름길을 택하며, 특히 지켜보는 사람이 없을 때에는 성실성을 저버린다.

자신과 타인에게 진실하라

바로 오늘 정직한 사람이 되겠다고 결심하라. 진실을 말하며 스스로와 타인에게 진실하겠다고 다짐하라. 삶의 모든 영역에서 당신의 가치들을 구체화하라. 그것들을 글로 적어두라. 그 가치들과 일치하는 삶을 살기 위해서 어떻게 행동할 것인지 생각하라. 그리고 어떤 일이 있어도 그것들을 포기하지 않겠다고 결심하라.

삶이나 자신에게 일어나는 모든 일을 완벽하게 책임지기로 다짐하고 완벽한 미래에 대한 이상적인 청사진을 만들어 가치관을 명확하게 정립하고 나면, 삶의 모든 영역에서 명확하고 구체적인 목표들을 설정할 준비가 된 것이다. 지금 우리는 출발선에 서 있으며 이제 곧 하늘을 향해 이륙해야 한다.

GOALS! ● 마음속 열망을 발견하라

마음속 열망을 발견하라

1 지금 이 순간 삶에서 가장 중요한 가치들을 세 가지에서 다섯 가지 정도 열거하라. 진정으로 믿고 지지하는 것은 무엇인가?
2 남들에게 가장 좋은 평가를 받고 있는 자질과 가치는 무엇인가?
3 다른 사람들과의 관계에서 가장 중요한 가치들은 무엇이라고 생각하는가?
4 돈이나 경제적 성공과 관련하여 당신의 가치관은 무엇인가? 이런 가치관을 날마다 실천하고 있는가?
5 이상적인 인간형, 다시 말해 아무런 한계가 없다면 가장 되고 싶은 인간형을 묘사해보라.
6 장례식에서 친구와 가족들에게 낭독되었으면 하는 망자 이력을 적어라.
7 가치관에 더 부합하게 살기 위해서는 어떤 행동을 바꾸어야 하는가?

내면적 가치와 믿음이 한 인간으로서의 자신을 규정한다. 삶의 각 영역에서 자신이 진정으로 믿고 있는 것과 관심을 두는 것이 무엇인지 충분히 생각하라. 자신이 옳다고 생각하는 것에서 벗어나지 말라.

5 꿈의 목록을 작성하라

> 자신이 진정으로 원하는 바가 무엇인지 깨달아라.
> 그때부터 당신은 나비를 쫓아 다니는 일을 그만두고
> 금을 캐러 다니기 시작할 것이다.
> — 윌리엄 몰턴 마스든

◎ 목표 설정, 그리고 더 일반적으로는 성공과 관련해서 내가 가장 좋아하는 단어는 '명료성'이다. 내가 누구인지 그리고 무엇을 원하는지 명료하게 알수록 삶에서 더 많은 것을 성취할 수 있다.

성공한 사람은 자기 자신과 자신이 진정으로 원하는 바를 절대적으로 명료하게 하는 데에 필요한 모든 시간을 투자한다. 건물을 세우기 전에 상세한 청사진을 설계하듯이 말이다. 대부분의 사람들은 차를 뒤쫓는 개처럼 그저 삶에 스스로를 내던지면서 왜 자기들은 어떤 가치 있는 것을 얻거나 지켜내지 못하는지 의아해 한다.

헨리 데이비드 소로(Henry David Thoreau)는 이렇게 쓴 바 있다. "허공에 성을 세웠는가? 그것까지는 좋다. 당연히 허공에 세워야 한다. 이제는 부지런히 그 밑에 주춧돌을 놓아라."

이 장에서는 비전과 가치들을, 매일매일 추구해나갈 수 있는 명확한 목표로 구체화시켜보자.

자신을 위한 목표를 세워라

장애를 극복하고 위대한 목표를 성취하기 위해서는 강렬하고 뜨거운 욕망이 꼭 필요하다고 앞에서 언급한 바 있다. 열렬한 욕망이 생기려면 목표가 순수하게 개인적인 것이어야 한다. 다른 누군가가 원하는 목표나 누군가를 기쁘게 하기 위한 목표가 아닌 바로 자신을 위해 선택한 목표들이어야 한다. 효과적으로 목표를 설정하기 위해서는 진정으로 원하는 바에 대해 전적으로 이기적이어야 한다.

그렇다고 가정이나 직장의 다른 사람들을 위한 일을 하지 말라는 의미가 아니다. 다만 삶을 위한 목표를 설정할 때 자기 자신으로부터 시작해서 앞으로 나아가야 한다는 것이다.

진정으로 원하는 것은 무엇인가?

목표를 설정할 때 자신에게 물어야 할 가장 중요한 질문은 내가 삶에서 진정으로 하고 싶은 것은 무엇인가 하는 것이다. 보이지도 않는 표적은 맞출 수 없다는 사실을 명심하라. 이 질문은 앞으로도 계속해서 자문해보아야 할 문제이다.

진정한 목표를 결정할 때에는 자신의 비전과 가치관과 이상들에서 출발해야 한다. 처음에는 그것들이 약간은 현실과 동떨어진 환상처럼 느껴지기도 할 것이다. 이제부터 할 일은 그 환상들을 구체적인 것으로 변화시키는 것이다. 종이 위에 꿈 같은 집을 설계해보자.

먼저 일반적인 목표에서 시작하여 더 구체적인 목표들로 나아간다.

- 바로 지금 사업과 일에서 가장 중요한 목표 세 가지는 무엇인가?
- 바로 지금 가장 중요한 경제적 목표 세 가지는 무엇인가?
- 바로 지금 가족이나 인간 관계에서 가장 중요한 목표 세 가지는 무엇인가?
- 바로 지금 가장 중요한 건강상의 목표 세 가지는 무엇인가?

큰 걱정거리는 무엇인가?

앞의 질문들을 뒤집어보면 이렇게 된다. 바로 지금 삶에서 가장 큰 걱정거리나 관심사 세 가지는 무엇인가? 일상 생활에서 고통스럽고 근심스럽고 마음이 쓰이는 문제는 무엇인가? 무엇 때문에 성이 나고 짜증이 나는가? 행복을 앗아가는 것은 무엇인가? 내 친구가 종종 묻듯이, "고통스러운 곳이 어디인가?"

가장 큰 문제나 걱정거리를 찾고 나면 스스로에게 이렇게 물어보라.

- 문제들의 이상적인 해결책은 무엇인가?

- 어떻게 하면 이런 문제나 걱정거리를 당장 제거할 수 있는가?
- 각각의 문제를 해결할 수 있는 가장 신속하고도 직접적인 방법은 무엇인가?

오컴의 면도날

1142년에 영국의 철학자 윌리엄 오컴(William of Ockham)은 이른바 '오컴의 면도날(Ockham's razor)'이라는 문제 해결 방법을 제안했다. 이 사고 방법은 여러 세대를 거치면서 널리 알려졌다. 오컴의 말에 따르면 "거쳐야 할 단계가 가장 적은, 가장 단순하고도 직접적인 해결책이 어떤 문제든 명쾌하게 해결해준다."

많은 사람들은 목표와 문제들을 너무 복잡하게 만들어버리는 실수를 저지른다. 그러나 해결책이 복잡할수록 그 실행 가능성은 더 낮아지고 어떤 결과를 얻을 수 있는 시간도 더 길어진다. 해결책을 단순화하고 가능한 한 신속하게 목표에 곧바로 접근하는 것, 바로 이것을 목표로 삼아야 한다.

수입을 두 배로 늘리기

많은 사람들이 수입을 두 배로 늘리고 싶어한다. 판매업에 종사하는 사람들에게 나는 이렇게 묻는다. "수입을 두 배로 늘릴 가장 빠르고 가장 직접적인 방법은 무엇인가?" 그들이 내놓는 여러 제안들을 듣고 나서 나는 최고의 비법을 제시한다. "유력한 잠재 고객들과 직접 마주하는 시간을 두 배로 늘리십시오."

판매 실적을 늘리는 가장 직접적인 방법은 예나 지금이나 똑같다. 잠재적인 고객들과 더 많은 시간을 보내는 것이다. 기술을 향상시키거나 다른 무언가를 바꾸지 않고도, 매일매일 잠재적인 고객들과 직접 대면하는 그 몇 분을 두 배로 늘리기만 해도 판매 수입은 두 배로 늘어난다.

1928년의 조사에 따르면, 판매원들이 잠재적인 고객들과 직접 대면하는 시간은 평균적으로 하루 90분이다. 최고의 수입을 올리는 판매원들은 그보다 두세 배 가량의 시간을 투자한다. 그들은 제품이나 서비스를 구매할 능력과 의사가 있는 사람들과 더 많은 시간을 보낼 수 있도록 하루하루를 효율적으로 계획한다. 잠재적인 고객이나 소비자들과 더 많은 시간을 보낼수록 판매 기술도 점점 향상된다. 기술이 향상될수록 더 짧은 시간에 더 많이 팔고 더 많이 번다.

세상에서 가장 슬픈 말

자신이 하는 일을 검토해보면 20퍼센트가 나머지 80퍼센트의 원인이 된다는 사실을 알게 될 것이다. 내가 창안한 고급코칭프로그램은 수강생들에게 최대 가치에 기여하는 20퍼센트의 활동을 확인한 다음 그 활동을 두 배로 늘리도록 교육시킨다. 시간과 씨름하면서 더 많은 일들을 하려고 골치를 앓기보다는 더 가치 있는 일 몇 가지에 집중하라고 가르친다. 설사 똑같은 자리에서 여러 해 동안 일을 해왔다 하더라도 이런 접근법을 통해 겨우 30일 만에 생산성과 수입을 두 배로 늘리는 수강생

GOALS! ● 꿈의 목록을 작성하라

들도 있다.

 지금 있는 곳에서 목표하는 곳으로 갈 수 있는 가장 단순하고 직접적인 방법을 찾아라. 그리고 무엇보다도 그것을 행동으로 옮겨라! 앞으로 부지런히 나아가라. '긴박감'을 놓치지 말라. 아무리 훌륭한 아이디어라 한들 실행되지 않으면 아무 가치가 없다. 시인 존 그린리프 휘티어가 말했듯이, "세상의 모든 말 중에서 가장 슬픈 말은 '그럴 수도 있었는데' 이다."

마법의 지팡이

 진정한 목표를 결정할 때에 '마법의 지팡이' 기법을 사용하라. 삶의 특정한 영역에서 마법의 지팡이를 휘둘러보자. 그러면 소원이 이루어질 것이다!

 사업과 직업 생활에 마법의 지팡이를 휘둘러라. 세 가지 소원이 있다면 무엇일까? 경제 생활에 마법의 지팡이를 휘둘러라. 경제 생활에서 세 가지 소원이 있다면 무엇일까?

 가족 생활과 인간 관계에 마법의 지팡이를 휘둘러라. 세 가지 소원이 있다면 무엇일까? 모든 면에서 이상적인 가족 생활은 어떤 모습일까?

 건강에 마법의 지팡이를 휘둘러라. 몸의 건강과 관련하여 세 가지 소원이 있다면 무엇일까? 건강이 완벽하다면 지금과는 어떻게 다를까?

 기술과 능력에 마법의 지팡이를 휘둘러라. 고도로 발전된 기술이나 능력을 세 가지 가질 수 있다면 무엇일까? 당신은 어떤 영역에서 뛰어나고 싶은가?

마법의 지팡이 기법은 장난 같아 보이지만, 꽤 뜻이 깊다. 마법의 지팡이를 휘두를 때마다 그 영역에서의 진정한 목표들이 모습을 드러낸다. 또한 자신이 무엇을 원하는지, 어디로 가고 있는지 확신하지 못하는 사람은 이 기법을 사용할 수 있다. 이런 질문을 할 때 나타나는 결과는 참으로 놀랍다.

앞으로 6개월밖에 못 산다면?

목표 설정과 관련하여 진정한 가치관을 반영하는 질문이 또 한 가지 있다. 병원에서 정밀 건강 진단을 받았다고 상상해보자. 며칠 뒤 의사가 이렇게 말한다. "좋은 소식과 나쁜 소식이 있습니다. 좋은 소식은 앞으로 6개월 동안은 최고로 건강하고 활력 있게 살 수 있다는 것입니다. 나쁜 소식은 180일 후에 불치병으로 죽는다는 겁니다."
앞으로 6개월밖에 살지 못한다면, 이 세상에서의 마지막 6개월을 어떻게 보내겠는가? 그 시간을 누구와 함께 보내겠는가? 어디에 가겠는가? 무슨 일을 마무리하겠는가? 무엇을 더 하거나 덜 하겠는가?
스스로 이런 질문을 해보았을 때 마음속에 제일 먼저 떠오르는 생각이 곧 진정한 가치관을 반영해줄 것이다. 그 대답에는 삶에서 가장 중요한 사람들도 포함될 것이다. 이런 상황에서 이렇게 말하는 사람은 거의 없을 것이다. "글쎄요, 사무실에서 몇 군데 전화를 걸고 싶군요."

GOALS! ● 꿈의 목록을 작성하라

꿈의 목록

진정한 목표를 설정할 때 아무런 한계도 없다고 상상했듯이 그 연장선상에서 꿈의 목록을 작성하라. 아무런 한계가 없다면 언젠가 되고 싶거나 가지고 싶거나 하고 싶은 모든 것을 기록하는 것이다.

『영혼을 위한 닭고기 수프 Chicken Soup for the Soul』의 공동 저자 마크 빅터 한센은 종이를 놓고 자리에 앉아서 평생 성취하고 싶은 최소 100개의 목표를 목록으로 작성해보라고 조언한다. 이런 목표들을 성취하는 데 필요한 시간, 돈, 친구, 능력, 재원이 모자라지 않다고 상상하라. 자유롭게 꿈꾸고 환상을 가져라.

그러고 나면 놀라운 일이 일어날 것이다. 100개의 꿈을 적은 후 30일 안에 인생에서 엄청난 일이 벌어지기 시작한다. 지금은 상상조차 할 수 없는 빠른 속도로 목표가 성취되기 시작한다. 100개 이상의 목표를 적기만 하면 이런 일이 일어난다. 한번 시도해보라. 그 결과에 크게 놀라게 될 것이다.

벼락부자

목표 설정과 관련된 질문이 또 하나 있다. 내일 세금이 면제된 100만 달러가 생긴다면, 삶을 어떻게 변화시키겠는가? 무슨 일을 시작하거나 그만두겠는가? 무슨 일을 더 하거나 덜 하겠는가? 가장 먼저 무엇을 하겠는가?

한마디로, 무엇이든 마음대로 선택할 수 있다면 삶을 어떻게 바꾸겠는가? 최선에 이르지 못하는 주된 이유는 변화를 두려워하기 때문이다. 그러나 원하는 일을 하거나 원하는 바대로 되는 데 필요한 돈이 충분히 있다고 상상하면 진정한 목표가 종종 모습을 드러내곤 한다.

예를 들어, 현재의 직업이 자신에게 맞지 않는다면, 돈을 많이 벌어야겠다고 생각하는 순간 사표를 고려하게 될 것이다. 그렇지만 자신에게 맞는 직업이라면, 돈을 많이 벌겠다는 생각이 직업 선택에 아무런 영향도 미치지 못할 것이다. 그러므로 스스로에게 이렇게 물어보자. 내일 세금이 면제된 100만 달러가 생긴다면, 무슨 일을 할까?

꿈꾸기를 두려워하지 말라

진정한 목표를 명료하게 해주는 질문이 또 하나 있다. 항상 하고는 싶었지만 시도하기가 두려웠던 일은 무엇인가? 주변에서 다른 사람들이 하는 감탄스러운 일 중에 하고 싶었던 일이 있는가? 자기 사업을 시작하고 싶었는가? 공직에 출마하고 싶었는가? 새로운 직업에 뛰어들고 싶었는가? 항상 하고는 싶었지만 시도하기가 두려웠던 일은 무엇인가?

하고 싶은 일을 하라

단기적 · 장기적 삶을 위한 목표를 설정할 때에는 끊임없이 스스로에게 이런 질문을 던져야 한다. 삶의 각 영역에서 가장 즐겁게 할 수 있는 일은 무엇인가? 예를 들어, 하루 온종일 오직 한 가지 일만 할 수 있다면, 무슨 일일까? 아무런 보수 없이도 평생 동안 할 수 있는 일이 있다면, 무슨 일일까? 가장 커다란 기쁨과 만족을 느끼는 일이나 활동은 무엇일까?

심리학자 에이브러햄 매슬로(Abraham Maslow)는 이른바 '최고의 경험', 다시 말해 한 개인이 가장 큰 행복과 기쁨과 즐거움을 느끼는 순간이나 시간을 찾았다. 삶의 목적 가운데 하나는 최고의 경험들을 가능한 한 많이 누리는 것이다. 이를 성취하는 방법은 과거에 최고의 경험을 한 순간들을 되새기고 확인한 다음 현재와 미래에 그것을 어떻게 되풀이할 수 있을지 상상하는 것이다. 지금까지 살면서 가장 행복했던 순간들은 언제인가? 어떻게 하면 미래에 그런 순간들을 더 많이 누릴 수 있겠는가? 진정으로 하고 싶은 일은 무엇인가?

사회 참여

사회와 공동체에 참여하고 공헌하겠다는 목표 또한 빠져서는 안 된다. 세계에 어떤 변화를 일으키고 싶은가? 어떤 조직이나 대의, 의무, 사회 문제에 적극 가담해서 일하고 싶은가? 도와주고 싶은 불운한 이들이 있는가? 충분히 부유하다면, 어떤 대의를 지지하겠는가? 무엇보다도, 세계를 바꿔나가기 위해 오늘부터 무슨 일을 할 수 있겠는가? 모든 것이 좋아지겠거니 하고 그저 기다려서는 안 된다. 어떤 식으로든 바로 지금 시작하라.

구체적인 경제적 목표를 세워라

목표 설정의 가장 중요한 영역들 가운데 하나는 경제이다. 필요한 돈을 모두 벌고 저축할 수 있다면, 비경제적 목표들 대부분을 더 빠르고 더 쉽게 성취할 수 있을 것이다.

이상적인 삶이라면, 매달 매년 얼마씩 벌고, 얼마씩 저축하고 투자하고 싶은가? 미래의 언젠가 얼마만큼의 재산을 가졌으면 하는가? 은퇴할 때까지 어떤 종류의 재산을 모으고 싶은가? 그리고 언제 그렇게 되었으면 좋겠는가? 대부분의 사람들은 경제적 목표에 대해서 절망스러울 정도로 혼란스러워한다. 그러나 자신을 위한 명확한 경제적 목표만 있으면, 그 성취 능력은 극적으로 증대한다.

명확한 목표는 꿈을 현실로 바꾸어준다

원하는 바가 아주 명확해지면, 그 다음부터는 대부분의 시간 동안 목표에 대해 생각할 수 있다. 그리고 목표에 대해 더 많이 생각할수록 그것은 더욱 빠르게 실현된다.

이처럼 삶의 각 부분에서의 목표에 대해 스스로에게 질문하는 과정을 통해 더욱 명료한 사고를 하게 되고 더욱 단호하고 명확한 사람이 된다. 지그 지글러가 말했듯이, "방황하는 일반인에서 의미 있는 특정인이 된다." 무엇보다도 삶의 명확한 주목적을 결정할 수 있는 지점에 도달한다. 그곳은 위대한 성취와 뛰어난 성과를 위한 도약판이다.

명확한 주목적이 다음 장의 주제가 될 것이고, 그것을 어떻게 성취할 것인지가 그 다음 장들의 주제가 될 것이다.

> **1** 지금 이 순간 가장 중요한 세 가지 삶의 목표를 적어라.
> **2** 지금 이 순간 가장 심각한 세 가지 문제나 걱정거리들은 무엇인가?
> **3** 내일 세금이 면제된 100만 달러가 생긴다면, 그 즉시 삶을 어떻게 변화시키고 싶은가?
> **4** 진정으로 하고 싶은 일은 무엇인가? 가치, 중요성, 만족과 같은 감정들을 가장 크게 느끼는 일은 무엇인가?
> **5** 당신의 삶에 마법의 지팡이를 휘둘러서 원하는 것을 무엇이든 가질 수 있다면, 무슨 소원을 빌 것인가?
> **6** 앞으로 6개월밖에 살지 못한다면, 무슨 일을 할 것이며 남은 시간을 어떻게 보내겠는가?
> **7** 아무런 한계도 없다면, 삶에서 진정으로 하고 싶은 일은 무엇인가?
>
> 삶의 모든 영역에서 진정으로 성취하고 싶은 것이 무엇인지 스스로 결정하라. 명료성은 행복과 높은 성취도의 필수적인 요소이다.

6 핵심 목표 하나를 정하라

> 성공을 위해서는 한 가지 자질이 있어야 한다. 바로 명확한 목적, 원하는 바에 대한 인식, 그것을 소유하고자 하는 타오르는 욕망이다.
> — 나폴레온 힐

◎ 우리는 대부분의 시간 동안 생각하는 그대로 된다. 그러므로 어떤 명확한 목적이 있으면, 깨어 있는 시간 내내 그것에 집중할 수 있다. 피터 드러커가 말했듯이, "어떤 일이 이루어지고 있다는 것은 곧 사명감을 가지고 그 일에만 전념하는 열정적인 사람이 있음을 의미한다."

명확한 주목적에 대해 그리고 그것을 성취하는 방법에 대해 더 깊이 생각할수록, 인력의 법칙(Law of Attraction)이 더욱 활발하게 작동된다. 내가 목표를 향하여, 목표가 나를 향하여 더욱 빠르게 접근하도록 도와줄 사람, 기회, 아이디어, 재원들이 끌려 들어오기 시작하는 것이다.

상응의 법칙(Law of Correspondence)에 의해, 경험이라는 외부 세계는 목표라는 내부 세계와 일치하고 조화를 이룰 것이다. 항상 명확한 주목적에 대해 생각하고 이야기하고 그것을 이루기 위해 노력할 때, 외부 세계는 마치 거울처럼 이것을 비춰줄 것이다.

명확한 주목적은 또한 잠재 의식을 활발하게 움직이게 한다. 의식 수준에서 명확하게 규정되는 생각이나 계획이나 목표는 모두 잠재 의식에 의해(그리고 이후에 논하겠지만 수퍼의식에 의해) 곧 현실로 바뀌기 시작한다.

망상 피질을 활성화시켜라

사람의 뇌 속에는 '망상 피질(reticular cortex)'이라는 특수한 기관이 있다. 손가락처럼 생긴 이 작은 부분은 큰 사무실 빌딩의 전화 교환기와 비슷한 기능을 한다. 중앙 교환기가 걸려 오는 모든 전화를 받은 다음 적절한 수신자에게 연결해주듯이, 감각에 도달하는 모든 정보는 망상 피질을 통해 뇌 또는 의식의 적절한 부분으로 전달된다.

망상 피질은 망상 활성계를 포함하고 있다. 망상 피질에 목표 메시지를 전달하면, 그것은 목표를 성취하는 데 도움이 될 사람들, 정보, 기회들을 강렬하게 인식하고 예의주시하게 해준다.

빨간 스포츠카

예를 들어 빨간 스포츠카가 갖고 싶다고 가정해보자. 우선 그것을 목표로 적어놓는다. 빨간 스포츠카에 대해 생각하고 그것을 머릿속에 떠올리기 시작한다. 그리하여 이제 빨간 스포츠카가 중요하다는 메시지가 망상 피질에 전달된다. 곧 빨간 스포츠카의 그림이 정신의 레이더 스크린에 떠오른다.

그 순간부터 어디를 가든 빨간 스포츠카만 보이기 시작한다. 심지어 그 차가 몇 구획이나 지나 모퉁이를 돌 때까지도 눈길을 거두지 못한다. 차도와 진열장에 세워진 차들을 본다. 어디를 가든 세계는 빨간 스포츠카로 가득한 것처럼 보인다.

오토바이를 사기로 결심했다면, 어디서든 오토바이가 보이기 시작할 것이다. 하와이로 여행을 떠나기로 결심했다면, 하와이 여행에 관한 정보가 담긴 포스터, 광고, 소책자, 텔레비전 특집들에 눈이 갈 것이다. 망상 피질에 어떤 목표 메시지를 보내든, 망상 활성계는 그 목표를 실현시킬 모든 가능한 방법들에 주목하게 만든다.

경제적 독립

경제적인 독립을 결심했다면, 경제적 목표를 성취하는 것과 관계되는 주변의 모든 기회와 가능성들에 시선이 갈 것이다. 어디를 가든 그 주제에 관한 신문 기사를 읽고 그런 책들을 찾게 될 것이다. 우편으로 정보와 광고들을 받아보고, 돈을 벌고 투자하는 것에 관해 대화를 많이 나누게 될 것이다. 마치 경제적 목표를 성취하는 데 도움이 되는 아이디어들과 정보들에 둘러싸여 있는 것처럼 보인다.

반면에 망상 피질과 잠재 의식에 명확한 지시를 내리지 않는다면, 마치 안개 속을 운전하듯 살아가게 될 것이다. 주변의 모든 기회와 가능성들을 알아채지 못하고 놓치고 말 것이다.

"관심이 삶의 열쇠다"라는 말이 있다. 삶은 나의 관심이 향하는 그곳을 향해 간다. 명확한 주목적을 결정하고 나면 그에 대한 관심이 증대하여, 그 목표를 더 빨리 성취하는 데 도움이 되는 것들에 더 민감해진다.

명확한 주목적을 설정하는 방법

명확한 주목적이란 지금 이 순간 자신에게 가장 중요한 한 가지 목표로, 다른 목표들을 많이 성취하는 데에 그 어느 것보다 큰 도움이 된다. 그것은 다음과 같은 특성을 지니고 있어야 한다.

- 개인적인 차원에서 진정으로 원하는 그 무엇이어야 한다. 이 목표에 대한 욕망이 대단히 강렬해야 한다. 명확한 주목적을 성취한다는 생각만으로도 흥분되고 행복해질 정도여야 한다.
- 명확하고 구체적이어서 말로 규정할 수 있어야 한다. 아이가 읽고서도 정확히 이해할 수 있을 정도로 명료하게 적을 수 있는 것이어야 하며, 성취 여부를 결정할 수 있는 것이어야 한다.
- 측정할 수 있고 양을 잴 수 있는 것이어야 한다. "돈을 많이 벌고 싶다"가 아니라 "(어떤 구체적인 시일까지) 매년 10만 달러씩을 벌겠다" 같은 식이어야 한다.

- 신뢰할 만하고 성취할 수 있는 것이어야 한다. 명확한 주목적이 완전히 성취할 수 없을 만큼 너무 크거나 우스꽝스러운 것이어서는 안 된다.
- 시작하는 시점에서 50 대 50 정도의 합리적인 성공 가능성이 있어야 한다. 지금껏 중요한 목표를 성취한 적이 한 번도 없다면, 80 내지 90퍼센트의 성공 가능성이 있는 목표를 설정하라. 처음부터 무리해서는 안 된다. 이후에 얼마든지 성공하기 어려운 위대한 목표들을 설정해서 그것들을 성취하기 위해 필요한 조치들을 취할 수 있다. 그러나 적어도 처음에는 신뢰할 수 있고 성취할 수 있는 목표를 설정하라. 처음부터 성공에 대해 확신할 수 있을 만큼 성공 가능성이 높은 목표를 설정하라.
- 다른 목표들과 조화로워야 한다. 경제적 성공을 바라면서도, 다른 한편으로 오랜 시간 동안 골프를 치고 싶어해서는 곤란하다. 명확한 주목적은 사소한 목표들과 조화를 이루고 가치관과 일치해야 한다.

현실적인 목표를 세워라

한 세미나에서 어떤 여성이 자기는 명확한 주목적을 결정했다고 말했다. 그것이 무엇이냐고 묻자 그녀는 "1년 안에 백만장자가 되겠다"라고 대답했다.

나는 호기심에 지금 얼마 정도를 벌고 있는지 물었다. 알고 보니 그녀는 빈털터리였다. 그녀는 바로 얼마 전 무능력하다는 이유로 일자리에서 해고당한 상태였다. 나는 이런 상황에서 왜 1년 안에 100만 달러를 벌겠다는 목표를 설정했느냐고 물었다.

그녀는 "명확하기만 하다면 어떤 중요한 목표라도 설정할 수 있다"

라는 나의 말을 듣고 자기가 필요한 모든 것을 얻을 수 있을 거라는 확신을 얻게 되었다고 말했다. 그녀는 자신의 목표로부터 너무 멀리 떨어져 있었다. 그래서 나는 그 목표가 현상황에서는 너무나 비현실적이고 성취 불가능하며, 결국 낙담만 안겨줄 것이라고 설명해주었다. 그런 목표는 몇 년 안에 경제적 성공을 이루는 데 필요한 일을 하도록 그녀에게 동기를 부여하기는커녕 오히려 그것을 없애버리기 십상이다.

자기 자신에게 정직하라

내 세미나에 참석한 한 남자는 자신의 명확한 주목적이 '세계 평화'라고 말했다. 나는 주요 강대국의 수반이 아닌 이상 그는 세계 평화에 거의 아무런 영향도 미칠 수 없다고 말해주었다. 그러한 목표는 매일매일 노력을 기울여 성취할 수 있는 개인적 차원의 목표를 설정하는 데에 오히려 방해가 될 뿐이다. 그는 내가 자신의 환상을 격려해주지 않는 것에 불쾌해 하면서 화난 기색으로 나가버렸다.

이 두 사람은 자기 자신에게 불리한 방식으로 목표 설정을 하고 있었다. 그들은 성취 가능성이 전혀 없는 목표를 만들어냄으로써 스스로 실패의 길로 걸어 들어가고 있었다. 그러다 곧 낙담에 빠져 두 손을 놓아버릴 것이다. 이는 커다란 목표를 설정하기 시작할 때 흔히 겪을 수 있는 위험이다. 그러므로 이런 함정을 조심해야 한다. 그것은 열정과 흥분은커녕 오히려 낙담과 의욕 상실로 우리를 내몬다.

나도 젊은 시절에 그런 똑같은 실수를 저질렀다. 맨 처음 목표를 설정하기 시작했을 때, 나는 그동안 벌었던 액수보다 10배나 많은 돈을 수입의 목표로 정했다. 여러 달이 지나고도 아무런 진전이 없자 그때서야 그 목표가 아무런 도움도 되지 않는다는 사실을 깨달았다. 그것은 내가 경험해본 성취를 훨씬 뛰어넘는 일이기에 아무런 동기 부여도 해주지 못했다. 그것을 원하면서도 마음속 깊은 곳에서는 그것의 성취 가능성을 믿지 않았다. 그래서 나의 잠재 의식은 그것을 거부했고 망상 피질은 작동되지 않았다. 이런 일은 일어나지 않도록 하라.

어떻게?

명확한 주목적을 결정할 수 있는 핵심적인 질문이 있다. 실패하지 않으리라는 것이 확실하다면, 감히 꿈꾸고 싶은 위대한 일은 무엇인가?

크든 작든, 단기적이든 장기적이든 어떤 목표의 성공적인 성취가 확실히 보장되어 있다면, 그 한 가지 목표는 무엇이 될까? 이 질문에 대한 대답이 무엇이든 그것을 적을 수만 있다면, 그것을 성취할 수 있을 것이다. 그때부터는 "어떻게?"라는 질문만이 필요하다. 다만 문제가 되는 것은 그것을 얼마나 간절히 바라는가, 그것을 위해 얼마나 오랫동안 열심히 노력할 의사가 있는가 하는 점이다.

어느 노벨상 수상자의 이야기

한 유명 대학의 화학 교수가 내 세미나에 참석한 적이 있다. 그는 2년 전 다른 두 과학자와 공동으로 노벨 화학상을 수상한 사람이었다. 그는

GOALS! ● 핵심 목표 하나를 정하라

대학 생활을 시작한 20대에 화학 분야에 중요한 공헌을 하기로 결심했노라고 말했다. 그것은 그의 명확한 주목적이었다. 그는 25년이 넘도록 그것을 이루는 데 전념했고, 마침내 성공을 거두었다.

그는 이렇게 말했다. "처음부터 확신이 있었습니다. 내가 화학 분야에 중요한 공헌을 해서 결국 노벨상을 받게 될 것이라는 사실을 단 한 번도 의심하지 않았습니다. 상을 받을 때에는 참 행복했지만, 그렇다고 그리 놀랄 일은 아니었습니다."

기꺼이 대가를 지불하라

누구나 백만장자나 억만장자가 되고 싶어한다. 과연 그러한 경제적 목표를 성취하기 위해 무슨 일이든 기꺼이 하고 모든 시간을 투자할 마음가짐이 되어 있는지 자문해보라. 만일 그렇다면, 앞을 가로막을 수 있는 것은 아무것도 없다.

10대 목표

연습을 한번 해보자. 종이 한 장을 꺼내놓고 그리 멀지 않은 미래에 성취하고 싶은 10대 목표를 쭉 적는다. 마치 이 목표들을 이미 성취한 것처럼 현재 시제로 적는다. 예를 들면, "나는 몸무게가 얼마다"라든지 "나는 매년 얼마씩을 벌고 있다" 같은 식으로 말이다.

10대 목표를 다 작성한 다음 그 목록을 다시 살펴보면서 스스로에게

81

이런 질문을 던진다. 지금 당장 그 중에 한 가지 목표를 성취할 수 있다면, 내 삶에 가장 긍정적인 영향을 미칠 목표는 무엇일까?

거의 모든 경우에 바로 그 한 가지 목표가 명확한 주목적이다. 삶에 그리고 다른 목표들 대부분을 성취하는 데에 가장 커다란 영향을 미칠 수 있는 그 한 가지 목표가 바로 주목적이다.

어떤 목표를 선택하든 그것을 종이에 적어라. 그 목표를 성취하기 위해 할 수 있을 것 같은 일을 모두 적은 다음 그 가운데 적어도 하나를 행동에 옮겨라. 항상 가지고 다니면서 정기적으로 검토할 수 있도록 포켓용 색인 카드를 만들어라. 아침저녁으로 이 목표를 생각하라. 그것을 성취할 수 있는 방법을 끊임없이 모색하라. 그리고 필요한 질문은 "어떻게?" 뿐이다.

목표에만 전념하라

명확한 주목적을 선택하고 그것이 이루어질 때까지 어떤 장애나 어려움도 극복하면서 그 목적 하나에만 전념하겠다고 결심하라. 이제부터 그와 같은 선택과 결심은 이제껏 내린 그 어떤 결정보다도 삶을 변화시키는 데 큰 역할을 할 것이다. 명확한 주목적이 무엇이든 바로 지금 그것을 적고 그것을 이루기 위해 노력하라.

GOALS! 핵심 목표 하나를 정하라

1. 실패하지 않으리라는 것이 확실하다면 감히 꿈꾸고 싶은 한 가지 위대한 일은 무엇인가?

2. 앞으로 몇 달이나 몇 년 안에 성취하고 싶은 10대 목표의 목록을 현재 시제로 작성하라. 이 가운데 삶에 가장 긍정적인 영향을 미칠 한 가지 목표를 선택하라.

3. 이 목표를 성취하는 과정에서 진척도와 성공 여부를 측정할 방법을 결정하고 그것을 기록하라.

4. 목표를 향해 나아가기 위해 할 수 있는 모든 것을 목록으로 작성하라. 그 중에서 적어도 한 가지를 지금 당장 행동에 옮겨라.

5. 목표를 성취하기 위해 추가적으로 들여야 할 노동, 시간, 노력을 결정하라. 그런 다음 부지런히 그 대가를 지불하라.

삶을 구축해나갈 중심 목적이 있어야 한다. 무엇보다도 다른 목표들을 성취하는 데 도움이 될 한 가지 목표가 있어야 한다. 그것을 결정하고, 항상 그것을 이루기 위해 노력하라.

7 되고 싶은 모습대로 행동하라

어떤 일을 할 수 있다고 믿든
할 수 없다고 믿든,
아마도 당신이 믿는 그대로 될 것이다.
— 헨리 포드

가장 중요한 정신 법칙은 신념의 법칙이 아닌가 싶다. 즉, 믿는 것은 무엇이든 현실이 된다는 것이다. 사람들은 보는 것을 믿는 것이 아니라 이미 믿고 있는 것을 본다. 신념, 태도, 편견, 선입관의 렌즈를 통해 세계상을 바라본다. 나는 내가 생각하는 그대로의 모습이 된다.

「잠언」 23장 7절에는 "무릇 그 마음의 생각이 어떠하면 그의 사람됨도 그러하니"라고 씌어져 있다. 이는 항상 내면석 신념과 스스로에 대한 확신에 근거해 행동을 외부로 표출한다는 의미이다.「마태복음」 9장 29절에는 "너희가 믿는 대로 될 것이다"라고 되어 있다. 달리 말하면, 강렬한 신념이 곧 현실이 된다는 것이다. 1905

년에 하버드의 윌리엄 제임스 박사는 이렇게 말했다. "신념이 실제 사실을 만들어낸다. 우리 세대의 가장 위대한 혁명은 내면의 정신 세계를 바꿈으로써 외부 세계를 변화시킬 수 있다는 발견이다."

사고를 바꾸면 삶이 바뀐다

자기 자신과 자신의 가능성에 대한 신념을 변화시키면 삶은 향상된다. 할 수 있는 것과 가능한 것에 대한 신념을 변화시키면 개인은 성장한다. 수입을 두 배로 늘리고 싶은가? 물론 그러고 싶을 것이다! 그럼 이렇게 물어보자. 그것이 가능하다고 믿는가? 수입을 세 배로 늘리고 싶다면? 그것도 가능하다고 믿는가?

의심을 떨쳐버리지 못하겠다면 이런 질문을 해보겠다. 처음 직장 생활을 시작한 이후 이미 수입을 두 배 세 배 늘려오지 않았는가? 시작할 때보다 이미 훨씬 많은 돈을 벌고 있지 않는가? 수입을 두 배 세 배 늘리는 것이 가능하다는 것을 스스로 입증해오지 않았는가? 그러니 방법만 터득한다면 전에 해냈던 일을 또다시 계속해서 해낼 수 있다. 단 그것이 가능하다고 믿어야 한다.

성공을 위한 마스터 프로그램

인간 잠재능력의 영역에서 20세기 최대의 눈부신 성과는 자아 개념의 발견일 것이다. 삶에서 행하거나 성취하는 모든 것, 모든 생각, 감정, 행동을 통제하고 결정하는 것은 자아 개념이다. 자아 개념에 따라 어느 정도의 성취와 성공을 거둘 수 있는지가 이미 정해진다. 자아 개념은 정신이라는 컴퓨터의 마스터 프로그램, 기본적인 오퍼레이팅 시스템이다. 외부 세계에서 성취하는 모든 것은 자아 개념의 결과이다.

심리학자들에 따르면, 자아 개념이란 자기 자신과 세계에 관한 모든 신념, 태도, 감정, 의견의 총합이다. 그래서 우리는 긍정적인 것이든 부정적인 것이든 항상 자아 개념에 따라 움직이는 것이다.

스스로를 제한하는 신념

자아 개념에 관한 흥미로운 발견이 하나 있다. 자아 개념이 자신이나 세계에 관한 잘못된 신념들로 이루어져 있다 하더라도, 자신에게만은 진실이어서 그에 따라 생각하고 느끼고 행동하게 된다는 것이다.

자기 자신에 관한 신념들은 대체로 주관적이다. 전혀 사실에 근거하지 않을 때도 있다. 삶 전반에 걸쳐 수집한 정보의 결과이자 그 정보를 소유하는 방식인 그 신념들은 어린 시절, 친구와 동료들, 독서나 교육, 긍정적이거나 부정적인 경험 등의 수많은 요소들에 의해 형성된다.

최악의 신념은 자기 제한적 신념이다. 진실이든 아니든 자신에게 한계가 있다고 믿으면, 그것은 진실이 된다. 스스로 그렇게 믿는다면, 그 특정 영역에서 재능이나 기술이 부족한 듯 행동하게 된다. 자기 제한적 신념들과 스스로 부과한 한계야말로 잠재능력의 완벽한 실현을 방해하는 가장 큰 장애물이다.

전문가들을 무시하라

알베르트 아인슈타인은 어렸을 때 학습 부적응으로 학교에서 쫓겨났다. 부모는 그가 교육받을 능력이 없다는 평가를 받아들이지 않고, 그에게 훌륭한 교육을 받을 수 있는 기회를 주었다. 알베르트 슈바이처 박사 역시 소년 시절 학교에서 똑같은 문제에 부딪혔다. 사람들은 그의 부모에게 그가 성인이 되었을 때 안전하고 확실한 직업을 가질 수 있도록 제화 기술을 가르치라고 충고했다. 이 두 사람은 후에 스무 살이 되기도 전에 박사학위를 받았으며, 20세기 역사에 커다란 족적을 남겼다.

토머스 에디슨은 6학년 때 학교에서 쫓겨났다. 사람들은 그가 무언가를 배울 수 있을 만큼 영리하지 않기 때문에 그를 교육시키려고 돈을 들이는 것은 괜한 낭비일 뿐이라고 말했다. 에디슨은 후에 근대의 가장 위대한 발명가가 되었다. 이런 유의 이야기들은 수없이 많다.

기업에서의 학습 부적응에 관한 『포춘』지의 한 기사에 따르면, 『포춘』 선정 500대 기업의 회장들과 최고 경영자들 가운데 많은 이들이 학창 시절에 그리 똑똑하지 않다는 평가를 받았다. 그러나 끊임없는 노력 덕분에 그들은 자기 산업 분야에서 큰 성공을 일구어냈다.

단 하나의 경험이나 남들의 우발적인 의견에서 비롯된 자기 제한적 신념 때문에 수년을 낭비할 수도 있다. 자기가 아무런 능력도 없다고 생각한 분야에서 기술을 습득하는 뜻밖의 놀라운 경험을 하는 경우가 많다. 그때서야 그 영역에 대해 갖고 있던 자기 제한적인 생각들이 전혀 사실 무근이었음을 새삼 깨닫는다.

당신은 스스로 생각하는 것보다 훨씬 유능한 사람이다

문제는 대부분 "나는 별로 유능한 사람이 아니다"라는 감정에서 비롯된다고 작가 루이스 헤이는 말한다. 알프레드 아들러 박사는 어린 시절부터 성인이 된 이후로도 사라지지 않는 '열등감'은 서양인들의 타고난 속성이라고 말했다. 많은 사람들이 그릇된 부정적인 신념들을 지니고 있으며, 이 때문에 자신의 지능, 재능, 능력, 창의력, 기술에 한계가 있다는 그릇된 생각을 한다.

사실은 그렇지 않다. 우리는 일평생 사용해온 것보다 훨씬 더 많은 잠재능력을 소유하고 있다. 나보다 더 유능한 사람도 없고, 나보다 더 현명한 사람도 없다. 누구나 서로 다른 시기에 서로 다른 영역에서 다른 이들보다 더 현명하거나 더 유능할 뿐이다.

나도 천재가 될 수 있다

다중 지능 개념의 창시자인 하버드 대학의 하워드 가드너(Howard Gardner) 박사에 따르면, 우리는 적어도 열 가지 이상의 서로 다른 지능을 소유하고 있으며, 그 가운데 어느 하나로도 천재가 될 수 있다.

불행히도 학교들은 하나같이 언어와 수리라는 단 두 가지 지능만을 측정하고 보고한다. 그러나 우리는 시각공간 지능(미술, 디자인)이나 사업 지능(기업 창업), 운동감각 지능(스포츠), 음악 지능(악기 연주, 작곡), 대인관계 지능(다른 사람들과 잘 어울리는 능력), 개인지각 지능(스스로를 깊이 이해하는 능력), 직관 지능(무슨 행동이나 말이 적합한지 파악하는 능력), 예술 지능(예술 작품을 창작하는 능력), 또는 추상 지능(물리학, 과학) 등의 영역에서 천재가 될 수 있다.

한 시내 학교의 담벼락에 씌어 있듯이 "신은 결코 불필요한 것을 만들지 않는다." 각 개인들은 저마다 이러 저런 방식으로 이러 저런 영역에서 탁월한 성과를 이룰 수 있다. 우리의 내부에는 분명히 비상한 능력을 발휘할 수 있는 천재적인 지능이 한 가지 이상 존재한다. 그것이 어떤 지능인지 찾아내기만 하면 된다.

자기 자신을 책임진다는 것은 자기 제한적 신념들을 모두 내던지고 자신이 특별한 능력과 재능을 지닌 사람이라는 사실을 받아들이는 것이다. 우리는 위대함과 성공을 위해 창조된 존재이다. 우리 안에는 이제껏 한 번도 발휘된 적이 없는 능력과 적성들이 있다. 그것을 성취할 때까지 오랫동안 그리고 열심히 노력하겠다는 의지만 있다면, 어떤 목표든 성취할 수 있다.

신념은 타고나는 것이 아니다

신념에 대한 다행스러운 사실은 그것이 습득되는 것이라는 점이다. 그렇다면 도움이 되지 않는 것은 버릴 수도 있을 것이다. 이 세상에 태어날 때에는 자기 자신이나 종교나 정당이나 다른 사람이나 세계 일반에 관한 그 어떤 신념도 없었다. 지금은 많은 것들을 '알고 있다.' 그러나 유머 작가 조시 빌링스(Josh Billings)가 언젠가 썼듯이, "우리가 알고 있는 것이 우리에게 해를 끼치지는 않는다. 우리가 알고 있는 것은 진실이 아니기 때문이다."

스스로에 대해 알고 있는 많은 것들, 거의 언제나 자기 제한적 신념들인 그것들은 진실이 아니다. 잠재능력을 깨우는 출발점은 자기 제한적 신념들을 확인한 다음 "만일 그것들이 진실이 아니라면?" 하고 묻는 것이다. 만일 별로 소질이 없다고 생각한 판매, 사업, 연설, 돈벌이 같은 분야에서 비범한 능력을 소유하고 있다면?

자신에 대한 생각을 바꾸자

나는 전 세계 수만 명의 사람들에게 이런 원리들을 가르쳤다. 내 파일꽂이에는 자기 제한적 신념이라는 개념에 대해 처음으로 듣고 나서 스스로에 대한 태도를 완전히 바꾸어버린 사람들이 보낸 편지며 전자우편들이 가득하다. 그들은 자기 자신을 삶의 핵심 영역들에서 이전보다 훨씬 더 능력 있는 사람으로 여기기 시작했다.

곧 그들의 삶과 성취는 변하기 시작했다. 그들의 수입은 두 배, 세 배, 네 배로 늘어났다. 그들 가운데 많은 사람들이 백만장자나 억만장자가 되었다. 회사의 맨 밑바닥에서 맨 꼭대기로, 실적이 가장 나쁜 판매원에서 회사 내의 돈을 가장 많이 버는 사람으로 올라섰다.

그들은 자기 자신과 자신의 잠재능력에 대한 신념을 바꾼 뒤 새로운 기술을 습득하고 새로운 도전을 감행했다. 더 큰 목표들을 설정하고 그것들을 성취하기 위해 혼신의 힘을 기울였다. 자신의 신념을 의문시하거나 한계를 받아들이지 않고, 자신의 삶과 직업을 전적으로 책임지고 전혀 새로운 현실을 창조해냈다. 수없이 많은 사람들이 해낸 그 일을 당신이라고 못할 리 없다.

원하는 신념들을 선택하라

컴퓨터 소프트웨어 판매점과 마찬가지로 잠재 의식에 깔아놓을 신념을 파는 '신념 판매점'이 있다고 상상해보자. 어떤 신념이든 마음대로 선택할 수 있다면, 가장 도움이 될 신념은 무엇일까? 나는 이런 신념을 제안하고 싶다. "나는 인생에서 대단한 성공을 거둘 운명이다."

큰 성공을 거둘 운명이라고 철석같이 믿는다면, 삶에서 일어나는 모든 일들이 성공을 위한 거대한 계획의 일부인 것처럼 걷고 이야기하고 행동하게 된다. 모든 분야의 일인자들은 늘 이런 식으로 생각한다.

실패는 원대한 계획의 일부이다

성공한 사람들은 모든 상황에서 유익함을 찾는다. 그들은 아무리 큰 좌절과 실패를 겪어도 모든 일에서 뭔가 유익함을 얻으려 한다. 필연적인 운명인 위대한 성공으로 어떤 위대한 계획이 자신을 줄기차게 이끌어가고 있으며, 모든 실패는 그 위대한 계획의 일부라고 믿는다.

매우 긍정적인 신념이 있다면, 어떤 실패나 역경에서도 귀중한 교훈을 얻을 수 있다. 궁극적인 성공을 이루고 유지해나가는 과정에서 많은 교훈을 배울 수 있다고 굳게 믿으면, 모든 문제는 배움을 얻는 경험이 된다. 나폴레온 힐은 이렇게 썼다. "모든 역경이나 장애는 그 안에 그만큼의 또는 그보다 더 큰 기회나 이익의 가능성을 품고 있다." 이런 태도를 취한다면, 명확한 주목적의 성취를 향하여 나아가는 과정에서 긍정적이든 부정적이든 일어나는 모든 일로부터 이익을 얻을 수 있다.

행동이 감정을 만들어낸다

심리학이나 형이상학에서 말하는 가역성의 법칙(Law of Reversibility)은 다음과 같다. "우리는 감정을 통해 행동하기보다는 행동을 통해 감정을 만들어낸다." 이것이 의미하는 바는, 처음 시작할 때는 자신이 되었으면 하는 위대한 성공인으로 느끼지 못한다는 것이다. 성공적인 성취에서 비롯되는 자기 확신을 처음에는 갖기 힘들 것이다. 종종 자신의 능력이 의심스러워지고 실패가 두려워지며, 아직은 능력이 모자라다는 느낌이 들 것이다. 그러나 바라는 자질과 재능을 이미 갖추고 있고, 되었으면 하는 사람이 이미 된 것처럼 '행동한다'면, 그 행동들이 그에 부합하는 감정들을 만들어낸다. 가역성의 법칙에 의해서 실제 행동을 통해 자신이 느끼고 싶은 대로의 감정이 만들어지는 것이다.

회사에서 높은 사람이 되고 싶다면, 그들처럼 옷을 입고 몸치장을 하라. 그들의 일 습관을 본받아 그대로 행하라. 자기 분야에서 가장 성공한 사람들을 역할 모델로 삼아라. 가능하다면 그들을 찾아가서 어떻게 하면 남보다 빨리 앞설 수 있는지 조언을 구하라. 그리고 어떤 조언이든 즉시 행하라. 높은 사람처럼 걷고 이야기하고 차려 입고 행동하기 시작하면, 곧 높은 사람이 된 것처럼 느껴지기 시작한다. 높은 사람이 하듯이 다른 사람들을 대하게 된다. 높은 사람이 하는 방식대로 일을 하기 시작한다. 그리고 높은 사람이 얻는 결과를 얻기 시작한다. 그러면 머지않아 실제로 높은 사람이 될 것이다. "그렇게 될 때까지 끝없이 흉내내라!" 진부해 보이는 이 말 속에 진실이 담겨 있다.

캐딜락을 모는 신입 사원

내 친구 하나는 판매 관리자로 크게 성공했다. 그는 까다로운 면접으로 신입 판매원을 선발하고 나면, 그 신입 사원을 캐딜락 판매 대리점에 데리고 가서 낡은 차를 새 캐딜락으로 바꾸라고 요구한다. 판매원은 대개 주저하는 기색을 보인다. 차 구입비와 할부금이 어마어마하기 때문이다. 그러나 이 판매 관리자는 캐딜락을 사는 것이 고용 조건이라고 고집을 피운다.

그 후 어떤 일이 일어날까? 첫째, 신입 사원은 집으로 그 차를 몰고 가고, 새 캐딜락을 본 그의 부인은 거의 심장마비를 일으킬 뻔한다. 그러나 부인이 안정을 되찾은 후, 그는 새 차에 부인을 태우고 동네를 돌아다닌다. 그가 손을 흔들면서 지나가면, 이웃들은 그들이 새 캐딜락을 타고 다니는 모습을 바라본다. 그는 집 앞이나 차도에 새 캐딜락을 주차시킨다. 사람들이 몰려와서 감탄한다. 점차 그도 모르는 사이에 잠재의식 속에서 자기 자신과 자신의 돈버는 잠재능력에 대한 태도가 바뀌기 시작한다. 며칠 지나지 않아 그는 자신을 캐딜락을 모는 사람으로 바라보기 시작한다. 자기 분야에서 엄청난 수입을 올리는 사람으로, 자기 산업의 최고 성취자로 바라보기 시작한다. 그리고 시간이 흐른 뒤 그 조직에 속한 판매원들은 거의 예외 없이 판매 왕이 되었다. 그들의 판매 실적은 비약적으로 상승했고, 수입이 그만큼 더 많아졌기 때문에 새 캐딜락 할부금은 문제가 되지 않았다.

긍정적인 신념을 키워라

영적 스승인 에멋 폭스는 이렇게 말했다. "인생의 주된 임무는 외부 세계에서 실현하고 싶은 것과 똑같은 정신적 등가물을 내면에 만들어내는 것이다." 외부 세계에서 거두고 싶은 위대한 성공과 일치하는 신념을 내면에 만들어내라. 자기 제한적 신념들에 도전하고 그것을 거부하며, 그것들이 존재하지 않는 듯 행동함으로써 목표를 성취하라.

어떤 요구나 도전을 감당할 자신이 생길 때까지 자기 분야의 지식과 기술을 쌓으면서 삶을 고양시키는 새로운 신념들을 키워라. 모든 영역에서 더 크고 더 대단한 목표들을 설정함으로써, 긍정적인 신념들을 새로이 키우는 데 전력을 기울여라. 마지막으로, 되고 싶은 사람이 이미 된 듯 행동하라.

모든 행동과 말에서 정신적 등가물을 만들어냄으로써 성공을 위한 잠재의식을 재프로그래밍하는 것, 바로 이것을 목표로 삼아야 한다.

되고 싶은 모습대로 행동하라

그런 신념들과 일치되는 행동을 함으로써 새로운 신념들을 키워라. 자신에게 이런 능력과 적성이 있다고 믿고 행동하라. 모든 사람들을 긍정적이고 낙관적이고 유쾌하게 대하라. 자신의 성공이 이미 보장되어 있는 것처럼 행동하라. 성공의 비책이 있고 자신만이 그것을 알고 있는 것처럼 행동하라. 자신이 날마다 행하고 말하는 모든 것이 성격과 인격의 향상을 북돋우고 형성하고 통제하고 있음을 깨달아라.

GOALS! ● 되고 싶은 모습대로 행동하라

    자기 자신이 생각하는 그대로의 인물이 될 것이므로, 오직 이상적 자아, 가장 되고 싶은 사람, 장기적인 미래의 이상과 일치되게 말하고 행동해야 한다. 오로지 되고 싶은 인물이 되고 성취하고 싶은 목표를 성취하는 데 도움이 되는 자질과 행동들에 대해서만 생각하고 말해야 한다. 그러면 시간이 지나면서 성공을 위해 스스로를 완전히 재프로그래밍하게 된다. 그리고 외적 삶이 변화하는 모습에 자신은 물론 주변의 모든 사람들이 깜짝 놀라게 될 것이다.

되고 싶은 모습대로 행동하라

1. "이미 그런 듯이 행동하라!" 자기 분야에서 가장 유능하고 가장 존경받는 사람들 가운데 하나라면, 지금과는 어떻게 달리 생각하고 행동하고 느끼겠는가?
2. 돈을 만들어내는 '황금의 손'을 가지고 있다고 상상하라. 매우 유능한 금융 매니저라면, 자신의 금융 재산을 어떻게 관리할 것인가?
3. 자신을 억누르고 있을지도 모르는 자기 제한적 신념들을 확인하라. 그것들이 전혀 진실이 아니라면, 어떻게 할 것인가?
4. 가장 간절히 원하는 자신에 관한 신념을 선택하라. 이미 그것이 자기 자신에 관한 진실이라고 믿고 행동하라.
5. 지금 이 순간 부딪히고 있는 가장 어려운 상황을 가만히 들여다보라. 그것은 장차 더 유능해지는 데 도움이 될 만한 어떤 귀중한 교훈들을 담고 있는가?

감정과 행동에 가장 큰 영향을 미치는 것은 자기 능력과 주변 세계에 대한 신념이다. 이 신념은 긍정적이어야 하고, 자신에게 가능한 모든 목표를 성취하는 행위와 부합해야 한다.

8 정확한 진단이 치료의 절반이다

> 성공으로 가는 엘리베이터는 작동하지 않는다.
> 그러나 계단은 항상 열려 있다.
> — 지그 지글러

기나긴 전국 여행을 떠날 채비를 해보자. 가장 먼저 해야 할 일은 목적지를 정한 다음 도로 지도를 구해서 가장 빨리 도착할 수 있는 길을 찾는 것이다. 그리고 매일 아침 출발하기에 앞서 지도를 펴놓고 얼마나 왔고 지금 어디에 있는지 그리고 어디로 갈 것인지 확인한다. 삶도 마찬가지이다.

가치관, 비전, 사명, 목적, 목표를 결정했다면 그 다음으로 할 일은 출발점을 분석하는 것이다. 지금 당신은 어디에 있는가? 삶의 중요한 각 영역들에서 어떻게 목표들을 성취해가고 있는가?

GOALS! ● 정확한 진단이 치료의 절반이다

현실을 직시하라

제너럴일렉트릭의 전 회장 잭 웰치는 지도자의 가장 중요한 자질은 '현실 원칙'이라고 말했다. 그의 정의에 따르면, 그것은 희망하는 대로가 아니라 실제 그대로의 모습으로 세상을 바라보는 능력이다. 그는 언제나 "현실은 어떤가?"라는 질문으로 어떤 목표나 문제를 논의하면서 회의를 시작했다.

피터 드러커는 이 자질을 '지적 정직'이라고 부른다. 이는 어떤 문제를 해결하거나 어떤 결정을 내리기 전에 있는 그대로의 사실을 직시하는 것이다. 에이브러햄 매슬로는 자기 분석적인 인물의 첫 번째 자질은 자신에 대해 철저히 정직하고 객관적인 자세를 유지하는 능력이라고 썼다.

가능한 한 최고의 인물이 되어 자신에게 진정으로 가능한 것을 이루고 싶다면, 출발 지점에 있는 자기 자신에 대해 냉혹할 정도로 정직해야 한다. 차분히 앉아 자기 자신을 세밀하게 분석하고 각 영역에서 지금 자신이 있는 곳을 정확하게 판단해야 한다.

처음부터 시작하라

몸무게를 빼기로 결심했다면 가장 먼저 할 일은 몸무게를 재는 것이다. 그런 다음 계속 그 수치를 활용해서 목표를 향해 제대로 나아가고 있는지 측정해야 한다.

개인 운동 프로그램을 시작하기로 결심했다면, 지금 자신이 운동을 얼마나 하고 있는지 알아야 한다. 매일 매주 몇 분씩 그리고 매번 얼마나 격렬하게 운동을 하고 있는가? 어떤 운동을 하고 있는가? 대답이 어떻든, 중요한 것은 가능한 한 정확해야 한다는 것이다. 그런 다음 그 대답을 출발점으로 해서 앞으로의 운동 계획을 세운다.

시간당 수입

돈을 더 많이 벌고 싶다면, 가장 먼저 할 일은 지금 자신이 얼마나 벌고 있는지를 정확하게 파악하는 것이다. 작년, 재작년에는 얼마를 벌었는가? 올해에는 얼마를 벌 것인가? 매달 얼마씩을 벌고 있는가? 가장 좋은 기준은 시간당 수입이다.

연 수입을 대략적인 연간 노동 시간인 2000으로 나누면 시간당 수입이 나온다. 훨씬 더 좋은 방법은 월수입을 평균적인 월간 노동 시간인 172로 나누는 것이다.

내 수강생들 가운데 많은 이들처럼 매주 시간당 수입을 계산하고 그것을 그 전주의 것과 비교한 뒤 더 많은 돈을 벌기 위해 매시간 하는 일의 가치를 증대시키는 목표를 세워야 한다.

급여를 엄격하게 계산하라

수입이든 다른 영역이든 계산이 엄격하고 정확할수록 더 빠르게 발전할 수 있다. 많은 사람들이 월수입이나 연봉의 관점에서 생각하지만 그것은 분석하기도 어렵고 증대시키기도 어렵다. 이와 달리, 높은 성과를 이루는 사람은 시간당 수입을 생각한다. 이 경우에는 발전의 정도를 분 단위로 분석할 수 있다.

개인 서비스 회사 사장으로서 자기 자신을 자신이 고용한 종업원으로 여기고, 자신에게 시간 단위로 급료를 지불하고 있다고 상상하라. 밑에서 일하는 다른 누군가에게 하듯 자신에게도 똑같은 것을 요구한다. 원하는 시간당 수입에 도움이 되지 않는 일은 하지 않는다.

현재의 순재산

장기적인 경제적 목표를 설정했다면, 그 다음에는 경제적 관점에서 현재 자신의 재산이 어느 정도인지를 정확히 파악해야 한다. 앞으로 몇 년 안에 백만장자가 되는 것이 목표라면, 오늘까지 모은 돈이 얼마인지 정확하게 계산해야 한다. 대부분의 사람들은 이런 계산에서 혼동을 하거나 정직하지 못하다. 순재산이란 지금 갖고 있는 모든 것을 시장 가격으로 판매하고 모든 부채를 청산했을 때 남는 액수이다.

많은 사람들이 개인 소유물에 높은 가치를 부여한다. 옷, 차, 기구, 전자제품이 많은 돈을 받고 팔 수 있는 물건이라고 생각하지만 그런 품목들의 진정한 가치는 기껏해야 구매 가격의 10퍼센트나 20퍼센트밖에 되지 않는다.

장기적인 경제 계획을 세워라

정확한 경제 계획 수립을 위해 현재의 순재산을 계산한 다음 장기적인 경제 목표에서 그 액수를 공제한다. 그 결과치를, 그 경제 목표를 성취하는 데 걸릴 햇수로 나눈다. 이를 통해 경제적으로 독립하기 위해서는 매년 정확히 얼마를 저축하고 투자해야 하는지 알 수 있다.

지금 있는 곳과 가고 싶은 그곳에 도달하는 데 걸릴 시간에 근거한 현실적인 목표를 세웠는가? 그렇지 않다면, 철두철미하게 정직한 자세를 고수하면서 모든 계산과 계획을 고쳐야 한다.

원점에서 재검토하기

장기적인 미래를 계획하기 시작할 때 가장 가치 있는 훈련 가운데 하나가 이른바 '원점에서 재검토하기(zero-based thinking)'이다. 즉, 이런 질문을 던져보는 것이다. "지금 알고 있는 것을 과거에도 알았더라면, 지금 하고 있는 일 가운데 다시 시작하고 싶지 않은 일이 있는가?"

누구든 어떤 일을 하고 있든, 지금 알고 있는 것을 과거에도 알았더라면 다시는 엮이고 싶지 않은 인간 관계가 존재하기 마련이다.

과거에 내린 결정에 계속 얽매여 있다면 삶을 향상시키기란 불가능까지는 아니더라도 매우 어렵다. 지금의 삶에서 떼어놓고 싶은 무언가가 있다면, 이런 질문을 던져야 할 것이다. 어떻게 하면 그것을 빨리 멈출 수 있는가?

GOALS! ● 정확한 진단이 치료의 절반이다

삶의 각 영역을 평가하라

원점에서 재검토하기를 사업이나 개인적 삶에 관련된 사람들에게 적용시켜보자. 지금 알고 있는 것을 과거에도 알았더라면 다시는 엮이고 싶지 않은 인간 관계가 있는가? 함께 일하는 동료나 상사 중에 다시는 관계를 맺고 싶지 않은 사람이 있는가? 이런 질문에 답할 때에는 자신에게 전적으로 정직해야 한다.

직장 생활과 직업의 모든 측면을 검토하라. 지금 알고 있는 바를 과거에도 알았더라면, 다시는 뛰어들고 싶지 않은 직업이 있는가? 지금 알고 있는 것을 과거에도 알았더라면, 다시는 되풀이하고 싶지 않은 어떤 활동이나, 제품, 서비스, 지출이 있는가?

사람들과 일에 대한 검토가 끝나면 투자에 대해 검토하라. 지금 알고 있는 것을 과거에도 알았더라면, 다시는 되풀이해서 투자하고 싶지 않은 시간이나 돈이나 감정이 있는가? 그 대답이 '예'라면, 어떻게 거기에서 빨리 빠져 나올 수 있겠는가?

생활의 변화

내 친구 중에 고등학교와 대학교 시절에 골프 선수를 지낸 사람이 있다. 미혼일 때 그는 일주일에 몇 번씩 골프를 쳤다. 골프는 그에게 삶의 중심이었다. 심지어 겨울에는 비행기를 타고 남쪽으로 내려가 눈이 쌓이지 않은 골프장을 찾아가기도 했다.

시간이 흘러 그는 사업을 시작하고 결혼을 하고 자녀들을 낳았다. 그러나 그는 여전히 일주일에 몇 번씩 골프를 치고 싶은 생각에 '사로잡혀' 있었다. 결국 너무 많은 시간을 골프에 쏟아 부은 탓에 사업, 결혼 생활, 자녀들과의 관계가 틀어지기 시작했다.

스트레스가 너무 커지자 그는 차분히 앉아서 자기 행동들을 원점에서 재검토했다. 그리고 모든 일을 겪은 지금, 이제는 더 중요해진 삶의 다른 목표들을 성취하려면 골프 치는 시간을 극도로 줄이지 않으면 안 된다는 사실을 깨달았다. 골프 치는 시간을 줄이면서, 그의 삶은 몇 주도 지나지 않아 균형을 되찾았다. 이 원리를 자신에게 적용시켜보자. 줄이거나 그만두어야 할 시간 낭비 활동들에는 어떤 것이 있을까?

상황은 끊임없이 변한다

오늘 내리는 결정 가운데 70퍼센트는 때가 되면 잘못된 것으로 밝혀진다. 그 결정이나 계약을 할 당시만 해도, 그것은 그때의 상황에 근거한 좋은 생각이었을 것이다. 그러나 상황은 변하며, 그렇다면 그것을 다시 '원점에서 재검토' 해야 한다.

원점에서 재검토할 때가 되었는지는 그 상황 때문에 받는 스트레스를 통해 판단할 수 있다. 지금 알고 있는 것을 과거에도 알았더라면 결코 다시 뛰어들고 싶지 않은 어떤 일에 연루되면 언제나 스트레스, 약오름, 짜증, 분노 등을 경험하게 된다.

때때로 사람들은 사업이나 인간 관계의 성공을 위해 엄청난 시간을 쏟아 붓는다. 그러나 이런 관계를 원점에서 재검토해보면, 적절한 해결책은 종종 그 관계의 바깥에 있다. 중요한 것은 자신의 잘못을 인정하고 그 상황을 바로잡기 위해 행동을 취할 용기가 있는가 하는 것이다.

나를 붙잡고 있는 것은 무엇인가?

일정한 액수의 돈을 벌고 싶다면, 자신에게 이런 질문을 던져본다. 왜 나는 이만큼의 돈을 벌지 못하고 있는가? 나를 붙잡고 있는 것은 무엇인가? 다시 한번 자신에게 전적으로 정직해야 한다.

내가 원하는 만큼의 돈을 벌고 있는 사람들을 주위에서 찾는다. 그들이 나와 다르게 하고 있는 일은 무엇인가? 그들은 내가 아직 가지지 못한 어떤 특별한 기술과 능력을 가지고 있는가? 그들이 벌고 있는 만큼의 돈을 벌기 위해서는 어떤 기술과 능력을 갖추어야 하는가? 잘 모르겠다면 그들에게 가서 물어보고 알아내라. 추측이나 우연에 맡기기에는 너무나 중요한 일이다.

기술과 능력의 수준을 판단하라

자신이 가지고 있는 기술을 쭉 적어본다. 먼저 자신의 일에서 핵심적인 성과 영역을 확인한다. 그것들은 직무를 잘 수행하기 위해서 절대적으로, 적극적으로 탁월하게 이행해야 하는 과제들이다. 그것들은 무엇인가?

모든 일에서 핵심적인 성과 영역은 다섯에서 일곱 가지 정도이고, 그것들이 바로 핵심 과제들이다. 돈을 벌고 있는 일을 제대로 수행하려면 그 과제들 하나하나에 탁월해야 한다.

여기서 꼭 짚고 넘어가야 할 사실이 있다. 가장 취약한 핵심 기술이 어느 정도의 수준인가에 따라서 다른 기술들의 활용 수준이 정해지고 그 분야에서의 수입이 결정된다는 것이다. 다른 모든 기술에 절대적으로 탁월하다 하더라도 단 하나의 핵심 기술이 서투르다면 바로 그 하나 때문에 발목이 잡힐 것이다.

가장 능숙한 영역과 기술은 무엇인가? 지금까지 일하면서 성공에 가장 큰 도움이 된 특정한 기술들은 무엇인가? 다른 어떤 것 못지않게 또는 그보다 더 잘하는 일은 무엇인가?

가장 취약한 영역들을 확인하라 │ 이런 질문들에 답하고 나서 거울을 바라보며 자신에게 이렇게 물어보라. "내가 가장 취약한 기술 영역들은 무엇인가?" 다른 기술들을 활용하는 능력에 방해가 될 만큼 서투른 일은 무엇인가? 다른 사람들이 나보다 더 능숙하게 하는 일은 무엇인가? 성공에 필수적인데 나에게 없는 핵심 기술은 무엇인가? 그것이 무엇이든 정확하고 정직하게 파악한 다음 각 영역에서 그것들을 향상시키기 위한 계획을 세워야 한다(이 문제는 다음 장에서 자세히 다룰 예정이다).

언제든 다시 시작할 수 있다

어떤 위대한 목표에 뛰어들거든 일을 언제든 다시 시작할 수 있다고 상상하라. 과거의 어떤 특정한 결정에 사로잡혀 있거나 연연하지 말라.

미래만 생각하라.

  지금 이 순간에도 많은 사람들이 교육, 사업, 수년간의 경험에서 벗어나 완전히 새로운 일을 시작하고 있다. 그들은 지금 가고 있는 길에는 언젠가 한계가 있을 거라는 사실을 인정할 만큼 매우 정직하다. 그래서 미래의 가능성이 훨씬 더 큰 곳에서 무언가를 해보겠다고 결심한 것이다. 그들을 본받아야 한다.

  자기 자신과 자신의 삶을 근본적으로 재평가하는 과정에서 사실들을 직시해야 한다. ITT의 해럴드 게닌(Harold Geneen)이 언젠가 말했듯이 "사실은 거짓말을 하지 않는다." 뻔한 사실, 바라는 사실, 그랬으면 하는 사실이 아니라 진짜 사실들을 추구하라. 훌륭한 결정을 내리는 데 필요한 것은 진짜 사실들이다.

자기 자신을 재창조하라

  현재의 회사와 사업 그리고 현재의 직업적 상황을 냉정하게 평가하라. 경쟁자들과 비교하여 자신의 시장을 냉정하게 평가하라. 자기 자신을 재창조하면서, 모든 것을 알고 있는 지금 경력을 다시 쌓아가는 문제에 대해 생각한다.

  자신의 직업이 하룻밤 사이에 사라져버렸다고 상상해보자. 특별한 재능과 기술들을 가지고 지금 다시 시작한다면, 지금 하고 있는 일과 다른 어떤 일을 하겠는가?

가장 가치 있는 자산

가장 가치 있는 자산은 돈벌이 능력, 시장에서 재능과 기술을 발휘하는 능력이다. 지금 당장은 집, 차, 은행 계좌, 가구를 모두 잃고 입고 있는 옷 한 벌만 남은 빈털터리일지언정 돈벌이 능력이 그대로 남아 있는 한 바로 거리로 나가 편안한 삶을 만들어나갈 수 있다.

돈벌이 능력은 대단히 소중하다. 그것은 상승세 자산일 수도 하락세 자산일 수도 있다. 계속 투자하고 개발한다면 그 가치가 커지지만, 그것을 당연히 여기고 과거의 이루어놓은 것에 의존할 뿐 노력하지 않는다면 그 가치는 떨어진다.

재주 단지

자신을 서로 다른 많은 일을 할 수 있는 '재주 단지'로 여겨라. 당신에게는 매우 다양한 기술, 능력, 지식, 재능, 교육, 경험이 있다. 당신이 대단히 잘하거나 익힐 수 있는 많은 직업과 일들이 있다. 어떤 하나의 특정한 행로에 갇혀 있지 말라. 지금 하고 있는 일이 만족스럽지 않다면 특히 그렇다.

마치 경력을 새로 쌓기 시작하는 것처럼 정신적인 차원에서 다시 시작하며 자기 자신을 깊이 들여다보라. 나에게 도움이 되며 목표를 향해 나아가게 해주는 좋은 습관은 무엇인가? 나를 억누르고 있는 나쁜 습관은 무엇인가? 나의 성격과 인격에서 가장 큰 장점은 무엇인가? 가장 큰 약점은 무엇인가? 나의 내부에서 가장 많은 것을 이끌어내줄 어떤 새로운 습관과 자질들을 키워야 하는가? 그리고 그렇게 하기 위한 계획은 무엇인가? 어떤 나쁜 습관을 버리고 좋은 습관을 길러야 하는가?

좋은 기업을 넘어 위대한 기업으로

베스트셀러 경영서인『좋은 기업을 넘어 위대한 기업으로 Good to Great』에서 짐 콜린스는 전진을 가로막고 있는 장애물들을 확인하고 극복하기 위해서는 자기 자신과 사업에 대해 '냉혹한 질문'을 주저없이 던져야 한다고 말한다. 성심을 다해 목표에 착수하기 전에 스스로에게 던져야 할 냉혹한 질문들은 무엇인가?

회사가 전략 계획을 세울 때에는 다음의 네 가지 질문으로 회의가 시작된다. 첫째, 우리는 지금 어디에 있는가? 특히 판매, 시장 지위, 수익률에 관하여 출발점을 투명하고 명확하게 하기 위해 회사의 모든 부서에서 자료와 정보를 수집한다.

둘째, 미래에는 어디에 있어야 하는가? 미래 지향을 이상화하고 실천한다. 몇 년 안에 회사를 마음에 들게 바꿔놓을 수 있다고 상상한다. 그리고 모든 면에서 성공적인 회사의 모습에 대한 완벽한 비전을 창조한다.

셋째, 어떻게 해서 지금의 이 자리까지 오게 되었는가? 우리가 제대로 한 일은 무엇인가? 다른 어떤 일을 해야 하는가? 지금까지 우리가 거둔 가장 큰 성공은 무엇이고, 그 이유는 무엇인가? 실패한 것은 무엇이고, 그 이유는 무엇인가? 조지 산타야나(George Santayana)가 썼듯이, "과거를 기억하지 못하는 사람은 과거를 되풀이하기 마련이다."

넷째, 지금 있는 곳에서 목표하는 곳으로 가기 위해 지금 우리가 하고 있는 일은 무엇인가? 경험에 기초해서, 더 하거나 덜 해야 할 일은 무엇인가? 지금 하고 있지 않은 일 중에 시작해야 할 일은 무엇인가? 당장 그만두어야 할 일은 무엇인가?

정확한 진단이 치료의 절반이다

다행스럽게도 처음 세 가지 질문에 정확하게 답한다면, 지금 어디에 있는지 또는 어떻게 여기까지 오게 되었는지에 대한 명확한 파악 없이 계획을 짜려고 할 때에 비해 전략적 계획이나 청사진이 훨씬 쉽게 나타난다.

"시작이 반이다"라는 속담이 있다. 의사들은 이렇게 말한다. "정확한 진단이 치료의 절반이다." 목표에 착수하기 전에 자신이 처한 상황의 각 부분을 정직하게 평가할 시간을 갖는다면, 삶의 여정에서 몇 개월, 심지어는 몇 년을 절약할 수 있다. 또한 많은 경우에 우월한 분석과 지식을 바탕으로 목표를 재평가하게 될 것이다. 또한 일단 착수하고 나면, 목표를 성취하는 속도는 극적으로 빨라질 것이다.

GOALS! ● 정확한 진단이 치료의 절반이다

1 주요 목표와 관련하여 현실을 파악하라. 지금 자신은 어디에 있으며 얼마나 더 가야 하는가?

2 삶의 모든 영역에 대해 원점에서 재검토하는 사고 원리를 적용하라. 지금 하고 있는 일 가운데 지금 알고 있는 것을 과거에도 알았더라면 다시는 관여하고 싶지 않은 일은 무엇인가?

3 삶에 대해 철저한 경제적 분석을 하라. 지금 얼마를 벌고 있고, 재산은 얼마인가? 당신의 목표는 무엇인가?

4 자신과 일에 대해 철저한 기술 분석을 하라. 어느 영역에서 능숙한가? 어느 영역에서 발전할 필요가 있는가?

5 시간당 버는 액수가 얼마이고 그 액수를 벌기 위해 하는 일이 무엇인지 정확하게 판단하라. 앞으로 몇 달 안에 시간당 수입을 증대시키기 위해 해야 할 일은 무엇인가?

6 미래가 모든 면에서 완벽하다고 상상하라. 그 비전을 실현시키기 위해서 해야 할 일은 무엇인가?

목표의 성취를 향해 출발하기에 앞서, 자신의 출발점을 면밀하게 분석하라. 지금 자신의 상황을 정확히 파악하고, 앞으로 성취하고 싶은 바에 대해 정직하고 현실주의적인 태도를 유지하라.

성실은 그 자체로 하나의 가치라기보다는
다른 모든 가치들을 보장해주는 가치이다.
— 한 억만장자의 말

9 코끼리를 어떻게 먹을까?

◎ 우리는 평소에는 완전히 사용하지 못하는 믿을 수 없을 만큼 엄청난 정신적 능력을 지니고 있다. 삶의 목표를 체계적으로 설정하고 그것을 성취할 상세한 계획을 세우고 나면, 몇 년이나 걸려 이룰 것을 훨씬 빨리 이룰 수 있다. 목표 설정을 통하여 다른 사람들보다 더 많은 사고 능력을 사용할 수 있게 된다.

의식은 삶의 '본부'이다. 그것은 주변 환경의 정보를 처리하고 확인하고 분석하고 다른 정보와 비교하며, 그 다음에 무슨 행동을 취할지 결정한다.

그러나 이전보다 훨씬 많은 것을 성취할 수 있게 해주는 위대한 능력을 지니고 있는 것은 잠재 의식이다. 정신적 능력 중에 적어도 90퍼센트 이상은 '수면 아래에' 있다. 목표 성취를 자극하고 재촉하는 그런 능력을 끌어내는 방법을 배워야 한다.

자기 자신을 목표로 프로그래밍하라

잠재 의식은 명확한 목표, 구체적인 과제, 신중한 측정, 분명한 최종 기한이 있을 때 가장 잘 기능한다. 잠재 의식이라는 컴퓨터는 그런 것들로 더 많이 프로그래밍할수록 더 잘 기능하며, 더 짧은 기간에 더 많은 것을 성취하게 해준다.

목표를 설정하고 그것을 향해 나아가기 시작할 때 매일 매시간 진척도를 평가할 수 있는 일련의 기준표나 평가 기준을 세워둘 필요가 있다. 평가 기준이 명확하고 구체적일수록 일정표상의 표적을 더욱 정확하게 명중시킬 수 있다.

잠재 의식은 일종의 '강제 체계'를 필요로 하는데, 그것은 과제 성취와 목표 달성을 위해 자신에게 부과하는 최종 기한이다. 강제 체계가 없으면, 설사 목표를 달성한다 하더라도 한없이 꾸물거리고 미적거리면서 중요한 과제들을 뒤늦게까지 미루기 쉽다.

최고의 성과를 이루기 위한 세 가지 열쇠

목표를 성취하는 과정에서 최고의 성과를 이루기 위한 세 가지 열쇠는 다짐(commitment), 마무리(completion), 종결(closure)이다.

어떤 특정한 목표를 성취하기로 굳게 다짐하고 모든 변명들을 물리치고 나면, 곧 잠재 의식의 가속 페달을 밟아 이전보다 더 창의적이고 결단력 있고 집중력 있는 사람이 된다. 위대한 인물들은 굳은 다짐을 하고 나면 그 후에는 어떤 일이 있어도 그 다짐을 어기지 않는다.

마무리는 최고의 성과를 이루기 위한 두 번째 요소이다. 어떤 과제를 95퍼센트까지 완성하는 것과 100퍼센트까지 완성하는 것은 엄청나게 큰 차이가 있다. 90퍼센트나 95퍼센트까지는 아주 열심히 일하다가도 마지막 마무리를 늦추고 미루는 경우가 흔하다. 이런 유혹에 맞서 싸워야 한다. 끊임없이 스스로를 다잡고 이런 자연스런 성향에 맞서 싸우면서 끝까지 일을 마무리해야 한다.

자연의 특효약

어떤 과제를 마무리할 때마다 뇌는 소량의 엔도르핀을 방출한다. 이 자연산 모르핀은 행복감과 기쁨을 느끼게 해준다. 창의력은 자극받고 인격은 고양된다. 그것은 곧 자연의 '특효약'이다.

마무리하는 과제가 중요한 것일수록 뇌에서 분비되는 엔도르핀의 양은 더욱 많아진다. 그것은 성공과 성취에 대한 보상과도 같다. 시간이 흐를수록 이 '엔도르핀 분비'가 주는 행복감에 즐겁게 중독된다.

아무리 작은 과제라도 그것을 마무리할 때에는 행복을 느낀다. 큰 과제일수록 그 행복감은 훨씬 더 커진다. 큰 과제를 마무리하면 각 단계들을 마칠 때마다 엔도르핀이 분비된다. 어떤 중요한 일을 마무리하기 위해 꾸준히 노력해나갈 때, 끊임없는 행복과 기쁨을 느끼게 된다.

승리감을 느껴보자

누구나 승자가 된 기분을 느끼고 싶어한다. 그런 기분을 느끼기 위해서는 승리해야 한다. 어떤 과제를 100퍼센트 마무리하면 승자가 된 듯 느낄 수 있다. 이것을 되풀이하면 결국 시작한 과제들을 마무리하는 습관이 길러진다. 이처럼 과제를 마무리하는 습관이 붙게 되면, 삶은 지금으로서는 상상도 할 수 없을 만큼 크게 향상되기 시작한다.

심리학에서 그 역은 항상 진실이다. '마무리가 안 된 행동'은 스트레스와 불안을 불러일으킨다. 사실 사람들이 불행을 겪는 것은 대부분 스스로를 다잡아서 중요한 과제나 책임을 끝까지 마무리하지 못하기 때문이다.

미루지 말자

어떤 중요한 과제를 미루어본 적이 있다면 이 말의 뜻을 잘 알 것이다. 어떤 과제에 착수하기까지 기다리는 시간이 길어질수록, 최종 기한은 더 가까이 다가오고 스트레스는 더 커진다. 스트레스는 인격에 악영향을 미칠 수 있다. 그러나 마침내 그 과제에 착수해서 밀고 나가 마무리 짓고 나면, 커다란 안도감과 행복감을 느낀다.

이와 같이 삶을 향상시키는 긍정적인 모든 일에는 보상이 따른다. 반면에 중요한 목표와 결과들로 이어지는 과제들을 제대로 수행하지 못하면 스트레스와 불만족이라는 벌을 받는다.

균형 성과표

근대 경영에서 가장 대중적인 운동 가운데 하나는 '균형 성과표(The Balanced Scorecard)'의 도입이다. 이 성과표를 도입하면, 모든 기업의 모든 사람들은 성공을 위한 핵심 평가 기준을 확인한 다음 그 핵심 영역들에 대해 매주 매일 자신에게 점수를 매긴다.

순위나 점수를 확인하고 그것에 세심한 관심을 기울이는 것만으로도 그 영역에서의 성과를 향상시킬 수 있다. 예를 들어, 회의가 열리기 전에 회의에 얼마나 귀를 기울이는지 평가가 있을 거라는 공지가 떨어지면 경청하는 기술이 순식간에 크게 향상될 것이다. 자신의 행동이 관찰되고 있음을 알기 때문에 회의 내내 훨씬 더 주의 깊고 관심 있게 귀를 기울이게 될 것이다.

이와 마찬가지로 중요한 목표나 평가 기준이나 활동을 설정하고 일상적인 생활에서 그것을 지키고 관심을 기울이기 시작하면 그 영역에서 큰 성과를 이룰 수 있다.

목표를 달성하기 위해서는 그 과정에서 반드시 마무리 지어야 하는 핵심 과제들이 있다. 직업 생활에 가장 큰 도움이 되는 행동은 모든 핵심 과제들의 기준표를 설정하고 균형 성과표, 평가 기준, 최종 기한을 결정하는 것이다. 이런 식으로 잠재 의식의 강제 체계는 작동된다. 그러면 이번에는 더 일찍 일을 시작하고 더 열심히 일하고 더 늦게까지 매달려서 일을 해낼 수 있도록 이 강체 체계가 무의식 수준에서 동기와 자극을 부여해줄 것이다.

회로를 닫아라

다짐과 마무리에 뒤이은 세 번째 열쇠는 '종결'이다. 이는 '닫힌 회로'와 '열린 회로' 사이의 차이이다. 개인의 삶이나 직업적 삶에서 어떤 쟁점을 종결하는 것은 행복감과 상황에 대한 통제감을 얻기 위해서 꼭 필요한 요소이다.

종결을 하지 않을 경우, 즉 어떤 사업이나 행동을 끝마치고 마무리하지 못하면 스트레스나 불만, 심지어는 실패를 겪게 되며 엄청난 양의 육체적, 감정적 에너지를 소모하게 된다.

최종 기한 없는 목표는 장전하지 않은 총탄과 같다

일의 세계에서 가장 중요한 능력은 '신뢰 확보 능력'일 것이다. 과제를 신속하게, 훌륭하게, 일정에 맞게 수행한다는 평판을 얻는 것만큼 더 많은 수입과 더 신속한 승진을 보장해주는 것은 없다.

목표가 무엇이든 그 목표를 성취하기 위해서 꼭 달성해야 할 모든 과제들을 목록으로 작성하고, 각각의 과제마다 최종 기한을 설정하라. 그런 다음 그 최종 기한에 맞추기 위해 매일 매시간 노력하라. 진척도를 날마다 측정하라. 필요하면 속도를 올리거나 늦추어라. 그러나 명심해야 할 것은 보이지 않는 표적은 맞출 수 없다는 사실이다. 최종 기한과 평가 기준이 명료할수록, 더 많은 것을 더 빨리 성취할 수 있다.

최종 기한이 없는 목표나 결정은 한갓 탁상공론에 불과하다. 그 안에는 에너지가 없다. 그것은 장약 없는 총탄과도 같다. 스스로 다짐한 최종 기한이 없다면, 삶과 일에서 '불발탄'만을 날리게 될 것이다.

때때로 사람들은 이렇게 묻는다. "최종 기한을 정해놓고서 그때까지 목표를 성취하지 못하면 어떻게 될까?"

답은 간단하다. 최종 기한을 다시 정하면 된다. 필요하면 또다시 수정한다. 최종 기한은 과제가 마무리될 시점에 대한 '최고의 추정' 견적이다. 최종 기한을 정하고 그것을 지키려고 노력할수록, 그 일을 마무리하는 데 필요한 시간을 더 정확하게 예측할 수 있다. 일정표대로 목표를 성취하고 과제를 마무리하는 데 점점 더 능숙해질 것이다.

코끼리를 먹는 법

"코끼리를 어떻게 먹을까?" 답은 "한 번에 한 입씩"이다.

이는 어떤 커다란 목표를 성취하는 데에도 똑같이 적용된다. 거대한 목표는 어떻게 성취하는가? 한 번에 한 단계씩, 한 과제씩, 한 단위씩 성취한다.

장기적인 목표를 매년, 매월, 매주, 심지어는 시간당 목표로 잘게 쪼개라. 장기적 목표가 경제적 독립이라 하더라도 그 목표를 성취하기 위해서는 시간 단위를 활용할 수 있는 방법을 찾아라.

수입을 늘리고 싶다면, 모든 수입이 '부가가치'의 결과라는 사실을 알아야 한다. 재산을 늘리려면 자신이 하는 모든 일을 검토한 다음 어떻게 하면 더 많은 부가가치를 생산할 수 있을지 자문해본다.

가장 가치 있는 과제를 찾아라

사장에게 이렇게 물어보자. "내가 하는 일 중에서 가장 가치 있는 일은 무엇입니까?" 그 대답이 무엇이든, 그 과제를 더 많이 더 훌륭하게 수행할 수 있는 방법을 찾아라.

과제들을 작은 단위로 잘게 쪼개고, 최종 기한을 정한 다음 날마다 한 번에 하나씩 일을 해나간다면, 정말 놀랄 만큼 많은 일을 성취할 수 있다. "티끌 모아 태산"이라 했던가.

자기 향상에 시간을 투자하라

시간당 수입과 전체 수입을 늘리고 싶다면, 가장 중요한 과제들을 날마다 조금씩이라도 더 잘 할 수 있는 방법을 찾아라. 자기 분야의 관련 서적을 매일 한 시간씩 읽어라. 출퇴근길에 오디오 프로그램을 들어라. 가능하면 특별 강좌도 들어보는 것이 좋다. 이러한 활동들 덕분에 직업 생활은 전체적으로 빠르게 향상될 것이다. 자기 향상에 매일 따로 한두 시간을 투자하면 엄청난 누적 효과가 나타나면서 성취 능력이 크게 증대된다.

건강하고 날씬한 몸

몸무게를 줄이고 싶다면 간단한 공식이 있다. 음식은 적게, 운동은 많이.

마음을 독하게 먹고 날마다 식사는 조금이라도 더 적게 그러나 양질로 하고 운동은 조금이라도 더 많이 한다면, 매일 30그램 정도를 줄일 수 있다. 지금의 몸무게가 얼마이든, 매일 30그램 정도를 줄인다면 한 달이면 900그램 가량을 줄일 수 있다. 매월 900그램씩이면, 1년에 약 10킬로그램이 된다. 식사 습관과 몸을 바꿈으로써 순식간에 몸무게를 줄이고 앞으로도 그 몸무게를 유지할 수 있다.

티끌 모아 태산

부자가 되고 싶으면 모든 씀씀이에 주의하라. 매일 3,000원, 5,000원, 1만 원씩 모으겠다는 목표를 설정하라. 그 돈은 따로 통장에 집어넣고 절대 건드리지 말라. 액수가 커지면 뮤추얼 펀드나 인덱스 펀드를 잘 선정해서 신중하게 투자하라. 매일, 매주, 매월 저축하고 투자하는 습관을 들이고 직장 생활이 끝날 때까지 그 습관을 유지하라.

지금의 소비를 아주 약간 줄이는 것만으로도 얼마 안 있어 넉넉한 생활을 누릴 수 있다. 수입이 늘어나면 저축 액수를 늘려라. 몇 주, 몇 달, 몇 년 안에 빚더미에서 벗어나 자신을 위해 쓸 수 있는 돈을 많이 저축해놓은 부자가 될 것이다. 시작한 지 몇 년도 안 되어 경제적인 독립을 성취하게 될 것이다.

박식한 사람이 되어라

매일 저녁 15분씩 텔레비전을 보지 않고 책을 읽는다면, 한 해에 15권 가량의 책을 읽을 수 있다. 매일 15분씩 위대한 문학 고전 작품들을 읽는다면, 7년 후에는 지금까지 씌어진 가장 위대한 작품 100권을 읽게 될 것이다. 그리고 당대에 가장 교양 있고 박학다식한 사람들 가운데 하나가 될 것이다. 매일 저녁 잠을 자기 전에 15분씩만 책을 읽어도 충분히 이룰 수 있는 일이다.

수입 늘리기

판매업에 종사하고 있는데 수입을 늘리고 싶다면 매일, 매주, 매월 전화 통화, 제품(이나 서비스) 소개, 구매 권유, 판매를 몇 번씩이나 하고 있는지 면밀하게 파악하라. 그런 다음 하루 동안의 전화 통화, 제품 소개, 구매 권유의 횟수를 늘리겠다는 목표를 설정하라. 한 주, 한 달 동안의 판매 횟수를 늘리겠다는 목표를 설정하라. 스스로 설정한 기준에 따라 날마다 자기 자신을 평가하라.

측정되는 것은 관리할 수 있다

삶의 각 영역에서 자신의 활동을 주의 깊게 분석하고 그 영역에서의 성공 정도를 결정하는 특정한 숫자를 하나 선택한다. 그런 다음 하루 온종일 그 특정한 숫자에 온통 집중한다. 주의를 집중하는 행위 그 자체로도 그 영역에서 의식적으로나 무의식적으로 더 좋은 성과를 얻을 수 있다.

더 건강해지고 싶다면 매주 몇 분 동안 운동하는지 또는 매일 몇 칼로리를 먹는지를 따져서 그 숫자에 집중한다. 매주 매달 몸무게와 혈압 등의 변화를 측정한다.

경제적으로 성공하고 싶다면 시간당 버는 돈의 액수나 매월 저축하는 액수에 집중한다. 판매왕이 되고 싶다면 매일 거는 전화 통화의 횟수나 매달의 판매 횟수나 규모에 집중한다. 평균 몇 회의 시도를 통해 판매가 이루어지는가를 체크한다.

인간 관계에서 성공하고 싶다면 매주 매일 삶에서 가장 중요한 사람들과 함께 보내는 시간에 집중한다. 그들에게 매주 매달 몇 회 전화 통화를 하고 평균 몇 분의 대화를 나누는지 체크한다.

"측정되는 것은 행할 수 있다"라는 말이 있다. 그런가 하면 "측정할 수 없는 것은 관리할 수 없다"라는 말도 있다. 날마다 목표에 대한 구체적인 평가 기준을 설정하고, 정확한 기록을 측정하고, 자기의 성과를 추적할 수만 있다면, 목표를 성취하기로 결심한 바로 그 순간에, 심지어는 그 전에라도 그것을 이룰 수 있을 것이다.

GOALS! ● 코끼리를 어떻게 먹을까?

1 삶의 각 영역에서의 진척도와 성공을 측정하는 데 사용할 수 있는 단일한 평가 기준을 설정하라. 날마다 그것을 참고하라.

2 직무 가운데 수입에 영향을 미치는 가장 중요한 부분을 파악하고, 그 영역에서 매일의 활동을 측정하라.

3 매일, 매주, 매월 저축하고 투자할 최저 금액을 구체적으로 정하고 꾸준히 그 액수를 저축하라.

4 큰 목표는 평가 가능하고 통제 가능한 부분들로 잘게 쪼개고, 정해진 최종 기한 내에 각 부분을 성취하는 데 집중하라.

5 모든 목표에 대해 평가 기준, 성과표, 표적, 최종 기한을 설정하고, 그 숫자와 일시에 집중하라. 목표는 저절로 이루어질 것이다.

6 큰 목표의 적어도 한 가지 특정 부분을 날마다 성취하겠다고 결심하고, 절대 단 하루도 빠뜨리지 말라.

목표를 향해 나아가는 과정에서 명확한 평가 기준, 성과표를 설정하라. 이러한 측정은 지금 얼마나 잘하고 있는지 평가하는 데, 그리고 일을 진행하면서 필요한 조정과 수정을 하는 데 도움이 된다.

> 모든 역경이나 장애는 그 안에 그만큼의,
> 또는 그보다 더 큰 기회나 이익의
> 가능성을 품고 있다.
> — 나폴레온 힐

10
병목 지점을 빠져나가는 법

사람들은 새로운 목표를 성취하기 위해 몇 번이나 시도를 하다가 포기할까? 평균적으로 한 번도 채 안 된다. 대부분의 사람들은 첫 시도를 하기도 전에 포기해버린다. 그리고 포기하는 이유는 이전에는 한 번도 한 적이 없는 무언가를 하기로 결심하는 순간 그 즉시 나타나는 장애, 난관, 문제들 때문이다.

사실 성공한 사람들이 실패한 사람들보다 훨씬 더 자주 실패한다. 성공한 사람들은 수없는 시도 끝에 마침내 승리하고, 넘어지면 일어서고, 또다시 도전장을 내민다. 실패자들은 별로 시도하지 않으며, 시도하더라도 그마저 곧바로 포기해버리고 이전으로 되돌아간다.

실패는 새로 시작할 수 있는 기회다

목표를 성취하기 전에 여러 번의 실패와 좌절을 겪을 각오를 해야 한다. 실패와 일시적인 패배를 결국은 성취하게 될 성공으로 가는 길에 어차피 치러야 하는 대가의 일부로 간주해야 한다. 헨리 포드가 말했듯이, "실패란 더 슬기롭게 다시 시작할 수 있는 기회일 뿐이다."

목표를 결정하고 나면, 자신에게 이런 질문들을 던져보자. 내가 아직 거기에 도달하지 못한 이유는 무엇인가? 나를 붙잡아두고 있는 것은 무엇인가?

자신과 목표 사이에 존재하는 모든 장애물들을 파악하라. 앞길을 가로막고 있거나 발목을 붙잡고 있다고 생각되는 것들을 빠짐없이 세세하게 적어라.

해결책을 생각하라

"대부분의 시간 동안 생각하는 그대로 된다"라는 사실을 잊지 말자. 문제나 어려움에 직면했을 때, 성공한 사람들은 이른바 '해결 지향'이라고 하는 특별한 사고 방식을 보인다.

성공한 사람들은 대부분의 시간 동안 해결책에 대해 생각하고, 실패한 사람들은 대부분의 시간 동안 문제와 난관에 대해 생각한다. 해결 지향적인 사람은 자기 앞길을 가로막고 있는 장애물을 넘어가고 돌아가고 지나가는 방법들을 모색한다. 문제 지향적인 사람은 문제들에 대해, 누가 또는 무엇이 그것을 초래했는지에 대해, 자신이 얼마나 불행하거나 화가 나 있는지에 대해 원망을 늘어놓는다. 반면에 해결 지향적인 사람은 단지 "어떻게 해결할 수 있을까?"만 생각하며, 그 문제를 해결하기 위해 행동을 취한다.

성취하고 싶은 것 앞에는 항상 어떤 문제나 장애물이 있기 마련이다. 성공이 때로는 문제 해결 능력으로 정의되기도 하는 것은 바로 이런 이유 때문이다. 개인적 지도력은 문제를 해결하는 능력이다. 유능함 또한 마찬가지이다. 무언가 중요한 것을 성취하는 사람은 자기 자신과 목표 사이에 놓여 있는 문제들을 해결하는 능력을 키운 것이다.

문제 해결은 기술이다

다행스럽게도, 문제 해결은 자전거를 타거나 타자기나 키보드를 치는 것처럼 얼마든지 배울 수 있는 기술이다. 해결책에 집중할수록 더 좋은 해결책이 더 많이 나타난다. 문제 해결에 능숙해지면 이후에 어떤 문제가 생겨도 더욱 신속하게 해결할 수 있다. 문제를 더 능숙하고 신속하게 해결할 줄 알게 되면, 훨씬 더 크고 경제적으로 중요한 문제들이 다가온다. 그리고 결국 자신이나 남들에게 중요한 경제 문제들을 해결하게 될 것이다. 세상사가 다 이런 식이다.

사실 어떤 목표를 간절히 바라기만 한다면, 그 목표로 가는 길에 놓여 있는 어떤 문제도 해결할 수 있고 어떤 장애물도 극복할 수 있다. 지금 우리 안에는 방해가 되는 그 어떤 장애물도 극복할 수 있는 지능과 능력이 이미 존재하고 있다.

제약 조건 이론

최근 몇 십 년 동안 사고 영역에서 이루어진 가장 중요한 비약적 발전 가운데 하나는 엘리야후 골드랫(Eliyahu Goldratt)이 자신의 저서 『더 골 The Goal』에서 설명하고 있는 '제약 조건 이론(theory of constraints)'이다. 이 이론에 따르면, 성취하고 싶은 모든 것에는 제약 조건 또는 제한 요인이 존재한다. 그것은 목표하는 곳으로 얼마나 빨리 갈 수 있을지를 결정한다.

예를 들어, 고속도로에서 운전을 하고 있는데 도로 공사로 인해 모든 차들이 한 차선으로만 다닌다고 하자. 이 경우에 이 병목 지점 혹은 폐색 지점이 목적지까지 얼마나 빠르게 도착하는지를 결정하는 제약 조건이 된다. 이 병목을 얼마나 빨리 통과하느냐가 여행을 얼마나 빨리 끝내느냐를 결정한다.

어떤 목표를 성취하든 그 과정에서 돌파해야 하는 제약 조건 또는 병목이 항상 존재하기 마련이다. 그러므로 그것을 정확하게 파악하고 그 핵심적인 제약 조건을 완화시키는 데 온 힘을 쏟아야 한다. 그 병목을 제거하거나 제한 요인을 처리하는 능력은 훨씬 더 빨리 앞으로 나아가는 데 그 어떤 것보다 큰 도움이 될 것이다.

내적 제약 조건 vs. 외적 제약 조건

80 대 20의 법칙이 목표 앞에 놓인 제약 조건에 적용된다. 이 법칙에 따르면, 제약 조건 중 80퍼센트는 자신의 내부에 있다. 나머지 20퍼센

트만이 외부에, 즉 다른 사람들이나 상황에 있다. 다시 말해, 목표를 얼마나 빨리 성취하는가를 결정하는 주요 장애물은 대개 자기 자신이라는 것이다.

대부분의 사람들은 그 사실을 쉽게 받아들이지 못한다. 그러나 성공한 사람들은 누가 옳은가보다는 무엇이 옳은가에 더 신경 쓴다. 그들은 자아를 보호하느라 급급하기보다는 실제 상황이 어떠한지 그리고 문제를 해결하기 위해 할 수 있는 일이 무엇인지에 더 관심이 많다.

자신의 내부를 들여다보라

자기 자신에게 이렇게 물어보라. "나의 내부에서 나를 억누르고 있는 것은 무엇인가?" 자신의 내부를 깊숙이 들여다보고, 인격, 성품, 기술, 능력, 습관, 교육 또는 경험에 존재하는 핵심적인 제약 조건들을 확인하라. 그것들이 목표의 성취를 방해하고 있을지도 모른다. 냉혹한 질문들을 던져라. 자기 자신에게 전적으로 정직하라.

자신과 목표 사이에 놓여 있는 주된 장애물은 보통 정신적인 것들로, 심리적이고 감정적이며 주변 상황보다는 자신의 내부에 존재한다. 가능한 모든 것을 성취하고자 한다면, 먼저 이 정신적 장애물부터 처리해야 한다.

성공을 방해하는 두 가지 장애물

성공과 성취를 방해하는 두 가지 주요 장애물은 두려움과 의심이다. 아예 처음부터 무언가를 시도조차 못하는 것은 실패, 가난, 손실, 방해, 또는 거절에 대한 두려움 때문이다. 그래서 사람들이 새로운 목표의 성취를 시도하는 횟수가 평균적으로 한 번에도 못 미치는 것이다. 목표에 대해 생각하는 순간, 이러한 두려움들이 덮쳐 와 마치 조그만 불씨 위에 쏟아지는 물과도 같이 욕망을 완전히 꺼버린다.

두 번째 정신적 장애물은 의심으로, 두려움과 긴밀하게 연관되어 있다. 우리는 스스로의 능력을 의심한다. 나는 남보다 열등하고 남들이 어쨌든 나보다 더 훌륭하고 더 현명하고 더 유능하다고 생각한다. "나는 그리 잘난 사람이 아니야"라고 생각한다. 그토록 달성하고 싶은 위대한 목표들 앞에서 무력감과 열등감을 느낀다.

부정적인 감정들은 버릴 수 있다

다행스러운 점은 의심과 두려움의 두 감정 모두 습득된다는 것이다. 매사에 부정적인 아이를 본 적이 있는가? 아이들은 아무런 의심이나 두려움이 없이 세상에 태어난다. 그리고 습득한 것이라면 실천과 반복을 통해 버릴 수 있다.

의심과 두려움의 치료제는 용기와 확신이다. 용기와 확신의 정도가 높아질수록 두려움과 의심의 정도는 낮아지고, 이런 부정적인 감정들이 성과와 행위에 미치는 영향은 줄어든다.

용기와 확신에 이르는 길

용기와 확신을 키우려면 지식과 기술이 필요하다. 두려움과 의심은 대부분 무지와 무력감에서 비롯된다. 목표를 성취하기 위해 알아야 할 것들을 배워나가면서 두려움의 감정은 줄어들고 용기와 확신은 점점 더 커진다.

처음 운전을 배울 때를 생각해보자. 아마 극도의 긴장과 초조함으로 많은 실수를 저질렀을 것이다. 변덕스러운 운전으로 자신과 남들을 위험에 빠뜨렸을 것이다. 그러나 시간이 지나고 운전 지식과 기술을 갖추게 되면서 운전에 능숙해지고 자신감도 커진다. 지금은 편안한 마음으로 차에 올라타고 아무런 두려움이나 걱정 없이 돌아다닌다. 목표 성취를 위한 기술들도 이런 식으로 익히면 된다.

학습된 무기력

펜실베이니아 대학의 마틴 셀리그먼(Martin Seligman) 박사는 25년 이상 이른바 '학습된 무기력'이라는 현상을 연구했다. 수천 명을 인터뷰하고 연구한 끝에 그가 도달한 결론은 인구의 80퍼센트가 어느 정도, 또는 심하게 학습된 무기력에 시달리고 있다는 것이다.

학습된 무기력에 시달리는 사람들은 자신이 목표를 성취하거나 삶을 향상시킬 능력이 없다고 생각한다. 학습된 무기력의 가장 일반적인 형태는 "나는 할 수 없다"라는 말로 드러난다. 학습된 무기력의 희생자들은 어떤 기회나 가능성이나 새로운 목표가 제시되면 즉각 "나는 할 수 없다"라는 말로 반응한다. 그리고는 어떤 특정한 목표나 목적을 이룰 수 없는 온갖 이유를 늘어놓는다. "나는 출세할 수 없다. 더 나은 직업을 가질 수 없다. 공부할 시간이 없다. 돈을 모을 수 없다. 몸무게를 줄일 수 없다. 사업을 시작할 수 없다. 부업을 시작할 수 없다. 인간 관계를 변화시키거나 개선할 수 없다. 내 시간을 마음대로 쓸 수 없다."

그들에게는 항상 자신의 잠재능력에 즉각 제동을 거는 자기 제한적 이유가 있다. 그것은 새로운 목표를 설정하거나 어떤 식으로든 상황을 변화시키고자 하는 시도나 욕망을 약화시킨다. 헨리 포드가 남긴 유명한 말이 또 하나 있다. "어떤 일을 할 수 있다고 믿든 할 수 없다고 믿든, 아마도 당신이 믿는 그대로 될 것이다."

무기력에서 벗어나기

학습된 무기력은 보통 어린 시절의 파괴적 비판, 성장기의 부정적 경험, 성인이 되어 겪은 실패에 의해 유발된다. 스스로를 경시하는 이런 자연적 성향을 극복하는 방법은 작은 목표를 설정하고, 계획을 세우고, 매일매일 그것을 위해 노력하는 것이다. 그러면 마치 수염이 자라듯 용기와 확신이 점점 더 커진다. 자기 자신과 능력에 대해 확신이 서면, 훨씬 더 큰 목표들을 설정할 수 있다. 시간이 지나면서 의심과 두려움은 약해지고, 용기와 확신은 커져서 사고를 지배해버린다. 결국 머지않아 수많은 성공의 기록들이 뒤에 쌓이고, 앞에는 아무런 장애물도 존재하지 않는다.

안전 지대의 함정

극복해야 할 두 번째 정신적 장애물은 '안전 지대'이다. 대부분의 사람들은 현재 상황에 안주한다. 특정 직업이나 인간 관계 또는 월급이나 지위에 아쉬워하지 않고 더 나아지려는 노력은커녕 굳이 어떤 변화를 모색하려 하지 않는다. 안전 지대는 야망, 욕망, 결의, 성취를 방해한다. 안전 지대에 머물러 있으면서 학습된 무기력까지 있는 사람들은 절망적이다. 그런 상태에 빠져서는 안 된다.

안전 지대에서 빠져 나오고 학습된 무기력에서 벗어나는 길은 크고 도전적인 목표를 설정하는 것이다. 그런 다음 이 목표를 구체적인 과제들로 잘게 쪼개고, 최종 기한을 정하고, 날마다 그것을 지키기 위해 노력한다. 봄이 되면 부빙이 깨지듯이 곧 학습된 무기력과 안전 지대라는 나태함은 깨져버리고, 가능한 것을 더 많이 성취하기 위해 더 빨리 나아가게 될 것이다.

장애물들의 우선 순위를 정하라

주요 목표를 성취하는 길을 가로막고 있는 모든 장애물들을 쭈욱 나열한 다음 그것들의 우선 순위를 매겨라. 가장 큰 장애물은 무엇인가? 마법의 지팡이를 휘둘러 한 가지 큰 장애물을 제거할 수 있다면, 어떤 장애물을 제거해야 가장 큰 도움이 되겠는가?

경영 컨설턴트 이언 미트로프(Ian Mitroff)는 문제 해결 및 장애물 제거와 관련하여 흥미로운 의견을 내놓았다. "어떤 문제든 그것을 해결하려고 하기 전에 서로 다른 여러 가지 방식으로 그것을 정의하라. 어떤 문제에도 한 가지 정의나 한 가지 해결책만 있는 것이 아니라는 점을 명심하라."

"왜 나는 아직 거기에 도달하지 못했을까?"라는 질문에 마음속에서 떠오르는 대답은 무엇인가? 앞길을 가로막고 있는 것은 무엇인가? 장애물을 제거하는 조치를 취하기 전에 바로 이 지점에서 파고들어 정확한 장애물을 파악해야 한다. 그 문제를 각각 정의 내린 후 "뭔가 다른 것일 수도 있지 않을까?"라는 질문을 던지는 것이다.

판매 실적이 시원찮다면?

기업이나 개인을 상대로 일을 시작할 때에 수익이나 수입을 두 배로 늘리는 것을 목표로 삼는다. 그런 다음 "수익이나 수입이 아직도 두 배로 늘어나지 않는 이유는 무엇인가?" 하고 자문해본다. 질문을 되풀이하다 보면 뻔한 답과는 꽤 상이한 답이 나오곤 한다.

질문 과정을 한번 보자.

"판매 실적이 시원찮다." 문제가 뭔가 다른 것일 수도 있지 않을까?

"고객 일인당 개인별 판매 실적이 시원찮다." 문제가 뭔가 다른 것일 수도 있지 않을까?

"우리 광고가 고객들을 잘 끌어들이지 못하고 있다." 문제가 뭔가 다른 것일 수도 있지 않을까?

이런 장애물들 가운데 정확한 문제가 어떤 것이냐에 따라 완전히 다른 해결책을 써야 한다. 판매 실적이 시원찮을 경우에 해결책은 판매 횟수를 늘리는 것이어야 한다. 고객 일인당 판매 실적이 시원찮을 경우에는 고객 일인당 판매 규모를 늘려야 한다. 광고가 고객들을 잘 끌어들이지 못할 경우에는 어떤 식으로든 광고의 질을 향상시켜야 한다.

더 깊이 들어가보자. "고객들이 우리 제품을 충분히 구매하지 않는다." 문제가 뭔가 다른 것일 수도 있지 않을까?

"고객들이 우리 제품을 그리 자주 구매하지 않는다." 문제가 뭔가 다른 것일 수도 있지 않을까?

"판매원들이 고객에게 시원찮게 팔고 있다." 이는 신입 사원 모집, 훈련, 관리의 개선을 통해 판매팀의 질을 총체적으로 개조하는 해결책으로 이어질 수 있다. 문제가 뭔가 다른 것일 수도 있지 않을까?

"고객들이 우리 경쟁자들에게서 해당 제품을 너무 많이 구매하고 있다." 문제가 뭔가 다른 것일 수도 있지 않을까?

"경쟁자들이 우리 고객들에게 그들의 제품을 너무 많이 판매하고 있다." 그렇다면 이렇게 물어보자. "우리의 잠재 고객들은 무슨 가치나 이득 때문에 경쟁자들로부터 구매하는 것일까? 어떻게 하면 우리는 그런 이득을 메울 수 있을까?" 문제가 뭔가 다른 것일 수도 있지 않을까?

"판매에서 충분한 수익을 내지 못하고 있다." 문제가 뭔가 다른 것일 수도 있지 않을까?

"판매에 너무 비용이 많이 든다." 문제가 뭔가 다른 것일 수도 있지 않을까?

이런 식으로 해나가면 된다. 문제를 새롭게 정의할 때마다 판매나 수익성의 증대라는 목표를 달성할 수 있는 해결책도 달라진다.

수입을 늘리는 방법

이런 질문으로 시작해보자. "나는 돈을 충분히 벌지 못하고 있다." 문제가 뭔가 다른 것일 수도 있지 않을까?

"나는 더 많은 돈을 벌 만큼의 가치를 만들어내지 못하고 있다."

"나는 지금 벌고 있는 것보다 더 가치 있는 성과를 올릴 수 있을 만큼 일에 능숙하지 못하다." 문제가 뭔가 다른 것일 수도 있지 않을까?

"나는 하루 근무 시간 동안 충분히 효율적으로 시간을 활용하지 못하고 있다." 문제가 뭔가 다른 것일 수도 있지 않을까?

"나는 저녁 시간에는 텔레비전을 보고 주말에는 사교 활동을 할 뿐, 일을 더 능숙하게 하는 데 도움이 될 무언가를 읽거나 배우지 않고 있다."

아하! 이제 진짜 문제를 알아냈다. 더 많은 돈을 벌겠다는 근본적인 문제를 해결하려면 이제부터 생활 방식을 바꾸어야 한다는 사실을 확실히 깨달았다.

장애물을 긍정적인 목표로

주요 장애물을 파악하고 나면, 그 장애물을 긍정적인 목표로 고쳐 적는다. 예를 들어, 이런 식으로 말이다. "내 목표는 내 분야에서 높은 수입을 올리는 상위 10퍼센트 집단에 들 수 있도록 기술과 능력을 끊임없이 향상시키는 것이다."

그 다음에는 지식과 기술을 향상시키고 시간 관리를 개선하고 능률을 증대시키고 회사의 판매 실적을 늘리기 위해 할 수 있는 모든 일들을 목록으로 작성한다.

각각의 단계마다 최종 기한과 평가 기준을 정한다. 그리고 한 가지 핵심 과제를 선정해서 즉시 행동에 돌입한다. 그때부터 발바닥에 불이 나도록 뛰어다녀라. 자기 자신을 엄하게 감독하라. 스스로를 다그쳐서 목표를 성취하기 위해 노력하라.

자신의 발목을 붙잡고 있는 것들을 확인한 다음 그 장애물을 제거하기 위해 명확하고도 글로 작성된 목표를 설정하는 이런 작업을 통해서 삶에 대한 통제력을 다시 찾을 수 있다. 굳은 결심으로 끝까지 밀고 나간다면, 궁극적인 성공은 물론이고 어떤 목표라도 성취할 수 있다.

문제를 정확하게 파악하라

문제를 정확히 정의했는지 의심스럽다면, 신뢰할 만한 누군가와 그것에 대해 의논하라. 자아는 잠시 한쪽으로 밀어두고 정직한 의견과 비판을 부탁하라. 잠재능력이 완전히 발휘되지 못하도록 가로막고 있는 근본적인 결점과 약점들이 있다는 사실을 명심하라. 자기 자신에게 냉혹할 정도로 정직하라.

문제나 장애물이 명확해지면, 다양한 곳에서 생각, 기회, 해답들이 나타나기 시작한다. 장애물이나 어려움이 자신 내부에 있는 것이든 주변 상황에 있는 것이든 그것을 극복하는 데 도움이 될 재원들을 끌어모으고 목표를 향하여 더욱 서둘러라.

해결되지 않는 문제는 없다

옛 시를 기억하라. "세상의 모든 문제에는 해결책이 있거나 아니면 전혀 없다. 해결책이 있거든 찾고, 없거든 더 이상 신경 쓰지 말라."

성취하고 싶은 것 앞에 놓여 있는 모든 문제나 장애물에는 어떤 종류의 해결책이든 존재하기 마련이다. 목표를 성취하는 속도를 결정하는 것이 무엇인지 명확히 밝힌 다음 그 제약 조건을 완화시키는 데 시간과 관심을 집중해야 한다. 주요 장애물을 제거하고 나면 다른 대부분의 사람들이 몇 년 만에 이루는 것 이상을 단 몇 개월 만에 이루게 될 것이다.

> **병목 지점을 빠져나가는 법**
>
> 1 주요 목표가 무엇인지 확인한 다음 이런 질문을 던져라. "왜 나는 아직 거기에 도달하지 못했는가? 무엇이 나를 억누르고 있는가?" 생각할 수 있는 모든 것을 목록으로 작성하라.
>
> 2 자신의 내부를 들여다보고 성공의 최대 장애물은 두려움과 의심일 수 있다는 사실을 직시하라.
>
> 3 자신의 내부에 있는 것이든 아니면 주변 상황에 있는 것이든, 목표를 성취하는 속도를 결정하는 제약 조건이나 제한 요인이 무엇인지 확인하라.
>
> 4 주요 문제나 장애물을 여러 가지로 정의하라. 그리고 이런 질문을 던져보라. "문제가 뭔가 다른 것일 수도 있지 않을까?"
>
> 5 최상의 해결책을 목표로 규정하고, 최종 기한을 정하고, 활동 계획을 세우고, 그 계획을 실현하기 위해 열심히 노력하라. 문제가 해결되거나 장애물이 제거될 때까지 날마다 그것을 위해 노력하라.
>
> 성공은 결국 목표를 향해 나아가는 과정에서 문제를 해결하고 장애를 제거하는 능력으로 귀결된다. 다행스럽게도 문제 해결은 연습 훈련을 통해 터득할 수 있는 기술이며, 그 기술을 통해 상상했던 것보다 더 빨리 목표를 성취할 수 있다.

이전에 한 번도 성취한 적이 없는 것을 성취하려면
이전에 한 번도 되어본 적이 없는 사람이 되어야 한다.
— 레스 브라운

11 자기 분야에서 최고가 되어라

군인 모집 포스터에 씌어져 있듯이 "하면 된다"를 목표로 삼아라. 특출난 성과를 올리면 특출난 보상을 받고, 평범한 성과를 올리면 평범한 보상을 받고, 평균 이하의 성과를 올리면 평균 이하의 보상을 받고 실패와 좌절을 겪는다.

우리의 경제 체제에서 당신의 수입은 세 가지 요인으로 결정된다. 첫째, 일 그 자체, 둘째, 그 일을 수행하는 수준, 셋째, 당신의 희소 가치.

크게 성공한 사람들의 한 가지 자질은 경력을 쌓아가는 도중 어떤 시점에 '특출난 사람이 되기'로 결심했다는 점이다. 그들은 자신이 하는 일에서 최고가 되기로 결심했다. 자신이 선택한 분야에서 매우 뛰어난 사람이 되기 위해 필요하다면 어떤 대가라도 치르고 어떤 희생이라도 감수하고 어떤 시간이라도 투자하기로 결심했다. 그리고 그 결과 그들은 평범한 집단에서 빠져 나와 상위 집단으로 올라섰다. 오늘날 그들은 그런 결심을 하지 않았던 동료들보다 두 배, 세 배, 네 배, 다섯 배, 열 배 많은 수입을 올리고 있다.

다시 80 대 20의 법칙으로

수년 전 판매직을 시작했을 때, 누군가가 판매직에도 80 대 20의 법칙이 적용된다고 말했다. 20퍼센트의 판매원이 80퍼센트의 돈을 번다는 것이다. 거꾸로 말하면 80퍼센트의 판매원이 겨우 20퍼센트를 벌고 자기들끼리 그 돈을 나누어 가져야 한다는 뜻이다. 수년 전 바로 그때 나는 밑바닥 80퍼센트가 아닌 상위 20퍼센트가 되기로 결심했다. 이 결심이 내 삶을 완전히 바꿔놓았다.

나는 어린 시절 불우하게 자랐고 학창 시절에는 평균 이하의 성적을 받았으며, 그 탓에 성장하면서 자아 이미지도 좋지 않았고 자신감도 없었다. 내가 어떤 일이든 잘할 수 있으리라는 생각은 꿈에도 하지 않았다. 설사 무언가를 시도해서 잘해냈을 때에도, 그냥 우연이나 행운으로 돌려버렸다. 여러 해 동안 나는 내가 무슨 일을 하든 평균 또는 평균 이하라고 여기면서 살았다.

그들은 단지 먼저 시작했을 뿐이다

그런데 어느 날 문득 한 가지 깨달음을 얻었다. 각 분야의 상위 10퍼센트에 드는 사람들이 모두 처음에는 밑바닥 10퍼센트에서 시작했다는 것이다. 지금은 너무나 능숙하게 일을 처리하는 그들도 한때는 서투른 적이 있었다. 지금은 삶의 선두 자리에 있는 그들이 처음에는 맨 뒷자리에 있었다. 그리고 무엇보다도 다른 사람들이 해낸 일이라면 나 역시 해낼 수 있다는 진실을 깨달았다.

당신보다 유능한 사람도 당신보다 똑똑한 사람도 없다. 누구나 서로 다른 영역에서 더 유능하거나 더 현명할 뿐이다. 게다가 무슨 사업 기술이든 배우면 된다. 지금 어떤 사업 분야에서 잘나가고 있는 사람들은 다만 핵심 기술들을 당신보다 먼저 배웠을 뿐이다. 다른 사람들이 성취하고 있는 것을 성취하지 못하고 있다면, 그것은 당신이 아직 그 기술들을 배우지 못했기 때문일 뿐이다.

그렇다면 그것은 쉬운 일일까? 물론 그렇지 않다! 나는 '쉽다'라는 말은 절대 쓰지 않는다. 가치 있는 것을 성취하려면 오랜 시간과 많은 노력을 들여야 한다. 그러나 간절하게 원하고 오랫동안 노력할 결심만서 있다면 가능한 일이다. 그리고 거기에 도달했을 때, 그만한 노력을 기울일 만한 가치가 있었음을 알 수 있다!

동기 부여 전문 강사인 레스 브라운(Les Brown)은 이렇게 말한다. "이전에 한 번도 성취한 적이 없는 것을 성취하기 위해서는 이전에 한 번도 되어본 적이 없는 사람이 되어야 한다." 독일의 철학자 요한 볼프강 폰 괴테는 이렇게 말했다. "더 많은 것을 갖고 싶다면, 먼저 그럴 자격을 갖추어라."

자기 분야에서 최고가 되겠다는 결심을 하고 나서 이렇게 자문해보자. "어떻게 그것을 성취할까?" 모든 분야에서 수십만, 수백만의 사람들이 밑바닥에서 꼭대기로 올라섰으니 당신 역시 해낼 수 있다. 그들 가운데 많은 이들이 타고난 재능이나 능력은 당신보다 떨어질지도 모른다. 대부분의 삶의 영역들에서 특출함과 위대한 성공을 이끌어내는 것은 타고난 능력보다는 노력과 헌신이다.

공부를 잘해야 부자가 된다?

2001년 『포브스』지 선정 미국의 400대 부호들에 대한 분석에서, 조사자들은 고등학교를 중퇴하고 자수성가한 사람의 재산이 대학을 졸업한 사람보다 많은 평균 3억 3,300만 달러라는 사실을 발견했다.

학창 시절 공부를 잘하지 못하면 인생에서 성공할 수 없다고 생각하는 사람이 많다. 그러나 절대 그렇지 않다. 미국을 비롯한 전 세계에서 가장 성공한 부자들 가운데에는 학창 시절 그리 성적이 좋지 않았던 사람들도 있다.

"코끼리를 어떻게 먹는가?"라는 질문과 "한 번에 한 입씩"이라는 답을 잊지 말자. 한 분야에서 특출난 사람이 되는 방식도 그와 같다. 한 번에 한 계단, 한 가지 기술, 한 가지 작은 향상을 통해 꼭대기까지 올라간다.

상승세 자산인가, 하락세 자산인가?

오늘날에 새로운 지식과 기술은 금세 구식이 되어버린다. 나는 앞에서 당신의 '돈벌이 능력'은 성장세 자산이 될 수도 하락세 자산이 될 수도 있으며, 그것은 그 능력을 향상시키는가 아니면 구식이 되도록 그냥 내버려두는가에 달려 있다고 말한 바 있다. 당신은 날마다 이런 선택을 하고 있다.

자기 분야에서 최고가 되기 위해 지식과 기술을 적극적으로 향상시켜나가기 시작하면, 달리기 경주에서 당신 혼자만 뛰고 있는 셈이 된다. 노력하는 사람은 순식간에 대열에서 빠져나와 선두 자리를 차지한다. 그동안 경쟁자들은 그저 한가롭게 거닐면서 직업을 유지하는 데 필요한 일만 하고 있을 뿐이다. 그들은 최고가 되겠다는 생각은 눈곱만큼도 없다.

어떤 지식이 필요한가?

최고가 되는 길로의 여정을 떠나기 전에 자신에게 물어보자. 앞으로 몇 달 또는 몇 년 안에 내 분야에서 선두가 되기 위해서는 어떤 지식, 기술, 정보가 더 필요할까?

3년에서 5년 뒤에는 당신이 자기 분야에서 가장 유능하고 가장 수입이 높은 사람이 되어 있다고 상상하라. 그렇다면 무슨 일을 했어야 할까? 그 지점에 도달하기 위해서는 어떤 기술을 배우거나 성취했어야 할까?

변호사를 그만두다

예전에 조그만 회사에서 변호사로 일한 친구가 있었다. 그의 아버지는 변호사였고, 그래서 그도 대학에 들어갈 때 법학을 선택했다. 20대 초반에 대학을 졸업하고 나서 그는 동료들과 함께 변호사 일을 시작했지만 곧 법이 적성에 맞지 않다는 사실을 깨달았다. 그래서 그는 사업을 시작하기로 했다.

그때 그의 나이는 26살이었다. 주위에서 극구 말리는데도 불구하고 그는 모든 재원을 끌어 모아서 하버드 경영대학원 입학 준비에 전력을 기울였다. 2년 후에 그는 마침내 그 꿈을 이루었다. 그리고 필요한 과정들을 무사히 끝마치고 선망의 대상이었던 하버드 경영대학원 졸업생이 되기까지는 2년이 더 걸렸다.

그는 고향으로 되돌아가 여러 직장에서 면접을 본 끝에 결국 급성장하고 있던 한 항공사의 초급 관리직에 들어갔다. 그야말로 완벽한 전업이었다. 10년도 안 되어 그는 항공사의 회장이 되었고, 몇 년 전 함께 졸업했던 변호사들보다 10배나 많은 수입을 올렸다. 그는 가장 젊고 가장 존경받는 경영자들 가운데 한 사람이 되었다.

여러 직장과 직업

오늘날 일을 시작하는 사람은 평균적으로 평생 동안 전혀 다른 기업이나 분야의 열네 군데 정규 직장에서 2년 이상 일하고 네댓 가지의 정규직 직업을 거칠 것으로 추산된다. 4,000만 명의 미국인들이 대부분의 직장 생활 기간 동안 임시 노동자로 일할 것으로 추산된다. 그들은 어느 한 회사에서 장기간 일하는 것이 아니라 전문직이나 기술직 일을 하면서 이 회사 저 회사로 옮겨다닌다.

나이가 들수록 당신의 경력은 끊임없이 변하기 마련이다. 늘상 길을 주시하면서 앞으로 몇 년 안에 벌고 싶은 돈을 벌기 위해서 필요한 기술과 적성을 생각하고 있어야 한다.

핵심적인 성과 영역들을 확인하라

앞에서 언급한 바 있듯이, 모든 직업은 다섯에서 일곱 가지의 핵심적인 성과 영역들로 구성되어 있다. 예를 들어 판매업의 일곱 가지 핵심적인 성과 영역은 다음과 같다. 첫째, 잠재 고객을 발굴하고, 둘째, 신뢰 관계를 구축하고, 셋째, 필요한 것들을 확인하고, 넷째, 해결책을 제시하고, 다섯째, 불만 사항에 귀기울이고, 여섯째, 판매를 마무리하고, 일곱째, 만족한 고객에게 재판매를 하거나 다른 고객을 소개받는다.

판매업에 종사하고 있다면 이들 각 영역에서 가장 낮은 점수인 1점에서 가장 높은 점수인 10점까지 스스로에게 점수를 매겨본다. 자기 분야의 상위 20퍼센트에 들기 위해서는 모든 영역에서 최소한 7점 이상은 되어야 한다.

이 일곱 가지 영역에서 스스로 점수를 매긴 다음에는, 사장이나 혹은 더 바람직하게는 고객에게 그 목록을 보여주고 점수를 매겨달라고 부탁한다. 이는 정말 큰 깨달음을 얻을 수 있는 경험이 될 것이다. 자신에 대한 평가는 다른 사람들의 평가보다 더 후한 경우가 많다.

최종 점수가 어떻든, 가장 취약한 핵심 기술을 선정해서 그것이 다른 기술들과 비슷하거나 더 뛰어날 수 있도록 훈련해야 한다. 가장 취약한 기술을 얼마나 빨리 개선하느냐에 따라 최고 수입의 수준과 그 분야에서 얼마나 빨리 앞서 나갈지가 결정된다.

꼭 필요한 기술을 습득하라

앞으로의 직업 생활에 중요한 질문이 한 가지 있다. 일을 하는 데 가장 긍정적 영향을 미칠 기술은 무엇일까? 직업 면에서 발전하기 위해서는 이 점을 염두에 두어야 한다.

이 질문에 대한 답이 확실치 않다면, 사장에게 가서 물어보라. 동료 직원들에게, 부하 직원들에게, 배우자와 친구들에게 물어보라. 반드시 이 질문에 대한 답을 찾아내야 하며, 그 다음에는 그 특정한 영역에서 성과를 올리는 데 모든 에너지를 쏟아 부어야 한다.

바로 그것이 개인과 일의 발전을 위한 명확한 주목적이 된다. 그것을 종이에 적고, 최종 기한을 정하고, 계획을 세우고, 실천하며, 그 특정한 기술을 향상시키기 위한 일을 날마다 행하라.

가장 취약한 핵심 성과 영역에서 기술을 완전히 습득하고 나면, 다시 이런 질문을 던져보라. 이제 나에게 가장 도움이 될 기술은 무엇일까? 그리고 마찬가지로 그 영역의 기술을 완전히 습득할 때까지 꾸준히 노력하라. 어떤 분야든 최고의 수입을 올리는 사람들은 모든 핵심 성과 영역에서 8~10점의 점수를 얻는다. 이것을 목표로 삼아보자.

우수한 경영자의 요건

경영진의 성공이나 실패를 결정하는 것은 다음의 일곱 가지 핵심 성과 영역이다. (1) 계획 수립, (2) 조직 편성, (3) 직원 배치, (4) 업무 위임, (5) 지휘 감독, (6) 측정 평가, (7) 보고서 작성.

성공한 경영자라면 이 모든 영역에서 뛰어나다. 실패한 경영자는 한 가지 이상의 영역에서 취약하다. 이 핵심 성과 영역들 가운데 어느 한 영역이라도 심각하게 취약하다면, 성공에 치명적일 수 있다.

예를 들어, 다른 모든 경영 부분에서 절대적으로 뛰어나지만 업무 위임이 서투르다면 그것이 직장 생활 내내 당신의 발목을 붙잡을 것이다. 내가 함께 일한 경영자들 중에는 업무 위임에 너무 무능한 나머지 아무 일도 못 한 사람들이 있었다. 그들은 결국 나머지 직원들에게 해를 끼친다는 이유로 해고당하고 말았다.

이들 각각의 핵심 성과 영역들에서 1점에서 10점까지 자신의 점수를 매겨라. 주변 사람들에게도 점수를 매겨달라고 부탁하라. 그리고 정직하라. 예의바른 동료 직원들에게 사탕발린 말을 듣기보다는 진실을 추구하라.

360도 전방위 분석

오늘날 널리 활용되고 있는 경영 수단 가운데 하나는 이른바 '360도 전방위 분석'이라는 것이다. 어떤 경영자에게 보고를 올리는 몇몇 사람들에게 설문지를 돌린다. 익명으로 작성된 그 설문지는 외부 컨설턴트 회사에 보내지고, 그곳에서 그 답변들을 요약 정리한다. 이 요약 보고서는 다시 그 경영자에게 보내지고, 그는 다른 사람들이 자신을 어떻게 인식하고 있는지 알 수 있게 된다. 해당 경영자가 상당히 큰 충격을 받는 경우도 종종 있다. 예를 들어, 그 경영자는 "나는 신중하고 사려 깊게 결정을 내린다"라고 말하는데, 부하 직원들은 "그는 나약하고 우유부단하며 그의 결정을 신뢰하기 어렵다"라고 말한다.

최근의 한 경영 연구에 따르면, 75퍼센트의 경영자들이 자기 자신의 유능함에 대해 상위 25퍼센트의 점수를 매겼다. 대부분의 경영자들이 자신의 인격이나 지능에 대해 상위 20퍼센트의 점수를 매겼다. 누구나 자신의 자질이나 특성에 대해서는 아주 높은 점수를 매기기 마련이다. 따라서 정기적으로 동료들에게 평가받는 것이 큰 도움이 된다.

자기 향상을 목표로 설정하라

가장 향상시키고 싶고 또 그래야 하는 핵심 성과 영역을 결정하고 나면, 그것을 목표로 설정하고 계획을 세우고 기준을 결정하고 최종 기한을 정하라. 그리고 날마다 그 영역에서 자신을 향상시키기 위해 노력하라. 그러면 1주일, 한 달, 1년 안에 당신은 그 기술 영역에서 절대적으로 뛰어난 사람이 될 것이다. 당신은 전문가가 되어 있을 것이다.

자기 자신을 있는 그대로 받아들여라

최근 몇 년간 가장 많이 읽힌 경영서는 『위대한 나의 발견 강점 혁명 Now, Discover Your Strength』이다. 이 책은 베스트셀러 『리더십@매니지먼트 First, Break All the Rules』에 뒤이어 출간되었다. 이 두 책의 공통적인 결론은 "사람은 변하지 않는다"라는 것이다. 누구나 어떤 기술, 능력, 성향, 강점, 약점, 재능 등을 타고난다. 이것들은 어린 시절에 나타나 10대 후반이면 굳어지고, 평생토록 거의 변하지 않는다.

경력을 위해서 꼭 해야 할 일은 능숙하게 할 수 있는 일이 무엇인지, 또는 능숙해질 수 있는 일이 무엇인지 파악하고, 그 영역에서 우수한 사람이 되기 위해 전력을 기울이는 것이다.

1920년대의 경영 컨설턴트인 메리 파커 폴렛(Mary Parker Follett)은 이렇게 썼다. "말을 타고 가기에 가장 좋은 방향은 말이 가고 있는 방향이다." 자기 자신을 개발하는 가장 좋은 방법은 타고난 재능과 관심이 가리키는 방향으로 가는 것이다. 작가이자 강연가인 짐 캐스카트(Jim Cathcart)는 이렇게 말한다. "당신의 타고난 재능을 키워라." 직업을 가지고 있다면 항상 따라야 할 매우 중요한 충고이다.

당신은 이제껏 살아온 다른 어떤 사람들도 갖지 못한 특별한 재능과 능력을 타고났다. 이제까지 살아오는 동안 당신이 특히 끌리는 활동 영역이 몇몇 있었을 것이다. 그 영역이야말로 당신이 특별한 재능과 능력으로 더 많은 것을 성취하고 훨씬 더 즐겁게 일할 수 있는 영역이다. 삶의 위대한 목표 가운데 하나는 자신이 더 뛰어나게 더 즐겁게 할 수 있는 한두 가지 기술을 확인하고 그 영역들에서 절대적으로 뛰어난 사람이 되기 위해 전념하는 것이다.

재능을 개발하라

농구 선수인 마이클 조던은 "재능은 모든 사람이 갖고 있지만, 능력은 힘든 노력을 필요로 한다"라고 말했다. 시인 롱펠로는 "평범한 사람의 가장 큰 비극은 자신의 노래를 다 불러보지도 못하고 죽는다는 것이다"라고 썼다.

여러 해 동안 자신에게 맞지 않는 일에 매달려 분투하다가도 자신에게 완벽하게 맞는 분야만 발견하면 단 2년 만에 지난 20년 동안 이룬 것보다 더 많은 것을 이룰 수 있다. 나폴레온 힐은 미국에서 성공하는 열쇠는 "진정으로 하고 싶은 일을 찾아내고, 그 일을 하면서 잘사는 방법을 발견하는 것"이라고 썼다.

대부분의 자수성가한 백만장자들은 "내 평생 단 하루도 일한 적이 없다"라고 말한다. 그들은 자신이 진정으로 즐기는 것을 찾아내고 그것을 남들보다 더 열심히 했을 뿐이다.

내 안의 진주를 찾아라

자신의 특별한 재능이 무엇인지, 그리고 유달리 자신에게 잘 맞는 일은 무엇인지 찾는 여덟 가지 방법이 있다.

첫째, 하고 싶은 어떤 일을 하면 항상 최상의 기분과 최고의 행복감을 느낀다. 여유가 있다면, 아무런 보수 없이도 그 일을 할 수 있다. 그 특별한 일에 매달려 있을 때, 최상의 성과를 낸다.

둘째, 그 일을 잘한다. 당신은 그 영역의 일을 수행할 수 있는 능력을 타고난 것처럼 보인다.

셋째, 지금까지 살면서 누린 성공과 행복은 대부분 이 재능 덕분이었다. 어린 시절부터 당신은 그 일을 즐겨왔고, 그 일로 인해 남들로부터 최고의 보상과 찬사를 받았다.

넷째, 그 일은 당신이 쉽게 배우고 쉽게 했다. 그 일을 언제 어떻게 배웠는지 기억이 나지 않을 정도로 쉽게 배웠다. 그저 어느 날 문득 보니 그 일을 쉽게 그리고 잘하고 있었을 뿐이다.

다섯째, 당신은 그것에서 관심을 뗄 수가 없다. 그것에 끌리고 매혹된다. 당신은 그것에 대해 생각하고, 그것에 대해 읽고, 그것에 대해 이야기하고, 그것에 대해 더 많은 것을 알고 싶어한다. 불꽃에 끌려들어가는 나방처럼 그것에 끌린다.

여섯째, 당신은 그것을 배우기 좋아하며 그것에 점점 더 능숙해진다. 당신은 이 특별한 영역에서 진정으로 뛰어나고 싶은 뜨거운 욕망을 느낀다.

일곱째, 당신이 그 일을 할 때면 시간은 고요히 정지한다. 당신은 그 일에 너무 몰입한 나머지 먹지도 않고 자지도 않은 채 오랫동안 그 특별한 재능의 영역에서 일할 수 있다.

여덟째, 그 일을 능숙하게 하는 다른 사람들이 진정으로 부럽고 존경스럽다. 그들처럼 되고 싶고, 그들 주위를 맴돌고 싶고, 온갖 방법으로 그들을 모방하고 싶다.

지금껏 서술한 내용들이 지금 하고 있는 일이나 과거에 했던 일에 적용된다면, 그 일은 이 세상에서 당신만이 유일하게 할 수 있는 일이자 당신의 '마음속 욕망'이다.

타고난 재능을 발휘하라

천부적인 재능은 발전시키기 쉽다. 그것들은 잠재 의식 속에 프로그래밍되어 있다. 당신은 바로 그 재능들을 발휘하기 위해 이 세상에 태어났다. 그러므로 그 천부적인 재능과 능력의 영역을 발견하고, 생을 마감할 때까지 그 영역을 발전시켜나가야 한다.

여러 기술들은 상호 보완적이고 상호 의존적이다. 즉, 다른 기술을 더 높은 수준으로 활용하기 위해서 필요한 기술이 있다는 것이다. 가끔 그리 좋아하지 않거나 즐겁지 않은 기술들을 배우고 발전시켜야 할 때가 있다. 그러나 그것은 선택한 분야에서 탁월해지기 위해 당신이 지불하지 않으면 안 되는 대가이다.

한 가지 기술이 없다면?

단 한 가지 기술이 없어 생산성, 성과, 수입을 두 배로 늘리지 못하고 있다고 가정해보자. 그렇다면, 한 영역의 기술 수준을 끌어올리기만 하면 다른 모든 기술들을 더 높은 수준에서 활용할 수 있다.

어떤 사업 기술이든 배우기 나름이다. 사업 기술은 유전적으로 결정되어 있는 것이 아니다. 잠재능력을 완벽하게 발휘하기 위해 필요한 사업 기술이라면, 연습과 반복을 통해 배우면 된다.

낙오자가 빠지는 함정

특정 기술이 취약할 경우 그 영역은 피하고 싶은 것이 당연지사다. 그러다 보면 '학습된 무기력'의 함정에 빠지게 된다. 그래서 "나는 사실 그 영역에 서툴러"라든가 "나는 그 기술에 타고난 재능이나 능력이 없어"라고 말할 것이다.

그러나 이것은 합리화와 정당화에 불과하다. 그 기술이 중요한 것이라면 배울 수 있다. 가장 한심한 일은 다짐과 결의만 있으면 얼마든지 배울 수 있는 간단한 기술이 없어 몇 달 몇 년 동안이나 앞으로 나아가지 못하고 제자리에 묶여 있는 것이다. 이런 일은 피해야 한다.

처음부터 잘할 수는 없다

이런 속담이 있다. "아무리 잘할 수 있는 일이라도 처음에는 서투를 수밖에 없다." 처음부터 잘한다고 능사가 아니다. 초반의 실패가 더 완벽한 성공에 도움이 된다.

무언가 새로운 일을 시작할 때는 당연히 서투르다. 처음에는 어색하고 두렵고 무력감과 열등감이 생길 것이다. 자신이 바보가 된 듯 당황스럽기도 할 것이다. 그러나 이는 자기 분야에서 최고가 되려면 어쩔 수 없이 치러야 할 일이다. 성공에는 언제나 대가가 따르며, 거기에는 자기 분야의 최고가 되는 데 필요한 어려운 기술을 습득하는 고된 노력이 포함된다.

마법의 지팡이를 휘둘러라

마법의 지팡이 기법을 활용하라. 마법의 지팡이가 있어서 어떤 특정한 기술에 최고가 될 수 있다고 상상하라. 그 기술은 무엇일까? 재능이나 기술에 관한 소원을 들어주는 마법의 지팡이가 있다면, 그 소원은 무엇일까?

지금 하고 있는 일에 최대한 능숙해지기 위해 필요한 기술이나 능력과 관련하여 새로운 목표를 설정해야 한다. 앞의 질문들에 대한 대답을 통해 그 새로운 목표를 알 수 있다.

평생에 걸친 '자기 향상(do-it-to-yourself)' 프로젝트를 시작하라. 핵심적인 영역에서 최고가 되기 위해 1년이든 2년이든 3년이든 기꺼이 투자하라. 최대한 능숙하게 일을 수행하는 사람이 되려면 어떤 대가라도 지불하고 어떤 희생이라도 치러야 한다.

3 더하기 1 공식

어떤 기술을 완전히 습득하기 위한 3 더하기 1 공식은 간단하며, 그것은 매번 작동한다. 첫째, 매일 15분에서 30분씩 그 기술 영역에 대한 글을 읽는다. 지식이 축적되고, 더 많이 읽고 배울수록 그 일을 잘해낼 수 있다는 자신감은 더 커진다.

둘째, 차 안에서 그 주제에 관한 오디오 교육 프로그램을 듣는다. 오늘날 차를 가지고 있는 사람들은 차 안에서 평균적으로 매년 500~1,000시간을 소비한다. 운전하는 시간을 공부하는 시간으로 활용한다. 차에서 음악이 아닌 오디오 프로그램을 듣는 것만으로도 자기 분야에 박식해질 수 있다.

셋째, 그 주제에 관한 세미나와 워크숍에 참석한다. 어떤 핵심 주제에 관한 하루나 이틀짜리 세미나에 한 번 참석한 것만으로 삶이 바뀌어버린 사람들이 수없이 많다. 그 후 그들은 그 영역에서 완전히 달라졌다.

그리고 마지막 요소는 가능한 한 빠른 기회에 당신이 배운 바를 실천하는 것이다. 좋은 아이디어를 들을 때마다 그것을 행동으로 옮긴다. 100가지 아이디어를 듣고도 아무것도 행동으로 옮기지 않는 것보다는 한 가지 아이디어를 듣고 그것을 행동으로 옮기는 것이 더 낫다.

행동에 옮겨라

배우고 있는 바를 실천할수록 그 영역에서 더 빨리 유능해지고 능숙해진다. 더 많이 실천할수록 자신감이 생기고 그 기술에서의 무력감을 신속하게 극복하고 그 기술을 더 빨리 습득할 수 있다. 일단 그 기술을 정신의 연장함에 추가하고 나면, 직업 생활이 끝나는 날까지 잃어버리지 않을 것이다.

오늘 당장 자기 분야의 상위 10퍼센트 그룹에 들겠다고 결심하라. 그들이 누구인지, 그들이 얼마를 벌고 있는지, 그들이 당신과는 어떻게 다르게 일을 하는지 확인하라. 그들이 개발한 특별한 지식과 기술을 확인하고, 당신 스스로 그것들을 개발하겠다고 다짐하라. 다른 사람들이 해낸 일이라면 당연히 당신도 해낼 수 있음을 명심하라. 당신보다 더 유능한 사람도 없고, 당신보다 더 똑똑한 사람도 없다. 당신 분야의 선두들도 한때는 평범한 수준에도 미치지 못했다. 그들이 성취한 것이라면 당신도 성취할 수 있다. 다만 그것을 목표로 설정하고 충분히 오랫동안 충분히 열심히 노력해야 한다. 당신을 가로막는 것은 아무것도 없다.

자기 분야에서 최고가 되어라

1. 자기 분야의 상위 10퍼센트 그룹에 들겠다고 지금 당장 결심하라. 최고가 되기 위해 평생 노력하겠다고 다짐하라.

2. 자기 직업의 핵심 성과 영역들, 즉 자기 분야에서 성공하기 위해 '절대적으로, 적극적으로' 잘해야 하는 일들이 무엇인지 확인하라.

3. 가장 취약한 핵심 영역이 무엇인지 확인하고, 그 영역에서 탁월해지기 위해 '자기 향상' 프로젝트를 시작하라.

4. 자기 분야의 최고가 되는 데 더 필요한 지식이 무엇인지 결정하고, 그 지식을 획득하기 위한 계획을 세워라.

5. 평생 동안 헌신적으로 배워라. 책을 읽고, 오디오 프로그램을 듣고, 강좌나 세미나에 참석하고, 배운 바를 가능한 한 신속하게 행동으로 옮겨라.

당신은 자신의 분야에서 상위 10퍼센트 그룹에 들 수 있는 능력이 있다. 이것을 목표로 설정하고, 날마다 그것을 위해 노력하라. 그리고 그 목표에 도달할 때까지 절대로 중단하지 말라.

12 독수리가 되려면 독수리 떼와 함께

독수리 떼와 함께 날고 싶다면,
계속 칠면조 무리 사이에 끼여
바닥을 긁어대고 있어서는 안 된다.
— 지그 지글러

◎ 삶과 사업에서 가장 중요한 것은 인간 관계이다. 무언가를 성취하는 것은 어떤 식으로든 다른 사람들과 밀접하게 관련되어 있다. 삶과 일의 각 단계에서 적절한 사람들과 적절한 관계를 형성하는 능력은 성공과 성취의 핵심적인 결정 요인으로, 성취의 속도에 큰 영향을 미친다.

아는 사람이 많을수록, 그리고 당신을 좋게 생각하는 사람이 많을수록 어떤 일에 성공하기가 더 쉬워진다. 누군가가 아주 적절한 시기에 아주 적절한 장소에서 당신의 삶을 변화시키고 몇 년의 고생을 덜어줄 문을 열어줄 것이다.

GOALS! ● 독수리가 되려면 독수리 떼와 함께

혼자 일하는 사람은 없다

목표 설정 과정의 요점은 목표 성취에 도움이 될 사람, 집단, 조직들을 확인하는 것이다. 어떤 종류의 목표이든 그것을 성취하기 위해서는 많은 사람들의 도움이 필요하다. 그들은 누구인가?

앞으로 몇 년 후에 당신에게 도움과 협력을 제공해줄 사람들을 사업상 관계의 사람들, 가족과 친구들, 사업과 무관한 집단/조직이나 친목단체의 사람들, 이렇게 세 범주로 나눌 수 있다. 각각의 집단을 효과적으로 대하기 위한 전략을 세워야 한다.

누구나 서비스업에 종사한다

사업상의 관계부터 시작해보자. 일과 관련해서 가장 중요한 사람들은 누구인가? 그들과의 관계를 개선하기 위한 계획은 무엇인가? 자기 분야에 안팎으로 관련된 모든 사람들, 상사, 동료, 협력자, 부하 직원, 특히 고객, 공급자, 매주(賣主) 등의 명단을 작성하라. 이들 중에서 사업이나 직업과 관련된 목표를 성취하는 데 큰 도움이 되거나 해가 될 수 있는 사람들은 누구인가?

때때로 나는 청중들에게 고객 서비스업에 종사하고 있는 사람이 있는지 물어본다. 손을 드는 사람들은 얼마 안 된다. 그러면 나는 무슨 일을 하든 고객 서비스업에 종사하고 있는 것이라는 사실을 지적해준다.

모든 사람들이 고객이다

고객은 직업이나 사업에서의 성공과 전진을 위해 당신이 믿고 의지할 수 있는 사람이다. 고객은 또한 당신을 믿고 의지하는 사람일 수도 있다. 이 두 가지 정의에 의하면 주변의 거의 모든 사람들이 고객이 된다.

예를 들어, 상사는 일의 차원에서 당신의 일차적인 고객이다. 상사를 만족시키는 능력은 다른 어떤 기술보다도 당신의 미래, 수입, 직장 생활에 큰 영향을 미칠 것이다. 다른 모든 사람들을 불쾌하게 할지언정 상사 눈에만 잘 들어도 당신의 일자리는 안전하고 확실하게 보장된다. 회사 안팎의 모든 사람들이 아무리 좋게 봐준다 해도 상사의 눈 밖에 나면 당신의 미래는 불확실해진다.

나는 왜 고용되었는가?

최고의 전략 가운데 하나는 자신이 고용된 목적을 하나도 빠짐없이 적어보는 것이다. 나는 왜 고용되었는가? 이 질문에 생각할 수 있는 모든 대답을 적어본다. 그런 다음 그 목록을 상사에게 가져가서 우선 순위를 매겨달라고 부탁한다. 상사에게 가장 중요한 것은 무엇인가? 두 번째로 중요한 것은 무엇인가? 세 번째로 중요한 것은 무엇인가? 이런 식으로 말이다.

그 순간부터 하루 온종일 상사가 내린 최고 과제를 달성하기 위해 노력한다. 상사가 바라보거나 말을 거는 순간에도 당신은 상사가 말해준 최고 과제를 위해 노력하고 있어야 한다. 이것은 그 어떤 것보다도 직업 생활에 큰 도움이 될 것이다.

승진을 위한 두 가지 핵심 자질

몇 년 전 『석세스 매거진』에 실린 한 조사에서 104명의 최고 경영자들은 이상적인 종업원의 자질 20가지를 제시받고 그중에서 가장 중요한 것을 골랐다. 최고 경영자의 85퍼센트가 직업 생활에서의 성공과 승진에 가장 중요한 두 가지 자질을 선택했는데, 첫째는 우선 순위를 설정하는 능력, 즉 적절한 것과 부적절한 것을 구분하는 능력이었고, 둘째는 신속한 업무 수행 능력이었다.

가장 중요한 일을 신속하고 훌륭하게 처리할 줄 안다는 평가보다 경력에 더 큰 도움이 되는 것은 없다.

잘못된 과제에 열심히 매달린다면?

그러나 조심해야 할 함정이 있다. 많은 사람들이 자기 직무에 매달려 열심히 일을 하고는 있지만, 상사가 가장 중요하다고 여기는 일이 아닌 경우가 많다. 자질구레한 일만 잘 처리한다면 직장 생활에 해가 될 수 있으며, 자칫 일자리마저 위협받을 수 있다.

상황이 바뀔 때마다 상사와 의견을 교환할 수 있는 길을 열어놓아야 한다. 당신이 지금 하고 있는 일은 상사의 최우선 사항이어야 한다. 그리고 그 일을 빠르게 수행해야 한다. 상사는 일을 신속하게 처리하는 사람을 거느리고 있을 때 가장 만족한다. 당신은 바로 그런 사람이어야 한다.

베푸는 사람이 되어라

함께 일하는 사람들은 당신이 하는 일에 의지하는 이들이기도 하면서 당신의 고객이기도 하다. 그들에게 도와줄 일이 있는지 물어보라. 그들이 일을 더 잘 처리할 수 있게 당신이 더 많이 또는 더 적게 해야 하는 일이 있는지, 또 새로 시작하거나 그만두어야 하는 일이 있는지 물어보라.

사실 사람들은 하루 종일 자기 자신과 자신의 일에 대해 생각한다. 다른 사람들이 일을 더 잘 더 빠르게 처리할 수 있도록 도와주면 훗날 그들에게 많은 도움을 받을 것이다. 뿌린 대로 거두는 법이다. 이 법칙에는 엄연한 순서가 있다. 먼저 주고 그 다음에 받는다. 먼저 뿌리고 그 다음에 거두어들인다.

일을 해나가는 과정에서 남을 돕고 남을 위해 좋은 일을 할 수 있는 기회를 놓쳐서는 안 된다. 다른 사람들을 도우려는 정직한 노력은 어느 날 기별도 없이 갑작스레 어떤 식으로든 자신에게 되돌아온다. 어느 조직에서나 가장 인기 있는 사람들은 항상 도움의 손길을 건네려고 하는 이들이다.

동료나 상사나 부하 직원들에게 사랑받고 지지받을수록 당신의 수입과 직위가 올라간다. 유능한 사람일 뿐만 아니라 '베푸는 사람'이라는 평가를 듣도록 노력하라.

주변 사람들에게 가치 있는 재원이 되는 방법을 찾아라. 그러면 가장 필요한 시기에 그들에게 도움을 받을 것이다.

팀 플레이어

지금 하고 있는 일에서 장기적인 성공을 이루고 싶다면 무엇보다도 팀 플레이어로서의 자질을 키워야 한다. 스탠포드 대학에서 수년간에 걸쳐 행해진 한 연구에서, 급속하게 승진하는 사람들이 팀의 일원으로서 뛰어난 능력을 발휘한다는 사실이 밝혀졌다.

팀 역할은 참으로 흥미롭다. 첫째, 팀의 구성원들 가운데 20퍼센트가 일의 80퍼센트를 수행한다. 나머지 80퍼센트는 회의에 거의 아무런 기여도 하지 않으며, 손을 들거나 어떤 일에 자원하는 경우도 극히 드물다. 그 상위 20퍼센트에 들어야 한다.

훌륭한 팀 플레이어가 되기 위해 항상 모든 회의에 준비를 철저히 하라. 회의를 주재하는 사람의 정면에 앉아서 그를 똑바로 바라보라. 남보다 먼저 말하고, 적극적으로 질문하라. 이런 저런 임무에 자원하라. 그리고 어떤 일을 제안하려면, 그 일을 책임질 사람이 누구인지 명확하게 드러나도록 신속하고 훌륭하게 하라.

가장 중요한 능력은 믿음을 주는 것이다

일의 수행에 있어서 믿고 의지할 만한 사람이라는 평가를 구축함으로써 주변에 긍정적이고 매력적인 에너지 장을 형성할 수 있다. 그 결과 당신에게 큰 임무들이 많이 주어질 것이며, 권위와 보상도 뒤따라올 것이다.

부하 직원들을 파악할 수 있는 시간을 가져라. 그들에게 말을 걸고 이것저것 물어보라. 가능하면 그들을 돕겠다고 제안하라. 그들에게 특별히 친절하고 정중하게 대하라. 그들을 칭찬하고 공로를 인정하라. 이것이 직장 생활에 미치는 영향은 놀랄 정도로 크다.

인간 관계를 넓혀라

어떤 조직에서든 맨 꼭대기까지 올라간 사람들이 대개 가장 많은 사람들을 알고 있다. 처음에는 인간 관계를 형성하는 데에 너무 많은 시간이 들어가는 것처럼 보일지도 모른다. 그러나 그것은 앞으로 몇 개월 몇 년 동안 계속해서 이득이 될 것이다.

당신은 자기 사업의 울타리를 벗어나 자신이 속한 산업이나 여러 산업 협회들과 관련을 맺어야 한다. 가장 성공한 경영자들과 판매 전문가들은 다른 사업에 종사하는 사람들과 정기적으로 교류한다. 그러면서 계속해서 직업적인 접촉과 친목을 확대해나간다.

지역 사회 내에 있는 사업 조직들을 살펴보라. 얼굴을 익혀두면 도움이 될 만한 사람들이 속해 있는 조직을 한두 개 골라라. 그들의 모임에 참석하고, 그들에게 자신을 소개하라. 도움이 될 것이라 판단되는 조직이 있으면 가입하고 모든 모임에 참석하라.

조직의 활동에 자원하라

교류망 형성에 관한 최고의 전략이 있다. 조직 내에서 중요한 위원회를 고르고 그 위원회에서 활동하겠다고 자원한다. 오래도록 알고 지내고 싶은 사람들이 속해 있는 위원회를 선택한다. 그 조직 안팎의 다른 핵심 인물들과 접촉할 수 있는 기회가 많은 활동을 담당하고 있는 위원회를 선택한다.

위원회에 가입하고 나면 자원해서 임무를 맡는다. 설사 무보수라고 하더라도 그런 활동들은 좋은 기회가 된다. 당신은 언젠가 사무적인 일로 도움을 받을 수 있을 핵심 인물들 앞에서 그리고 그들과 함께 일을 하는 것이다.

미국에서 새로운 일자리의 85퍼센트는 구두 약속과 개인적 인맥을 통해 채워진다. 자기 분야의 사람들을 더 많이 알고 그들과 함께 일을 할수록, 더 많은 기회의 문들이 때맞춰 열릴 것이다.

최고 명사 100인과 교제하는 법

당신의 일을 장기적인 관점에서 바라보라. 지역 신문을 읽을 때마다 그 지역 최고 명사들의 명단을 작성하라. 그 도시에 사는 명사들 100인의 이름과 직함과 직업을 기록하라.

그들의 이름을 모았으면, 그들 각각에게 사업과 무관한 내용의 편지를 써서 보내라. 그들에 관해 읽어본 바로 판단하건대 그들이 흥미를 느낄 만한 읽을거리들, 이를테면 작은 책이나 시 한 편이나 오려둔 신문 기사 같은 것들을 복사해서 보내라.

그 사람에게 연락할 이유가 생길 때마다 편지를 보내라. 가끔은 기업 신문에 실릴 만큼 주목할 만한 일을 해낸 경영자에게 전화를 하거나 편지를 써라. 직접 만나지 못하는 경우도 종종 있을 것이다. 그러나 계속해서 씨앗을 뿌리다 보면, 조만간 "뿌린 대로 거둘 수 있다." 결국에는 사교적으로나 사업상으로나 중요한 인물들을 만나게 될 것이며, 그들은 일주일 전이나 한 달 전, 심지어는 1년 전에 당신에게서 받은 편지를 기억해낼 것이다.

이후에 나의 가장 중요한 고객이 된 사람을 한 사업 모임에서 처음 만났을 때의 일이다. 그때 그 사람은 3년 전쯤 내가 자기에게 편지를 썼다는 사실을 기억하고 있었다. 그는 "당신은 내게 이러저러한 내용의 편지를 쓴 바로 그분이 아닌가요?"라고 말했다. 그것은 대화, 만남, 그의 조직과의 여러 해에 걸친 공동 작업으로 이어졌다.

보상은 기대하지 않은 곳에서 돌아온다

한 가지 법칙이 있다. "보상에 대한 아무런 기대 없이 더 많은 것을 베풀수록 전혀 기대하지 못한 곳에서 더 많은 보상이 돌아올 것이다."

인맥을 넓히기 위해 쏟는 노력은 절대 헛되지 않다. 마치 씨앗과도 같이 다양한 인맥은 서로 다른 시기에 싹을 틔운다. 어떤 것은 몇 달 심지어는 몇 년이 지나도록 아무런 결과도 낳지 않을 것이다. 기꺼이 참고 기다려라.

하버드 대학의 데이비드 매클릴랜드(David McClelland)는 우리 사회에서 높은 성취를 이룬 사람들의 자질과 특성들을 연구했다. 그가 발견한 사실은 늘 교류하는 사람들, 즉 '준거 집단'의 선택이 성공이나 실패를 결정하는 가장 중요한 요인이라는 것이었다. 지그 지글러가 말하듯이, "독수리떼와 함께 날고 싶다면, 계속 칠면조 무리 사이에 끼여 바닥을 긁어대고 있어서는 안 된다."

닮고 싶은 사람들의 주위를 맴돌아라

당신이 좋아하고 존경하는 사람들, 그리고 장차 그런 사람이 되었으면 하는 사람들과 교제하라. 친구와 동료들에게 자랑스럽게 소개해줄 수 있는 사람들과 교제하라. 긍정적이고 목표 지향적인 준거 집단을 선택하고 나면, 당신의 일은 활력을 띠기 시작한다.

독수리떼와 함께 날아라

평범한 직장에서 평범한 성과를 올리고 평범한 보수를 받고 있던 사람이 급성장하는 회사로 옮겨 일을 하는 경우가 수없이 많다. 몇 주도 안 되어 그 사람의 태도는 완전히 바뀌어버린다. 이전에 평범한 수준에 머물렀던 그 사람은 낙관적이고 성과 지향적이고 앞서 나가는 사람들과 지속적으로 교제함으로써 엄청난 수준의 성과를 거두기 시작한다. 이처럼 삶에서 일어나는 거의 모든 주된 변화는 함께 살거나 함께 일하는 사람들의 변화와 밀접한 관련이 있다.

존경할 만한 사람들을 사귀어라

삶의 전환점에는 거기서 기다리고 있다가 당신을 이쪽이나 저쪽으로 안내해주는 사람, 당신을 위해 문을 열어주거나 닫아주는 식으로 도와주는 사람이 있다. 바롱 드 로트쉴드(Baron de Rothschild)는 "쓸모없는 교제를 하지 말라"라고 했다. 최고 실력자가 되어 자기 분야의 최고로 올라서기를 진정으로 원한다면 아무리 좋은 사람이라 하더라도 삶의 지향점이 없는 사람에게는 시간을 허비하지 말라. 자신이나 미래의 야망에 대해서는 이기적인 사람이 되어라. 친구나 동료들에 관해 높은 기준을 세우고 이를 포기하지 말라.

많은 사람들은 직업 생활 초기에 안 좋은 인간 관계에 엮여 쓸모없는 친구들을 사귄다. 이는 정상적이고 자연스러운 일이다. 실수는 누구나 할 수 있으며, 젊고 경험이 없다면 특히 그렇다. 그러나 잠재능력을 완전히 발휘하지 못하는 상황에 계속 그대로 머물러 있다면, 그것은 용서받지 못할 일이다. 어떤 사람들과 교제하는가가 당신이 어떤 사람이 되는가에 가장 큰 영향을 미친다.

가장 중요한 인간 관계

당신에게 도움과 협력을 베풀어주는 세 번째 부류의 사람들은 가족과 친구들이다. 영국의 정치가 벤저민 디즈레일리(Benjamin Disraeli)가 말했듯이, "밖에서 아무리 성공한다 한들 그것이 가정 생활의 실패를 보상해주지는 못한다."

질 높은 가정 생활을 꾸리고 유지하는 데 필요한 모든 시간과 감정을 아낌없이 쏟아 부어야 한다. 따스한 애정으로 가득 찬 탄탄하고 안정적인 가정 생활을 누릴 때, 바깥 세계에서도 모든 일들을 더 잘할 수 있을 것이다.

그러나 무관심이나 부주의로 말미암아 가정 생활이 틀어지고 있다면, 일에서의 성과도 곧 부정적인 영향을 받게 된다. 가정 문제에 신경을 쓰느라 에너지가 고갈되어 심지어는 일을 그만두게 될 수도 있다.

가족을 배려하는 일벌레가 되어라

자기 분야에 뛰어들어 일에만 매달려야 하는 경우에는 마땅히 가족들과 상의하고 그들에게 명확히 설명해주어야 한다. 일을 하다 보면 어떤 기회를 이용하기 위해서 또는 어떤 과제를 마무리하기 위해서 휴식이나 휴가도 없이 여러 시간, 종종 여러 날 동안 계속해서 일을 해야 할 때가 있다.

당연히 당신은 무슨 일이 진행되고 있고 왜 그 일을 하고 있는지 가족이 이해할 수 있도록 미리 얘기해야 한다. 그런 다음에 가족을 위한 시간을 따로 마련하거나 가족과 함께 휴가를 떠나는 식으로 그들의 마음을 어루만져주어야 한다.

모든 사람을 백만장자로 모셔라

목표를 성취하는 데 도움이 될 만한 사람들, 집단들, 조직들을 결정하고 나면, 인간 관계의 전문가가 되겠다고 결심하라. 항상 사람들에게 친절하고 정중하고 정답게 대하라. "남들이 나에게 해주었으면 하고 바라는 대로 남들에게 해준다"라는 황금 법칙을 실천하라.

가장 간단한 전략 하나는 가정이나 직장에서 만나는 모든 사람들을 '백만장자 고객'처럼 대하는 것이다. 다른 사람들을 대할 때, 그들이 세상에서 가장 중요한 사람인 것처럼 대하라. 그들이 백만 달러어치 제품이나 서비스를 구입할 능력이 있는 사람들인 것처럼 대하라.

언제나 어떤 방식으로든, 다른 사람들이 일을 더 잘하고 삶을 더 편안하게 살아갈 수 있도록 짐을 덜어주고 도와줄 수 있는 방법들을 모색하라. 이렇게 하면 당신에 대한 긍정적인 감정들로 가득 찬 거대한 저수지가 만들어질 것이고, 시간이 지나면 그것은 다시 당신에게로 흘러들어 많은 이익을 되돌려줄 것이다.

원만한 인간관계는 성공뿐만 아니라 행복의 필수 요건이다. 자신에게 우호적인 사람들과의 따뜻한 관계만큼 커다란 정서적 만족감을 주는 것은 없다.

GOALS! ● 독수리가 되려면 독수리 떼와 함께

독수리가 되려면 독수리 떼와 함께

1 직장 생활과 사업상 가장 중요한 사람들의 명단을 작성하라. 각각의 사람들을 도울 계획을 세워라.

2 개인적인 삶에서 가장 중요한 사람들의 명단을 작성하라. 그들과 어떤 관계를 맺고 싶은지 그리고 그것을 성취하기 위해 무엇을 해야 할지 결정하라.

3 가입하면 도움이 될 만한 지역 사회와 자기 분야의 단체와 조직들을 확인하라. 지금 당장 전화해서 다음 모임에 참석하겠다고 약속하라.

4 사회적, 사업적 테두리를 넓혀나갈 수 있는 기회를 절대 놓치지 말라. 사람들에게 편지, 카드, 팩스, 전자 우편을 보내라.

함께 살고 일하고 교제할 사람들을 선택하는 것만큼 성공에 큰 영향을 미치는 요인은 없다. 자신이 좋아하고 존경하고 숭배하는 사람들하고만 교제하라. 독수리가 되고 싶다면, 독수리떼와 함께 날아라.

13 종이 위에서 생각하라

철저함은 모든 성공한 사람들의 특성이다.
천재성은 무한한 노력을 통해 얻어지는 인위적인 산물이다.
모든 위대한 성취 뒤에는 세세한 것들에까지 이르는
극도의 세심함과 무한한 노력이 있다.
— 엘버트 허바드

◎ 목표를 설정하고 그것을 성취하기 위한 계획을 세우는 능력은 성공의 '최고 기술(master skill)'이다. 이 기술이야말로 당신의 잠재능력을 발휘하게 만들어 성취 가능한 모든 것을 성취하는 데 큰 도움이 될 것이다.

오늘날의 큰 업적들은 모두 '다중 과제 직무들'이다. 그것은 어떤 의미 있는 성과를 이루기 위해 특정한 방식으로 밟아야 할 일련의 단계들로 이루어져 있다. 심지어는 주방에서 어떤 요리법에 따라 음식을 준비하는 것과 같은 간단한 일조차도 다중 과제 직무이다. 다중 과제 직무들을 계획하고 완수하는 기술을 습득할 수만 있다면 대다수 사람들보다 훨씬 많은 것을 성취할 수 있다. 그래서 그러한 능력은 당신의 성공에 대단히 중요하다.

계획을 세우는 목적은 명확한 주목적을, 구체적인 단계들(시작, 중간, 마무리)과 명확한 최종 기한 및 분기별 기한들로 이루어진 다중 과제 프로젝트로 바꾸는 것이다. 다행히도 그것은 연습을 통해 배우고 습득할 수 있는 기술이다. 그 기술을 통해 자기 사업이나 조직에서 가장 유능하고 영향력 있는 사람이 될 수 있고, 실천하면 할수록 그 기술에 더욱 능숙해질 것이다.

당신의 계획을 종합하는 법

우리는 앞의 장들에서 하나 이상의 목표를 성취하기 위한 계획을 세우는 데 필요한 모든 요소들을 확인하고 모아놓았다.

- 이제 자신의 가치관에 기반한 이상적인 최종 성과나 목표를 명확하게 파악하고 있다. 자신이 원하는 것과 그것을 원하는 이유를 알고 있다.
- 목표들을 적고, 우선 순위에 따라 배열하고, 명확한 주목적을 선정했다.
- 진행 상황을 점검할 평가 기준을 만들었다. 겨누어야 할 표적으로서 최종 기한과 분기별 기한을 설정했다.
- 목표 앞에 놓여 있는 주요 장애물, 난관, 제약 조건을 확인하고 그것들의 우선 순위를 매겼다.
- 목표를 성취하는 데 필요한 지식과 기술을 파악했다.
- 그러한 능력들을 우선 순위에 따라 배열하고, 목표한 바를 성취하는 데 필요한 모든 것을 배우기 위한 계획을 세웠다.

- 자기 분야 안팎에서 도움이 될 만한 사람들, 집단들, 조직들을 확인했다. 목표를 성취하는 과정에서 그들의 지원과 협조를 끌어들이기 위한 구체적인 조치들을 결정했다.

이런 과정을 거치면서 필요한 사항들을 글로 적었고, 그래서 이제 목표 성취 계획을 세우기 위한 재료와 도구들을 갖추게 되었다.
이제 이 모두를 종합하여 하나의 행동 계획으로 만들면 된다.

신생 회사가 살아남는 법

얼마 전에 『Inc.』지가 50개의 신생 회사들에 관한 연구를 시행했다. 이들 중 절반은 사전에 몇 개월 이상의 시간을 들여 완전한 사업 계획을 세운 다음 조업을 개시했다. 나머지 절반은 세부적인 계획 없이 조업을 개시했으며, 일이 생길 때마다 그때그때 대응하고 있었다.
2, 3년이 지난 후 연구자들은 이들 회사가 거둔 성공과 수익률의 수준을 확인하고는 아주 흥미로운 사실을 발견했다. 세세한 것까지 철저하게 검토하여, 사업 계획을 명확한 문서로 작성한 다음 조업을 개시한 회사들은 즉흥적으로 사업을 시작해 문제가 발생할 때마다 그때그때 해결했던 회사들에 비해 훨씬 더 성공적이고 수익률도 높았다.
'봉투 뒷면에 끄적거린 계획'으로 시작한 회사들은 여지없이 갈팡질팡하고 있었다. 회사 창립자들이 '너무 바쁜' 나머지 자리에 앉아 세세한 전략적 계획까지 짤 시간이 없었던 것이다. 그중 많은 회사들이 이미 파산하고 폐업했다.

열쇠는 과정에 있다

정말 흥미로운 사실이 하나 발견되었다. 연구자들은 기업 창립자들을 면담하면서 이런 질문을 던졌다. "일상적으로 기업을 운영할 때 전략적 계획을 얼마나 자주 참조하는가?"

거의 대부분의 기업가들과 경영인들은 몇 달 전 완성한 전략적 계획을 한 번도 꺼내보지 않았다. 일단 전략적 계획을 세우고 나면, 그것을 서랍 속에 넣어두고 그 이듬해에 다시 계획을 짜기 전까지는 거의 다시 꺼내보지 않았다. 가장 중요한 발견은 바로 이것이다. 계획 자체는 거의 참조되지 않았지만, 사업의 핵심 요소들을 철저하게 검토하는 과정은 성공에 결정적인 역할을 했다.

실패를 계획하지 말라

드와이트 D. 아이젠하워 장군은 제2차 세계대전에서 노르망디 공격의 성공 후에 세부적인 공격 계획 수립 과정에 관한 질문을 받고 "계획은 쓸모없었지만, 계획을 짜는 과정은 꼭 필요했다"라고 대답했다.

시작 단계에서 가장 중요한 것은 사업 계획의 모든 핵심적인 요소들을 철저히 검토하고 논의하는 작업이다. 시간 관리 전문가인 앨릭 매켄지가 "계획 없는 행동이 모든 실패의 원인이다"라고 말한 것도 바로 그 때문이다. 오래된 군대 격언에 따르면, "적과 처음 마주치는 순간 어떤 계획도 끝까지 살아남지 못한다." 실제 기업 경영을 시작하면 첫날부터 상황은 급속히 변화하고, 결국 계획은 며칠, 심지어는 몇 시간 만에 무용지물이 되고 만다. 그러나 가장 중요한 것은 계획을 세우는 과정이다. 선마이크로시스템스 사의 스콧 맥닐리는 "이제 막 시작한 기업은 3주마다 온갖 상황들을 가정해보아야 한다"라고 말한다.

성공한 사람들은 계획을 직접 적는 것으로 모든 일을 시작한다. 피라미드의 건설에서 근대의 거대한 산업 경영에 이르기까지 인류의 모든 위대한 성취들은 사전에 처음부터 끝까지 신중하게 구상되고 철저히 검토된 세부적인 계획들에 의해 착수되고 수행되었다.

사실 계획을 세우는 과정에 들인 1분이 계획 수행 과정에서 10분을 절약해준다. 일을 시작하기 전에 계획하고 구상하는 데 들인 시간은 계획을 실행하는 과정에서 많은 시간과 돈과 에너지를 절감시켜준다. 그래서 "계획 세우는 것을 실패하는 것은 실패를 계획하는 것이다."

바쁠수록 계획이 필요하다

실패의 가장 큰 원인은 계획 없는 행동이다. 너무 바빠서 미리 계획을 세울 수 없다고 말하는 사람은 불필요한 실수라든가 시간, 돈, 에너지의 막대한 손실을 각오하고 있어야 한다.

모든 새로운 사업의 개시는 '시간과의 경쟁'이라고들 한다. 첫날부터 회사 창립자들은 기업 유지비보다 더 많은 돈을 벌 방법을 찾느라 부산하다. '수익 모델'을 찾아내서 비용을 초과하는 수익을 낳기 시작하면, 그 기업은 고비를 넘고 성공할 수 있다. 그러나 손실을 초과하는 수익을 올리는 방법을 찾아내기도 전에 돈이 흘러나가면, 추락하는 비행기가 땅에 처박혀서 불타버리듯이 그 회사는 무너지고 만다.

6P 공식

개인과 일의 성공을 위한 6P 공식이 있다. "적절한 사전 계획을 수립하면 서투른 수행을 방지할 수 있다(Proper Prior Planning Prevents Poor Performance)." '적절한 사전 계획 수립'에는 일곱 가지 이점이 있다.

첫째, 계획 수립 과정을 통해서 사고를 체계화하고, 궁극적으로 성공하기 위해서 반드시 처리해야 할 모든 핵심 쟁점들을 확인할 수 있다.

둘째, 목표 성취를 위해 반드시 해야 할 일들을 철저히 검토함으로써 사전에 주의 깊게 행동들을 계획할 수 있으며, 이를 통해 시간, 사람, 돈의 엄청난 손실을 줄일 수 있다.

셋째, 철저한 논의와 평가를 거친 훌륭한 계획을 통해서, 이후 사업에 치명적일 수 있는 결점과 잘못을 확인할 수 있다. "만약 이러이러하다면 어떻게 될까?"라는 질문을 던져본다. 예를 들면, 이런 식이다. "내가 특정한 행동 노선을 취할 경우 일어날 수 있는 최악의 상황은 무엇인가?"

적절한 사전 계획 수립의 네 번째 이점은, 계획의 취약점을 확인하고 그것을 보충할 대비책을 마련할 수 있다는 것이다. 사업의 실패를 초래할 '치명적인 결점'을 찾아낼 수도 있다. 이는 계획 수립 과정을 통해서만 가능한 일이다.

다섯째, 성공 가능성을 증대시켜줄 장점과 잠재적 기회를 확인할 수 있다. 계획을 짜기 전에는 자신의 특별한 장점이나 상황 속의 기회들을 깨닫지 못하는 경우가 많다.

계획 수립의 여섯 번째 이점은, 사업 성공을 위해 반드시 성취해야 할 한두 가지 목적들에 시간과 돈과 모든 재원을 집중시킬 수 있다는 것이다. 분명한 초점이 없으면, 에너지가 넓은 영역으로 분산되고, 그래서 거의 아무것도 성취하지 못하고 만다.

적절한 계획 수립의 일곱 번째 이점은 혼란, 실수, 돈과 에너지의 손실을 줄일 수 있다는 것이다.

무턱대고 덤비지 말라

신중한 계획 수립과 분석 과정에서 의사 결정자들은 시간상으로나 이용 가능한 재원으로는 또는 기존의 상황에서는 특정한 목표를 성취하는 것이 불가능하다는 사실을 깨닫게 된다. 무턱대고 뛰어든 거래에서는 낭패를 보기 십상이다.

나는 몇 년 전 어떤 부자를 위해 일한 적이 있는데, 그는 결코 잊을 수 없는 충고를 하나 해주었다. "어떤 일에 뛰어드는 것보다 그 일에서 빠져나오는 것이 더 어렵다." 신중하게 생각해야 할 시점은 재원과 인력을 쏟아 붓기 전이지 그 후가 아니다.

모든 과제와 활동을 목록으로 작성하라

계획 수립은 훈련이자 기술이다. 그것은 습관이자 능력이다. 즉, 계획 수립이란 반복과 실천을 통하여 습득할 수 있는 기술이라는 의미이다. 그리고 그것은 생각보다 훨씬 쉽다.

가장 단순한 형태의 계획은 구체적인 목표나 목적을 성취하기 위해 처음부터 끝까지 하지 않으면 안 될 모든 활동을 기록한 목록이다. 계획을 세우는 과정을 시작하기 전에 우선 종이 한 장을 준비하라. 그런 다음 목표를 성취하기 위해 반드시 해야 하는 일들을 떠오르는 대로 쭈욱 적어보라.

새로운 항목들이 생각나면 목록에 그것들을 추가하라. 끊임없이 목록을 다시 들춰보고 새로운 정보가 생길 때마다 항목과 그에 따른 조치를 수정하라. 이 목록이 바로 당신의 이상적인 목표를 달성하기 위한 청사진, '꿈 같은 집'을 짓기 위한 설계도이다.

우선 순위와 순서를 결정하라

이제 어떤 과제나 활동이 더 중요한지 결정해서 우선 순위에 따라 배열하라. 순서대로 배열하면서 어떤 활동을 다른 활동들보다 먼저 또는 나중에 해야 하는지 결정하라. 한 과제를 완수해야 다른 과제를 달성할 수 있는 경우도 종종 있다. 때로는 어떤 한 과제를 성취하느냐 못 하느냐가 전 과정의 흐름을 결정하는 폐색 지점이 되기도 한다.

어떤 계획의 성공 여부는 그 계획에 포함되는 어떤 특정한 목표나 목적을 성취하느냐의 여부에 따라 결정되는 경우가 아주 많다. 그것은 새로운 사무실이나 매장이나 공장의 완공일 수도 있다. 첫 번째 완제품이나 서비스의 배송 일자일 수도 있고, 판매 성과를 특정 수준으로 올리는 것일 수도 있다. 어떤 필수적인 직무를 위해 중요한 인물을 고용하는 것일 수도 있다.

계획을 수립하는 과정에서 계획의 핵심적인 요소들을 확인할 수 있으며, 또한 성공하기 위해 반드시 미리 성취해야 할 가장 중요한 과제와 활동에 더 많은 시간과 관심을 집중할 수 있다.

처음에는 실패를 각오하라

어떤 계획도 처음 만들어졌을 때에는 완벽하지 않은 법이다. 뭔가 새로운 것을 성취하려는 계획은 대부분 처음에는 실패한다. 이는 얼마든지 추측 가능한 일이다. 피드백을 받아들여서 활동 계획을 바로잡는 능력이 성공 여부를 결정하는 핵심적인 요소이다.

"무엇이 제대로 진행되고 있는가?", "무슨 일이 제대로 진행되지 않고 있는가?"를 끊임없이 자문하라. 누가 옳은가보다는 무엇이 옳은가에 더 관심을 기울여라.

"계획으로 되돌아가라!"라는 속담을 잊지 말라. 일이 계획대로 진행되지 않을 때면, 잠시 쉬면서 숨을 고르고 다시 검토하라.

해결책에 집중하라

어떤 문제가 생기면 해결 지향적인 태도를 고수하라. 난관을 불가피한 과정으로 여기고, 그에 효과적으로 대응하라. 목표를 일정대로 성취하지 못하고 있다면, "문제가 무엇인가?"라고 물어보라. 또 다른 문제가 있는가? 해결책은 무엇인가? 또 다른 해결책이 있는가? 지금 무엇을 할 수 있는가? 그 다음에는 어떤 조치를 취해야 하는가?

새로운 목표를 성취하기 위해 일을 시작하자마자 좌절, 장애, 일시적 실패를 겪게 된다. 이는 얼마든지 예상 가능한 정상적이고 자연스러운 일이다. 새로운 일을 시작하고 그것을 성사시키려면 엄청난 노력이 필요하다. 그것은 목표를 성취하기 위해서 반드시 치러야 할 대가이다.

종이 위에서 생각하라

항상 종이 위에서 생각하라. 모든 과정의 모든 단계들을 끊임없이 목록으로 만들어라. 계속해서 계획을 수정하라. 완벽해질 때까지 고치고 또 고쳐라.

'종이 위에서' 생각하는 한 가지 방법은 다중 과제 목표를 성취하기 위한 프로젝트 계획 일람표를 만드는 것이다. 이렇게 목표와 그것을 성취하기 위한 조치들을 시각적인 이미지로 형상화해야 한다. 이는 계획 수립 과정의 강점과 약점들을 검토하는 데 큰 도움이 된다.

프로젝트를 계획할 때에는 페이지 맨 꼭대기에 그 프로젝트를 완수할 때까지 걸릴 것으로 예상되는 시간 일정을 며칠이든, 몇 주든, 몇 개월이든 적어라. 12개월짜리 프로젝트나 목표라면, 이번 달부터 차례로 열두 달의 이름을 적어라. 이것이 그 프로젝트의 시간표가 된다.

왼쪽 세로 열에는 궁극적인 목표를 성취하기 위해 반드시 달성해야 할 모든 과제들을 적절한 순서로 배열하라. 첫 번째로 해야 할 일은 무엇인가? 두 번째는? 오른쪽 하단에는 최종적인 성과를 이룬 이상적인 모습이 어떨지 명확하게 적어라. 바라는 목표가 명료할수록 그것을 성취하기는 더욱 쉬워진다.

가로 줄에는 특정한 과제를 완수하는 데 필요한 시간의 양을 시작부터 끝까지 표시한다. 이들 과제 중에는 동시에 수행할 수 있는 것들도 있고, 다른 어떤 과제를 마무리한 후에 수행해야 할 것들도 있다. 이들 과제 중에는 더 중요한 것도 있고 덜 중요한 것들도 있다. 그러나 프로젝트 계획 일람표는 이 모든 목표를 일목요연하게 제시해준다.

계획을 세울 때 사람들을 고려하라

계획의 일부를 수행해야 하는 책임자들은 계획 수립 과정에 참여해야 한다. 자칫 어떤 특정 과제를 신속하고 쉽게 완수할 수 있으리라고 가정하는 실수를 범할 가능성이 아주 크다. 간단하고 쉬워 보이는 일도 실제로는 시작해서 마무리하기까지 여러 달이 걸릴 수 있다. 계획의 핵심적인 부분에 시간상의 제약이 있어 어쩔 수 없이 계획을 전면 수정해야 하는 경우도 있다.

어떤 경영자는 새로 개발한 상품에 관한 팸플릿을 모든 고객에게 발송하기로 결정했다. 그는 광고 디자이너에게 전화해서 주말까지 그것이 필요하다고 말했다. 그는 전문적으로 원고를 작성하고 디자인하고 팸플릿을 제작하고 이를 인쇄해서 발송하기까지 6주 내지 8주가 소요되고 비용도 2,000달러 이상이 들어간다는 사실을 발견하고 깜짝 놀랐다. 그 프로젝트는 곧바로 폐기되었다.

계획을 세우기 시작하면서 가장 신경을 써야 할 부분은 필요한 모든 조치들을 확인하고 그 계획에 포함된 모든 조치를 수행하는 데 걸릴 시간을 정확하게 파악하는 것이다.

계획을 세우고 목표를 성취하는 과정에서는 낙관주의를 적용해야 할 시점이 있고 현실주의를 적용해야 할 시점이 있다. 계획을 세우는 과정에서는 각 단계마다 스스로에게 절대적으로 정직해야 한다. 그리고 운을 믿거나 자연 법칙들이 자신에게 유리하게 작용할 것이라는 희망을 품어서는 절대로 안 된다.

닷컴 기업들의 붕괴

일반적으로 다른 문제들을 해결하려면 그 전에 한 가지 주요 문제를 해결해야만 한다. 다른 목표들을 성취하려면 그 전에 한 가지 주요 목표를 성취해야 한다.

예를 들어, 다른 조건들은 다 갖추었는데 수익을 올려주는 판매 과정을 미처 준비하지 못한 회사가 사업을 시작한다고 가정해보자. 그 회사는 전략적 계획을 세우고, 사무실을 빌리고, 집기를 사들이고, 제품이나 서비스를 생산하는 데 필요한 컴퓨터와 장비를 설치하고, 직원을 채용하고, 회계 장부를 작성하고, 광고를 시작한다. 그러나 판매는 시작되지 않고 수익이 발생하지 않아 앞으로 몇 달이나 심지어는 몇 주 안에 회사는 삐걱거리다가 결국 문을 닫고 만다. 닷컴 열풍이 '대대적인 실패(dot-bomb)'로 귀결된 것도 바로 이런 현상이다.

위대한 삶은 단 하나의 밧줄로는 지탱할 수 없다

　최종 목표를 성취하기 위해 단계마다 반드시 달성해야 하는 핵심적인 성과들은 무엇인가? 당신은 어떻게 그것들을 계획하고, 우선 순위를 매기고, 그것들이 일정대로 완수되리라 보장할 수 있는가? 일이 잘못될 경우, 그 대책은 무엇인가? 목표를 향해 가는 도중 핵심적인 성과들을 달성하는 데에 훨씬 더 많은 시간과 비용이 든다면, 어떻게 할 것인가? 만일에 대비한 계획은 무엇인가? "위대한 삶은 마치 커다란 배와도 같아서 단 하나의 희망이나 밧줄로는 지탱할 수 없다."

계획 수립에 능숙해질수록 성공은 가까워진다

　계획을 세우는 그 자체만으로도 목표 성취의 전 과정을 향상시키고 능률을 올릴 수 있다. 일을 시작하기 전에 더 자주 더 주의 깊게 계획을 세울수록, 계획 수립 과정 전반에 더욱 능숙해진다. 계획 수립에 능숙해질수록, 훨씬 크고 훌륭한 일들을 계획하고 성취할 수 있는 더 많은 아이디어와 기회들이 생길 것이다.
　원하는 바를 정확히 결정하고 그것을 종이에 적고 계획을 세우고 그 계획을 수행하는 능력이 개인의 유능함과 높은 성취를 결정하는 열쇠이다. 이것들은 배우면 익힐 수 있는 기술들이다. 그 기술들을 익히고 나면 곧 삶과 사업을 변화시키고, 판매나 수익률을 두 배로 늘리고, 목표를 성취하고, 진정한 잠재능력을 발휘할 수 있게 된다.

GOALS! ● 종이 위에서 생각하라

1 목표를 성취하기 위해 반드시 해야 할 모든 것들을 떠오르는 대로 목록으로 작성하라. 단 하나도 빼놓지 말라.

2 목록을 우선 순위에 따라 배열하라. 가장 중요한 과제나 활동은 무엇인가? 두 번째로 중요한 것은?

3 목록을 순서대로 배열하라. 어떤 일을 할 수 있으려면 그 전에 어떤 일을 먼저 해야 하는가?

4 목표를 성취하고 과제를 완수하는 데 들일 시간과 돈을 결정하라. 당신은 성공에 필요한 시간과 재원을 갖고 있는가?

5 정기적으로 계획을 들춰보고 수정하라. 새로운 정보가 생기거나 예상대로 일이 진행되지 않을 때에 특히 그렇게 하라. 계획을 바꿀 필요가 있으면, 기꺼이 바꾸라.

튼튼한 계획을 세워둔 평범한 사람이 아무런 계획도 없는 천재보다 낫다. 미리 계획하고 조직하는 능력만 있으면 아무리 크고 복잡한 목표라도 능히 성취할 수 있다.

14 중요한 목표부터 하나씩

가장 중요한 일이 사소한 일들에 휘둘리도록
내버려두어서는 절대 안 된다.
― 괴테

모든 목표를 성취하고 되고 싶은 사람이 되려면 시간을 통제할 줄 알아야 한다. 심리학자들은 '통제 감각'이 행복, 확신, 개인적 안녕과 같은 감정들을 얻는 비결이라고 말한다. 통제 감각은 탁월한 시간 관리 기술을 실천할 때에만 비로소 가능해진다. 다행스럽게도 시간 관리 역시 기술인지라, 습득할 수 있다. 과거에 아무리 헤맸더라도, 아무리 늑장부렸더라도, 아무리 가치 없는 일들에 매달렸더라도 당신은 바뀔 수 있다. 다른 사람들이 어떻게 혼란에서 명료함으로, 좌절에서 삶의 중심으로 나아갔는지 배워나가면서 자기 분야에서 가장 유능하고 생산적인 사람이 될 수 있다.

방아쇠를 당기는 저격병처럼

성공이라는 동전의 앞면이 명확한 목표를 설정하는 능력이라면, 동전의 뒷면은 자기 자신을 정비하고 매일 매시간 가장 가치 있는 과제들을 위해 노력하는 능력이다. 당신의 선택과 결정이 이제까지의 삶을 만들어왔다. 삶을 변화시키고 향상시키기 위해서는 자신의 진정한 모습과 자신이 진정으로 원하는 바에 더 일치하는 새로운 선택과 새로운 결정을 내려야 한다.

시간 관리의 출발점은 목표들을 결정한 다음 그것들의 우선 순위와 가치를 매기는 것이다. 자기 자신에게 가장 중요한 것이 무엇인지 명확하게 알고 있어야 한다.

어떤 순간에는 그것이 사업이나 돈이나 직업에 관한 목표일 수 있다. 또 다른 순간에는 가족이나 인간 관계에 관한 목표일 수 있다. 또 어떤 순간에는 건강에 관한 목표일 수 있다. 각각의 경우마다 그 순간만큼은 가장 중요한 목표물을 겨냥하여 방아쇠를 당기는 저격병 같은 사람이 되어야 한다. 마구잡이로 쏘아대는 기관총 사수처럼 동시에 너무 많은 일들을 하려고 덤벼서는 안 된다.

A급 활동

형이상학자이자 철학자인 표트르 우스펜스키(Peter Ouspensky)가 한 번은 한 학생에게 이런 질문을 받았다. "내가 마땅히 해야 할 바가 무엇인지 어떻게 알 수 있습니까?"

우스펜스키는 이렇게 대답했다. "자네의 목표를 말해주면, 자네가 마땅히 해야 할 바가 무엇인지 말해주겠네."

곱씹을 만한 일화이다. 무엇이 옳고 그른지, 무엇이 더 중요하고 덜 중요한지 결정할 수 있는 유일한 길은 먼저 그 특정한 순간에 자신의 목적이나 목표를 결정하는 것이다. 그 순간부터 모든 활동을 'A급' 활동이나 'B급' 활동으로 나눌 수 있다.

'A급' 활동이란 더 빠르고 더 훌륭하게 목표로 이끌어주는 활동이다. 'B급' 활동이란 중요한 목표로 이끌어주지 못하는 활동이다.

먼저 목록을 작성하라

시간 관리의 기본 도구는 우선 순위에 따라 배열된 목록이며, 이것은 자기 관리를 위한 영구적인 도구로 활용된다. 사실 시간은 관리할 수 있는 것이 아니다. 자기 자신을 관리할 수 있을 뿐이다. 그렇기 때문에 시간 관리에는 자기 규율, 자기 억제, 극기가 필요하다. 시간을 관리하기 위해서는 삶과 일의 질을 끌어올릴 수 있는 최고의 선택과 결정을 내려야 한다. 그리고 그 결정들을 따라야 한다.

당신은 장기적, 중기적, 단기적 목표와 프로젝트로 구성된 목록으로 삶을 계획해야 한다. 그 달에 성취하고자 하는 일들을 목록으로 작성해 미리 그 달을 계획해야 한다. 완수하고자 하는 다중 과제 직무들의 각 단계들을 목록으로 작성하고, 우선 순위와 순서를 매겨야 한다.

매일밤 계획을 세워라

일주일의 노동이 시작되기 전인 일요일에 미리 매주의 계획을 세워 두어야 한다. 그리고 가능하면 매일 밤 다음날을 계획하라.

그 다음날 해야 할 일들을 모두 목록으로 작성하고 나면, 잠재 의식이 밤새도록 그 목록을 연구한다. 그래서 아침에 일어나면 목록에 있는 항목들을 성취하는 데 도움이 될 아이디어나 통찰들을 얻기도 한다. 계획들을 적어두면, 인력의 법칙이 작용하기 시작한다. 가능한 최선의 방식으로 목표를 성취하고 과제를 완수하는 데 필요한 사람, 기회, 재원들이 삶 속으로 끌려들어오기 시작한다.

긴급한 일과 중요한 일을 구분하라

시간을 관리하는 과정에서 긴급한 과제들과 중요한 과제들을 구분해야 한다. 긴급한 과제는 외적인 압력과 요구에 의해 결정되며, 즉시 해결해야 한다. 대다수 사람들은 전화 통화, 돌발 사태, 긴급 사태, 상사나 고객의 요구 같은 급박한 문제들을 처리하느라 대부분의 시간을 보낸다.

반면, 중요한 과제들은 먼 미래에 큰 도움이 될 수 있는 것들이다. 일을 시작하기에 앞서 하는 계획 수립, 조직 편성, 연구, 고객 조사, 우선순위의 설정 등이 여기에 포함된다.

그리고 울리는 전화 벨이라든지 잡담을 나누고 싶어하는 동료 직원 같은 급하지만 중요하지는 않은 과제들도 있다. 이러한 활동들은 노동

시간 중에 발생하기 때문에 실제 일과 혼동되기 쉽다. 그렇지만 그것들은 아무런 성과도 낳지 못한다는 점에서 다르다. 급하지만 중요하지 않은 활동들을 아무리 열심히 한다 해도, 일이나 회사에는 아무런 도움이 되지 않는다.

네 번째 범주의 과제는 직장에서 신문을 읽는다든지 오랜 시간 점심 식사를 한다든지 하는 따위의 긴급하지도 중요하지도 않은 일들이다. 이 활동들은 직업 생활에 매우 해롭다. 당신의 보수와 미래가 달려 있는 성과를 올리는 데 활용할 수 있는 시간을 소모시키기 때문이다.

영향력을 고려하라

특정한 과제나 활동의 가치를 결정하는 가장 중요한 단어는 '영향력'이다. 가치 있고 중요한 과제는 일의 완수 여부에 심각한 영향을 미친다. 잠재적인 영향력이 클수록 더 중요한 과제이다.

영향력이 있기는 해도 극히 작은 과제는 중요하지 않다. 자기 관리에서 목표로 삼아야 할 것은 인생과 일에서 가장 큰 영향을 미칠 수 있는 과제들을 더 많이 수행하는 데 더 많은 시간을 들이는 것이다.

80 대 20 법칙을 적용하라

앞날을 위한 과제들을 목록으로 작성했으면, 일을 시작하기 전에 목록을 검토하고 80 대 20 법칙을 적용하라.

80 대 20 법칙이란 20퍼센트의 활동이 80퍼센트의 가치를 창출한다는 것이다. 완수해야 할 항목이 열 가지라면, 그중 두 가지가 다른 여덟 가지를 합친 것보다 가치가 더 크다.

때로는 '90 대 10 법칙'이 적용되기까지 한다. 그날 해야 할 열 가지 일들 가운데 한 가지 과제가 나머지 모두를 합친 것보다 가치가 더 큰 경우도 있다. 불행하게도 사람들은 그 과제를 가장 쉽게 미룬다.

창의적인 미루기

상위 20퍼센트의 과제를 확인하고 나면 나머지 것들에 대해 '창의적인 미루기'를 실행하라. 모든 것을 다 할 수는 없기에 어떤 일은 미루어야 한다. 문제는 어떤 과제를 미룰 것인가 하는 것이다.

대답은 간단하다. 목표와 그 성취에 거의 도움이 되지 않는 80퍼센트의 과제를 미루면 된다. 가장 큰 영향을 미칠 수 있는 한두 가지 직무를 완수하는 데 시간과 관심을 집중하라.

ABCDE 방법을 실행하라

우선 순위를 정하는 또 다른 방법은 ABCDE 방법이다. 일을 시작하기 전에 과제 목록을 검토하고 각각의 과제에 A, B, C, D, E 등급을 매긴다. 이런 작업만으로도 효율성과 능력을 극적으로 증대시킬 수 있다.

'A급' 과제는 매우 중요한 과제로, 일의 완수 여부에 중대한 영향을 미친다. 그 과제를 수행하느냐 못 하느냐에 따라 당신의 성공이 결정될 수도 있다. 항상 A급 과제를 제일 먼저 수행해야 한다. A급 과제가 하나 이상이라면, 그것들을 A-1, A-2, A-3으로 우선 순위를 매겨라. 그 다음에는 A-1 과제를 확인해서 다른 일보다 먼저 시작하고 완수하는 데 모든 에너지를 쏟아라.

'B급' 과제는 어쩔 수 없이 해야 하는 일로, 일의 완수에 어느 정도 영향을 미친다. 예를 들어, 친구에게 전화를 건다든지, 동료 직원들과 점심을 먹는다든지, 전자 우편을 확인한다든지 하는 일들은 다 B급 과제이다. 그 과제를 수행하지 못하면 약간 불편하기는 하겠지만, 삶에 큰 영향을 끼치지는 않는다.

'C급' 과제는 하고는 싶지만 영향력이 전혀 없는 과제이다. 근무 시간에 커피를 한 잔 더 마신다든지, 동료 직원과 잡담을 나눈다든지, 신문을 읽는다든지, 쇼핑을 하러 간다든지 하는 일들이 모두 C급 과제에 포함된다. 그 과제들은 수행하든 수행하지 않든 당신의 삶이나 일에 아무런 영향도 미치지 않는다.

법칙은 다음과 같다. 완수하지 않은 A급 과제가 아직 남아 있을 경우에는 B급 과제를 수행하지 말라. 완수하지 않은 B급 과제가 아직 남아 있을 경우에는 C급 과제를 수행하지 말라. 하루 종일 A급 과제에만 집중하라.

'D급' 과제는 자신보다 더 낮은 급료를 받고 있는 다른 누군가에게 넘길 수 있는 과제이다. 삶과 일에서 성공과 행복의 대부분을 결정하는 것은 A급 과제이므로, 그 일에 더 많은 시간을 투자할 수 있도록 다른 사람에게 넘길 수 있는 것은 모두 넘겨야 한다.

'E급' 과제는 없애버려도 상관없는 과제이다. 지금 이 순간 가장 중요한 목표들을 성취하는 데 중요하지 않은 한물간 활동들이다. 근무 시간에 하는 일 가운데 상당 부분이 여기에 속한다.

기회비용을 따져라

당신은 항상 자유롭게 선택할 수 있다. 무엇을 하고 무엇을 하지 않을 것인지 시시각각 선택하는 행위가 삶 전체를 형성한다. 양자택일의 법칙은 한 가지 일을 하면 다른 일은 할 수 없음을 의미한다.

어떤 과제를 시작한다는 것은 의식적으로나 무의식적으로나 그 순간 할 수 있는 다른 일을 하지 않겠다고 결정하는 것이다. 무슨 일을 가장 먼저 할지, 무슨 일을 그 다음에 할지, 그리고 무슨 일을 아예 하지 않을지 현명하게 선택하는 능력이 당신의 삶 전체를 결정한다.

고수입을 올리는 성공한 사람들이 수입이 적은 실패자들에 비해 일반적으로 지능이나 기술이 더 뛰어난 것은 아니다. 차이가 있다면 성공한 사람들은 항상 가치 있는 과제에 매달린다는 것이다. 실패한 사람들은 항상 가치 없는 일들에 매달려 시간을 허비한다.

한 번에 하나씩

과제를 한 가지씩 처리하는 것은 가장 강력한 시간 관리 및 자기 관리 기법이다. 즉, 일단 A-1 과제를 선정하고 나면 100퍼센트 완료될 때까지 오로지 그 한 가지에만 전념하는 것이다. 한눈 팔지 말고 한 가지 일에만 전념하라.

주의가 산만해지거나 아니면 휴식을 취하거나 일을 미루고 싶은 마음이 생기면, "다시 일하자! 다시 일하자! 다시 일하자!" 하고 끊임없이 되뇌이며 스스로에게 동기를 부여하라. 그런 다음 다시 정신을 집중하여 그 과제를 완수할 때까지 매진하라.

토머스 에디슨은 이렇게 썼다. "나의 성공은 중도에 그만두지 않고 한 가지 일에 매달려 지속적으로 노력하는 능력 덕분이다." 이 원칙을 실천하자.

집중적으로 일할 수 있는 시간을 마련하라

미리 하루 일과를 계획하면서, 30분 혹은 60분 혹은 90분 동안 중단 없이 일할 수 있는 시간을 마련하라. 이 시간은 크고 중요한 과제를 성취하는 데 반드시 필요하다.

긴 작업 시간대를 마련하는 한 가지 방법은 일찍 일어나서 하나의 주요 과제나 프로젝트나 제안에 매달려 중단 없이 계속해서 일하는 것이다. 때로는 저녁이나 주말을 이용할 수도 있다. 잠재적 영향력이 아주 큰 중대한 직무들을 수행하기 위해서는 한 가지에만 전념해서 시간과 에너지를 집중시킬 수 있는 시간이 필요하다.

얼 나이팅게일은 이렇게 말했다. "인류의 그 모든 위대한 업적들이 이루어지기까지는 수년 이상의 집중된 노력이 있었다."

자신을 차별화하라

"잘만 처리된다면 회사에 큰 영향을 미칠 일들 중에서, 내가 할 수 있고 나만이 할 수 있는 일은 무엇인가?"

이것은 집중력을 유지하고 자기 궤도를 벗어나지 않기 위한 최고의 질문이다. 대답에 확신이 서지 않는다면 이번에도 역시 상사에게 물어보라. 상사는 그 질문을 받기 전에는 이 문제에 대해 깊이 생각해보지 않았을 수도 있다. 때로는 전혀 생각하지 않았을 수도 있다.

가장 큰 영향력을 미칠 일들 중에서 자신이 할 수 있는 한두 가지 과제에 대해 상사와 합의를 하고 나면, 그 특정한 과제들을 신속하게 그리고 잘 수행하는 데 모든 에너지를 집중하라. 이것은 지금까지 내린 그 어떤 결정보다 당신의 경력에 가장 큰 도움이 될 것이다.

가장 중요한 질문

시간 관리에 관한 가장 중요한 질문은 "바로 지금 어떻게 하는 것이 시간을 가장 가치 있게 활용하는 것인가?"라는 질문이다. 목표 설정, 계획 수립, 시간 관리에 관한 모든 기법과 방법들은 날마다 매분 바로 이 질문에 정확하게 대답할 수 있도록 하는 것을 그 목적으로 한다.

되풀이해서 이 질문을 던지고 대답하다 보면, 그리고 하고 있는 모든 일이 이 질문에 대한 답이라는 확신이 든다면 주변 사람들에 비해 두세 배를 성취할 수 있다. 더 생산적인 사람이 될 수 있다. 당신은 주변 사람들에 비해 더 가치 있는 일을 더 많이 하고 더 큰 성과를 거두게 될 것이다. 매순간 시간을 최대한 가치 있게 활용하도록 노력하라. 그러면 성공할 것이다.

"안 돼"라고 말하라

성과의 대부분을 이루어내는 소수의 과제들에 더욱 능숙해져라. 성과나 보수에 별다른 도움이 되지 않는 과제나 활동들은 모두 다른 사람에게 넘기고 없애버려라.

괴테가 말했듯이, "가장 중요한 일이 사소한 일들에 휘둘리도록 내버려두어서는 절대 안 된다." 시간 관리에서 최고의 단어는 "안 돼"일 것이다. 누군가가 별로 가치 없는 일을 위해 시간을 요구하면, 무조건 "안 돼!"라고 말하라.

시간 관리 습관을 길러라

시간 관리 또한 반복 연습을 통해 습득할 수 있는 기술이자 훈련 방법이다. "좋은 습관을 기르고 그것을 주인으로 섬겨라."

하루를 시작하기 전에 매일의 과제를 목록으로 작성하라. 긴급한 과제들과 중요한 과제들을 구분하고 80 대 20 법칙이나 ABCDE 방법을 활용하여 목록을 우선 순위에 따라 배열하라. 가장 중요한 과제를 선택하고, 그 과제에 매달려라. 100퍼센트 완료될 때까지 그 한 가지 과제나 활동에만 전념하라.

GOALS! ● 중요한 목표부터 하나씩

중요한 과제를 완료할 때마다 만족감과 자신감이 고양되는 것을 경험한다. 당신은 더 활기에 넘치고 강해진다. 당신은 행복을 느끼고 삶을 통제하고 있다고 느낀다. 당신은 경력의 절정에 다다랐다고 느낀다. 다음 과제에 착수하고자 하는 동기도 훨씬 더 강해진다.

일이 더디게 진행되거나 또는 일을 미루고 싶은 충동이 생기면, 항상 "지금 해라! 지금 해라! 지금 해라!"라고 되뇌라. 긴장을 늦추지 말라. 행동하라. 착수하고, 수행하고, 신속하게 처리하라. 가장 중요한 과제를 선정하고 즉시 그 일에 착수해서 완수할 때까지 그 일에 매달려라. 이와 같은 시간 관리 방식이 삶의 모든 부분에서 최고의 성과를 이룰 수 있는 열쇠이다.

중요한 목표부터 하나씩

1 앞으로 몇 달이나 몇 년 안에 되고 싶거나 하고 싶거나 갖고 싶은 것들을 모두 목록으로 작성하라. 목록을 분석해서 삶에 가장 큰 영향을 미칠 수 있는 항목들을 선정하라.

2 저녁에 그 다음날 해야 할 일들을 모두 목록으로 작성하라. 잠을 자는 동안 잠재의식이 그 목록을 연구하게 하라.

3 80 대 20 법칙과 ABCDE 방법을 활용하여 이 목록을 우선 순위에 따라 배열하라. 일을 시작하기 전에 긴급한 것과 긴급하지 않은 것, 중요한 것과 중요하지 않은 것을 구분하라.

4 일의 완수 여부에 가장 커다란 영향을 미치는 과제를 선정하고, 동그라미를 쳐서 A-1 과제로 삼아라.

5 가장 중요한 과제에 즉시 착수하고, 그 과제가 100퍼센트 완료될 때까지 이 한 가지 과제에만 전념하라.

실제적이고 효력이 입증된 시간 관리 원칙들을 실천함으로써 생산성, 성과, 산출을 두 배, 세 배 늘리는 법을 배워라. 항상 시작하기 전에 우선 순위를 정하고, 시간을 가장 가치 있게 활용하는 데 전념하라.

15 목표를 설정하는 3P 공식

목표는 성취라는 용광로 속의 연료이다.
— 톰 홉킨스

◎ 때때로 나는 청중들에게 이렇게 묻는다. "수입을 두 배로 늘리고 싶은 사람 있습니까?" 당연히 모든 사람이 손을 든다. 그러면 나는 이렇게 말한다. "자, 여러분에게 좋은 소식이 있습니다. 충분히 오래만 산다면, 여기 있는 모든 사람은 수입을 두 배로 늘릴 수 있습니다."

수입이 매년 3~4퍼센트의 비율로 증대한다면, 매년 평균 생활비가 증대하는 것을 감안하더라도 약 20년 후에는 당신의 수입이 두 배로 늘어난다. 그러나 20년은 너무 긴 시간이다! 그렇다면 진짜 문제는 "얼마나 빨리 그 일을 해낼 수 있는가?" 하는 것이다.

체계적인 목표 설정 vs. 마구잡이 목표 설정

여러 해 동안 나는 한 해에 한두 번씩 목표들을 종이에 적고 기회가 있을 때마다 검토하면서 그것들을 이루기 위해 노력했다. 이 행위 하나가 내 삶에 믿을 수 없을 만큼 큰 영향을 미쳤다. 나는 매년 1월에 그 해 이루어야 할 목표들을 목록으로 작성했다. 그리고 12월에 목록을 검토해보면 실현 불가능해 보이는 목표들이라도 대부분 성취되어 있었다.

그때 나는 삶을 바꾸는 기법을 하나 터득했다. 1년에 한 번씩 목표를 적는 것이 그렇게 큰 힘을 발휘한다면, 더 자주 목표를 적으면 훨씬 더 효과적일 터였다. 어떤 저자들은 한 달에 한 번씩 목표를 적고 검토하라고 제안한다. 내가 터득한 이치는 날마다 목표를 적고 검토하는 것이 더 큰 힘을 발휘한다는 것이었다.

날마다 목표를 적어라

이런 방법을 써보자. 항상 끼고 다닐 수 있는 노트 한 권을 준비한다. 날마다 노트를 펼쳐놓고 이전 목록은 참조하지 말고 열에서 열다섯 가지 정도 가장 중요한 목표들을 목록으로 작성한다. 이렇게 하다 보면 놀라운 일들이 일어날 것이다.

목표를 목록으로 작성하는 첫날에는 어느 정도 심사숙고해야 할 것이다. 둘째 날에는 일이 더 수월할 것이다. 그러나 열에서 열다섯 가지 목표는 그 내용이나 우선 순위가 모두 바뀔 것이다. 때로는 전날 적었던 목표가 오늘은 사라져버릴 수도 있다. 아니면 후에 더 적당한 시기에 다시 나타날 수도 있다.

매일 열에서 열다섯 가지 목표를 목록으로 작성할 때마다 목표에 대한 정의가 더욱 명확하고 선명해진다. 결국에는 날마다 같은 단어들을 적게 된다. 인생사가 흐르는 대로 목표의 우선 순위도 변한다. 그러나 한 달쯤 지나면 날마다 똑같은 목표들을 적고 검토하고 있을 것이다.

삶이 이륙한다

이때쯤 되면 당신의 삶에 뭔가 주목할 만한 변화가 일어날 것이다. 삶이 이륙하는 것이다! 당신은 활주로를 따라 질주하는 제트 비행기에 탄 듯한 느낌이 들 것이다. 일과 개인적 삶은 극적으로 향상되기 시작할 것이다. 정신은 아이디어와 통찰들로 번뜩일 것이다. 목표를 성취하는 데 도움이 될 사람들과 재원들이 당신의 삶 속으로 끌려들어오기 시작한다. 당신은 빠른 속도로, 때로는 겁이 날 정도로 빠른 속도로 전진하기 시작한다. 모든 것이 아주 긍정적인 방향으로 변화하기 시작한다.

여러 해에 걸쳐 나는 24개 나라 200만 명 이상의 사람들에게 강연을 해왔다. 그리고 수십만의 세미나 참석자들에게 '10대 목표 훈련 과정'을 제안했다. 내가 그들에게 제안한 훈련 과정은 지금 제시하고자 하는 것보다 약간 더 간단하다. 나는 청중들에게 이듬해에 성취하고 싶은 10대 목표를 적어보게 한다. 그리고는 그 목록을 치워놓았다가 12개월 후에 다시 꺼내보라고 말한다. 1년 뒤 그 목록을 꺼내보면 마치 마법에라도 걸린 듯한 기분이 들 것이다. 거의 모든 경우에 10대 목표 중 여덟 가지 정도가, 그것도 너무나 훌륭하게 성취되어 있을 것이다.

나는 전 세계 모든 언어권이나 문화권의 사람들에게 이러한 훈련 과정을 제시했다. 내가 어떤 도시나 나라에 다시 방문할 때마다 사람들은 1년 전이나 그 이전에 10대 목표를 적은 뒤 자신의 삶이 어떻게 바뀌었는지 내게 이야기하려고 길게 줄을 서곤 한다.

3P 공식

이 장에서 논의하고 있는 훈련 과정을 활용하면 훨씬 더 큰 성과들을 훨씬 더 많이 얻는 법을 터득할 수 있다. 앞서 논의한 바 있는 목표 설정 방법을 동일한 수준으로 활용하는 동시에 목표를 날마다 적어보면, 당신은 두 배, 세 배, 다섯 배, 열 배의 성과를 올릴 수 있다.

이 훈련 과정에서 최대의 성과를 얻기 위해서는 몇 가지 특별한 법칙들을 따라야 한다. 첫째, '3P 공식'을 활용해야 한다. 즉, 긍정문으로(positive), 현재 시제로(present), 1인칭으로(personal) 목표를 적고 서술해야 한다.

잠재 의식은 현재 시제로 씌어진 긍정문을 통해서만 작동된다. 그러므로 목표를 적을 때는 마치 이미 그것들을 성취한 것처럼 써야 한다. "나는 다음 12개월 동안 5만 달러를 벌겠다"가 아니라 "나는 매년 5만 달러씩 번다"라고 적는다.

또한 목표를 긍정문으로 진술해야 한다. "나는 담배를 끊겠다"라거나 "나는 몸무게를 얼마 줄이겠다"가 아니라 "나는 비흡연자다"라거나 "나는 몸무게가 얼마다"라고 말한다. 명령은 긍정적이어야 한다. 잠재 의식은 부정적인 명령을 처리하지 못하기 때문이다. 그것은 긍정적이고 현재 시제로 된 진술에 대해서만 반응할 뿐이다.

　세번째 'P'는 1인칭(personal)을 의미한다. 지금부터는 모든 목표를 '나는'이라는 단어로 시작해서 이런 저런 동사가 뒤따라오는 식으로 적어라. 당신은 전 우주에서 당신 자신에 관해 '나는'이라는 단어를 사용할 수 있는 유일한 사람이다. '나는'이라는 단어로 시작되는 명령을 받으면, 잠재 의식은 마치 생산 주문을 받은 공장처럼 그 즉시 활동을 시작해서 그 목표를 실현시킨다. 예를 들어, "내 목표는 매년 5만 달러씩 버는 것이다"가 아니라 "나는 매년 5만 달러씩 번다"라고 말한다. "나는 얼마를 번다." "나는 몸무게가 얼마다." "나는 무슨 일을 성취한다." "나는 무엇을 획득한다." "나는 이러저러한 차를 몬다." "나는 이러저러한 집에 산다." "나는 이러저러한 산에 오른다" 등과 같이 '나는'이라는 단어로 시작해서 각각의 목표를 적어라.

목표의 최종 기한을 정하라

　날마다 적는 목표에 힘을 불어넣기 위해서는 각각의 목표마다 최종 기한을 정하라. 예를 들어, "나는 (어느 해) 12월 31일이 되기 전까지는 매달 평균 수입이 5,000달러가 된다"라고 적어라.

　앞 장에서 얘기했듯이, 정신은 최종 기한을 좋아하며 '강제 체계' 안에서 최대의 능력을 발휘한다. 목표가 어떻게 성취될지 모른다 하더라도 항상 확고한 최종 기한을 정하라. 새로운 정보가 생길 때마다 최종 기한을 수정할 수 있지만 반드시 모든 목표에, 마치 모든 문장에 마침표를 찍듯이 최종 기한을 정하라.

얼마나 간절히 원하는가?

날마다 10대 목표를 적는 훈련 과정은 일종의 시험이다. 이 시험으로 자신이 얼마나 간절히 그 목표들을 성취하고 싶어하는지 알 수 있다. 어떤 목표를 적고 나서 그것을 다시 검토하는 것을 잊는 경우가 종종 있다. 이는 당신이 그 목표의 성취를 다른 것만큼 진정으로 원하지 않거나 그 목표의 성취 가능성을 믿지 않고 있음을 의미한다. 하지만 날마다 목표들을 적고 다시 검토하는 훈련을 할수록, 당신이 진정으로 원하는 바가 더 명확해지고, 그것이 가능하다는 확신은 더 커질 것이다.

과정이 중요하다

목표들을 적기 시작할 때에는 그것들이 어떻게 성취될 것인지 전혀 알 수 없다. 이것은 중요하지 않다. 중요한 사실은 매번 목표를 적을 때마다 그것이 잠재 의식 속에 더욱더 깊이 새겨진다는 점이다. 어떤 특정한 시점에 다다르면 목표를 성취할 수 있으리라는 확신이 분명히 설 것이다. 잠재 의식은 일단 목표를 의식의 명령으로 받아들이고 나면 모든 말과 행동을 그러한 목표에 일치하는 패턴으로 바꿔나간다. 잠재 의식은 목표를 성취하는 데 도움이 될 사람들과 상황들을 삶 속으로 끌어들이기 시작한다.

정신의 컴퓨터는 하루 스물네 시간 작동한다

잠재 의식은 절대로 꺼지지 않는 대형 컴퓨터처럼 쉬지 않고 가동하면서 목표의 실현을 돕는다. 거의 아무런 일을 하지 않아도 놀랍고도 예기치 않은 방식으로 목표가 실현되기 시작할 것이다.

몇 년 전 나는 로스앤젤레스에서 아주 우스꽝스러운 아이디어를 가지고 있는 한 기업인을 만났다. 그는 하와이에 전 세계 다양한 여러 나라들에서 온 음식점, 전시품, 진열품들로 구성된 놀이 공원을 세우기 위해 수백만 달러에 이르는 투자 자본을 모으고자 했다. 그는 그것이 대단히 매력 있는 사업이 될 것이고, 착수금만 모을 수 있다면 그 모든 나라들의 지원과 후원을 얻을 수 있을 것이라고 절대적으로 확신하고 있었다. 그 당시 아직 젊고 경험도 부족했던 나는 그 아이디어가 순전한 환상에 지나지 않는다고 정중하게 말해주었다. 내가 보기에 그처럼 거대한 사업은 제한된 재원으로 추진하기에는 너무 복잡하고 비용도 엄청나서 그야말로 시간 낭비일 뿐이었다. 나는 이 전체 계획을 종합하는 임무를 제안해주어서 고맙다는 인사를 하고 그 자리를 떠났다.

이것은 1960년대에 있었던 일이다. 후에 나는 월트디즈니 사가 그 사업을 채택해 '내일의 실험적 모범 공동체(EPCOT 센터)'라는 이름을 붙이고, 플로리다주 올란도에 있는 디즈니월드 바로 옆에 그 사업을 위한 건설을 시작했다는 소식을 들었다. 그 후 놀이 공원과 단지는 해마다 수억 달러의 돈을 계속 벌어들였고, 세계에서 가장 인기 있는 관광지 중 하나가 되었다.

목표를 성취하기 위한 세 가지 조치

두 가지 기법을 더 활용함으로써 이 방법의 효율성을 증폭시킬 수 있다. 첫째, 목표를 긍정문으로, 현재 시제로, 1인칭으로 적은 다음에 그 목표를 성취하기 위해 당장 할 수 있는 최소한 세 가지 일을 마찬가지로 긍정문으로, 현재 시제로, 1인칭으로 적는다.

예를 들어 목표가 얼마의 돈을 버는 것이라고 해보자. "나는 앞으로 12개월 동안 5만 달러를 번다"라고 적는다. 그리고 바로 아래 줄에 "(1) 날마다 미리 계획을 세운다. (2)가장 중요한 과제들에 곧바로 착수한다. (3)그것을 완수할 때까지 가장 중요한 과제 한 가지에 전념하여 끝까지 완수한다"라고 적는다.

어떤 목표든 그것을 성취하기 위해 곧바로 취할 수 있는 세 가지 조치들을 쉽게 생각해낼 수 있다. 그 조치들을 적으면 그것들은 목표와 함께 잠재 의식 속에 프로그래밍된다. 어떤 특정한 시점에 이르면 당신은 그 일들을 무의식적으로 행하고 있을 것이다. 그래서 궁극적인 목적으로 더욱 빨리 다가갈 것이다.

포켓용 색인 카드

매일 목표를 설정하는 방법의 효율성을 증대시킬 수 있는 또 다른 방법은 포켓용 색인 카드에 그 목표들을 옮겨적는 것이다. 각 카드마다 목표를 한 가지씩 크게 적고 그것을 항상 몸에 지니고 다닌다. 짬이 날 때마다 색인 카드를 꺼내 차례차례 목표들을 검토한다.

이 각각의 목표들은 모두 긍정문으로, 현재 시제로, 1인칭으로 적어야 한다. 누군가는 이런 말을 했다. "긍정적인 확언이 없는 아침보다는 차라리 식사가 없는 아침이 낫다." 이 카드를 사용할 때면 잠깐 시간을 내서 숨을 깊이 들이마시고 긴장을 푼 다음 한 번에 하나씩 목표들을 검토하라. 목표를 읽을 때에는 그것이 이미 이루어진 듯 상상하라. 그 목표에 도달해서 성취의 기쁨을 누리고 있는 자신의 모습을 바라보라.

아니면, 색인 카드를 읽으면서 그 목표를 성취하기 위해 즉시 취할 수 있는 구체적인 조치들을 상상하라. 그 일들을 행하고 있는 자신의 모습을 실제로 상상해야 한다. 그런 다음 긴장을 풀고 그 다음 목표로 넘어간다.

이상적인 방법은 하루에 적어도 두 번 이상 색인 카드에 적힌 목표들을 검토하는 것이다. 반드시 카드들을 몸에 지니고 다니면서 하루 내내 그것들을 검토해야 한다.

정신을 프로그래밍하기에 가장 좋은 시간대

목표를 적고 다시 수정하거나 색인 카드를 읽고 검토하기에 이상적인 시간이 하루에 두 번 있다. 자기 전과 일하러 가기 전 아침이다.

저녁에 목표를 수성하고 검토하는 것은 곧 그 목표들을 잠재 의식 속에 프로그래밍하는 것이다. 그러면 자고 있는 동안 잠재 의식이 목표들을 붙들고 밤새도록 연구한다. 아침에 일어나면 목표들을 성취하는 데 도움이 될 어떤 일이나 사람들에 관한 놀라운 아이디어들이 떠오를 때가 있다. 하루를 시작하기 전 아침에 목표를 수정하고 검토하는 것은 곧 온종일 긍정적인 사고와 긍정적인 행동을 하도록 자기 자신을 정비하는 것이다. 아침에 운동을 해서 몸을 워밍업시키듯이 아침에 목표를 검토하면 곧 정신을 워밍업시켜 하루 종일 최선의 상태를 유지시킬 수 있다.

날마다 아침저녁으로 목표들을 수정하고 검토하다 보면, 그 목표는 잠재 의식 속에 더욱 깊이 새겨진다. 긍정적인 사고가 점점 긍정적인 인식으로 변한다. 목표가 성취 가능한 것이고 그것을 성취하는 것은 시간 문제라는 확신이 생긴다. 그리고 모든 일이 당신의 생각대로 된다.

목표를 설정하는 3P 양식

1 바로 오늘 노트 한 권을 준비하고 가까운 장래에 성취하고 싶은 열에서 열다섯 가지의 목표들을 적어라.

2 포켓용 색인 카드를 만들어서 긍정문으로, 현재 시제로, 1인칭으로 목표들을 적고 어디에 가든 항상 몸에 지녀라.

3 매일 밤마다 잠을 자기 전에 목표들을 성취했을 때 당신의 삶이 어떤 모습일지 마음속에 떠올리고 상상하라.

4 각각의 목표들을 성취하기 위해 할 수 있는 세 가지 일들을 생각하라. 항상 당신이 취할 수 있는 구체적인 행동의 관점에서 사고하라.

5 목표의 성취가 필연적이라는 절대적인 확신이 들 때까지, 그 전날의 목록을 참조하지 말고 날마다 목표들을 다시 수정하라.

매일, 매주, 매달 자신의 목표와 목적을 검토하고 재평가하는 시간을 가져라. 자신이 여전히 궤도 안에 있는지, 그리고 여전히 자신에게 중요한 것을 위해 노력하고 있는지 확인하라. 새로운 정보를 접하면 언제든 목표와 계획을 수정하라.

16 성공한 모습을 항상 떠올려라

우리 세대의 가장 위대한 혁명은
내면의 정신 세계를 바꿈으로써
외부 세계를 변화시킬 수 있다는 발견이다.
— 윌리엄 제임스

당신은 무한한 정신적 능력들을 지니고 있다. 많은 사람들은 이러한 능력을 모르고 있으며 목표 달성에 활용하지 못하고 있다. 그들이 평범한 성과밖에 올리지 못하는 이유는 바로 이 때문이다.

잠재 의식과 수퍼의식의 능력을 깨워서 발휘하면 대부분의 사람들이 평생에 걸쳐 이루는 것보다 더 많은 것들을 1, 2년 안에 성취할 수 있다. 상상보다 훨씬 더 빨리 목표에 다가갈 수 있다.

시각화의 힘

시각화는 아마도 우리의 가장 강력한 능력일 것이다. 삶에서의 모든 향상은 마음속 그림에서의 향상으로 시작된다. 지금 당신이 있는 곳이 곧 당신이고 당신의 지금 모습이 곧 당신이다. 그 이유는 현재 당신이 잠재 의식 속에 품고 있는 마음속 그림 때문이다. 마음속 그림을 변화시키면, 외부 세계가 변하기 시작하고 결국 그 마음속 그림과 일치하게 된다.

시각화는 목표들을 성취하는 데 필요한 사람들, 상황들, 재원들을 삶 속으로 끌어들이는 인력의 법칙을 작동시킨다. 시각화는 "내면과 외면을 일치시킨다"라는 상응의 법칙 또한 작동시킨다. 내면의 마음속 그림이 변하면, 외부 세계가 마치 거울처럼 변하기 시작한다. 대부분의 시간 동안 생각하는 그대로 되듯이 대부분의 시간 동안 마음속에 떠올리는 그대로 된다.

웨인 다이어(Wayne Dyer)는 "믿는 대로 보인다"라고 말했다. 짐 캐스카트는 "지금 보이는 그 사람이 바로 미래의 내 모습이다"라고 말했다. 데니스 웨이틀리(Dennis Waitley)는 정신적 이미지란 "다가오는 삶의 매력을 미리 보여주는 예고편"이라고 말한다.

알베르트 아인슈타인은 이렇게 말했다. "사실보다 상상이 더 중요하다." 나폴레옹 보나파르트는 이렇게 말했다. "상상이 세계를 지배한다." 나폴레온 힐은 이렇게 말했다. "인간의 정신이 상상하고 믿을 수 있는 모든 것은 성취 가능하다."

비전의 중요성

모든 시대 모든 지도자들의 공통적인 특성은 비전이다. 이는 이상적인 미래가 현실이 되기 전에 미리 그것을 시각화하고 상상할 수 있음을 의미한다. 월트 디즈니는 디즈니랜드가 세워지기 몇 년 전에 이미 행복하고 산뜻한 가족 지향적인 놀이 공원을 명확하게 보았다. 이처럼 삶에서 가치 있는 모든 것은 어떤 종류의 마음속 그림에서 시작된다.

우리는 늘상 이런 저런 방식으로 무언가를 시각화하고 있다. 누군가를 또는 무언가를 생각하거나 어떤 지나간 사건을 기억하거나 다가올 사건을 상상하는 것, 심지어는 공상조차 시각화의 일종이다. 정신의 이러한 시각화 능력을 관리하고 통제하는 법을 터득해, 자신에게 가장 중요한 목표들을 향해 레이저빔을 쏘듯이 그 능력을 집중시켜야 한다.

성공한 사람은 누리고 싶은 성공을 미리 시각화한다. 성공한 사람은 새로운 경험을 앞두고 유사한 이전의 성공 경험들을 마음속에 떠올린다. 성공한 판매원은 성공적인 판매를 마음속에 떠올리고 기억해낼 것이다. 성공한 변호사는 성공적인 재판에서 행했던 변론을 마음속에 떠올리고 기억해낸다. 성공한 의사는 이전에 환자를 성공적으로 치료했던 경험을 마음속에 떠올리고 기억해낸다.

이와 달리, 실패한 사람은 시각화를 하기는 하되 오히려 해가 되는 쪽으로 활용한다. 실패한 사람은 새로운 일을 앞두고 이전의 '실패 경험들'을 회상하고 마음속에 떠올린다. 그 영역에서 실패했거나 결과가 좋지 않았던 최근 경험을 떠올리며 또다시 실패하리라 상상한다. 그래서 새로운 경험에 맞닥뜨렸을 때 그들의 잠재 의식은 이미 성공보다는 실패 쪽으로 프로그래밍되어 있다.

GOALS! ● 성공한 모습을 항상 떠올려라

정신을 긍정적인 이미지로 채워라

외면의 성과는 내면의 자아 이미지와 항상 일치한다. 자아 이미지는 어떤 일이 일어나기에 앞서 미리 정신에 심어놓은 정신적 이미지들로 이루어져 있다. 그리고 다행스럽게도 좋은 쪽으로든 나쁜 쪽으로든 그 이미지를 완전히 제어할 수 있다. 정신에 긍정적이고 흥미로운 성공의 이미지를 심을 수도 있고, 실패의 이미지가 새겨지도록 태만하게 방치할 수도 있다. 선택은 자신의 몫이다.

삶에서 무언가를 이루거나 이루지 못하는 것은 시각화를 활용하거나 오용한 결과이다. 삶을 돌이켜보면, 긍정적으로 시각화한 것들은 거의 모두 실현되었음을 알 수 있다. 학교를 졸업하는 모습을 시각화하면, 실제로 졸업을 한다. 차를 처음 갖는 모습을 시각화하면, 실제로 차를 갖게 된다. 첫사랑이나 인간 관계를 시각화하면 바로 그 사람을 만나게 된다. 여행을 떠나는 모습, 일자리를 얻는 모습, 아파트를 구하는 모습, 옷을 사는 모습 따위를 시각화하면, 그 모든 일이 실현된다.

내면의 거울

조지 워싱턴은 미국의 초대 대통령으로 대부분의 역사가들에게 미국 수립 과정에 '없어서는 안 될 사람'이라는 평가를 받고 있다. 그는 보잘것없는 환경에서 성장했다. 조그만 집에서 태어났고, 자라면서도 그리 혜택을 받지 못했다. 그렇지만 그는 야망이 컸고, 어린 나이에 벌써 사회에서 인정받고 성공하기 위해 품성과 인격을 갈고 닦아야겠다고 다짐했다.

그의 젊은 시절에 결정적으로 영향을 미친 것은 130가지 예절과 품행을 기록한 한 권의 책이었다. 그는 그 책을 암기할 정도로 되풀이해서 읽었다. 그 후 그는 누구를 만나든 매우 정중하고 예의 바르게 대했다. 미국 혁명의 유력한 인물이 되었을 즈음 그는 아메리카 식민지 사회에서 가장 정중하고 예의 바른 사람으로 인정받고 있었다.

벤저민 프랭클린은 미국 최초의 백만장자이자 건국의 아버지, 저명한 정치가이자 외교관, 발명가였다. 그는 소년 시절 무일푼으로 필라델피아의 조그만 인쇄소에서 기술을 배우며 시작했다. 그는 말소리가 크고 따지기를 좋아해서 남들과 원수지간이 되는 경우가 많았다. 그리고 이렇게 해서 적이 된 사람들은 어떻게든 그의 장래를 방해하고 발목을 붙잡으려 했다.

자서전에서 밝혔듯이, 벤저민 프랭클린은 어느 순간 자신의 성격 때문에 초창기 미국 사회에서 장기적인 성공을 거둘 수 있는 기회를 잃을지도 모른다는 사실을 깨달았다. 그래서 그는 자기 내면에 성실, 겸손, 극기, 자제, 정직 같은 덕목들을 키우기로 결심했다. 잠재능력을 완전히 발휘하려면 반드시 지녀야 할 덕목들이었다.

몇 년 동안 워싱턴과 프랭클린은 매주 시각화를 실천에 옮겼다. 그들은 자신이 체현하고 싶은 특성이나 자질을 생각했다. 그리고 그러한 자질을 지닌 자신의 모습을 마음속에 떠올리고 상상했다. 다른 사람들과 만날 때마다 그들은 이 '내면의 거울'을 들여다보았다. 이를 통해 어떻게 행동해야 하는지 미리 바라본 다음 그 이상적인 내면의 그림과 일치되게 행동했다. 시간이 흐르면서 이러한 마음속 그림들은 그들의 잠재의식에 깊이 새겨졌고, 그들은 그 습관에 완전히 동화되었다.

당신은 그런 사람이 될 수 있다

피에로 페루치(Piero Ferucci)는 『우리가 될 수 있는 것들 What We May Be』에서, 원하는 자질에 대해 끊임없이 숙고하고 이미 그것을 지니고 있다고 상상하면 그 자질을 키울 수 있다고 주장한다. 자신이 원하는 자질에 관한 책을 찾아 읽고 배워라. 그리고 그 자질이 필요할 때마다 그것을 실행하고 있는 자신의 모습을 상상하라.

아리스토텔레스에 따르면 어떤 덕목이 부족할 경우 그것을 키울 수 있는 최선의 방법은 그 덕목이 필요할 때마다 이미 그것을 갖추고 있는 듯 상상하고 행동하는 것이다. 지금 이 순간의 당신이 아니라 당신이 될 수 있는 자기 자신을 바라보고 생각하라.

매시간 매분 마음속 그림들을 통해서 인격과 품성을 형성하고 마음속 그림들을 바꿈으로써, 생각하고 느끼고 행동하는 방식을 바꾸라. 일의 수행과 성과를 바꾸라. 당신은 스스로 될 수 있다고 상상하는 바로 그 최선의 인간상에 따라 자기 자신을 개조할 수 있다. 이것이 바로 시각화를 건설적으로 활용하는 방법이다.

정신적 리허설

프로 경기에는 '정신적 리허설'이라는 훈련 방법이 있다. 모든 분야의 최고 선수들은 실제 경기에 들어가기 전에 정신적인 리허설을 한다. 그들은 매경기에 최선을 다하는 자신의 모습을 본다. 큰 경기를 앞두고는 여러 날 여러 시간 동안 성공적으로 경기하고 있는 자신의 모습을 마음속에 떠올린다.

그들은 지난 경기들에서 나온 '최고의 장면'을 계속해서 회상하고, 정신의 영화관에서 '정신의 영화'를 보듯 그 최고의 장면들을 계속 재생시킨다. 그들은 최고의 경기를 펼치는 자신의 모습을 되풀이해서 보며 최고의 성취를 이룬 기쁨과 만족을 느낀다. 그들은 곧 있을 경기에서도 잘하리라는 기대 속에 즐거워지고 행복해진다. 그리고 경기가 시작되면, 그들은 이미 이긴 것이나 다름없다.

피겨스케이팅 선수들은 앉아서 휴식을 취하는 동안 눈을 지그시 감은 채 음악을 들으며 거기에 맞춰 얼음 위에서 스케이트를 타는 자신의 모습을 상상한다. 마음속으로 스케이트를 타는 것의 이점은 넘어지거나 실수를 하지 않는다는 점이다. 실제로 빙상에 올라가기 전에 그들은 정해진 동작에 따라 완벽하게 스케이트를 타는 자신의 모습을 되풀이해서 본다. 그때쯤이면 잠재 의식은 충분히 훈련되어 그들을 정해진 동작으로 부드럽고 우아하게 이끈다.

육체는 그 자체의 정신이 없다. 손가락이나 발가락의 아주 사소한 움직임조차 중앙 컴퓨터인 뇌에 의해 통제된다. 신경 에너지의 자극들을 척추를 통해 근육들로 전해주면서 신체 활동을 조정하는 것은 정신이다. 시각화를 하는 것은 실제로 자신의 중앙 컴퓨터를 작동하는 것이다. 자기 몸이 움직였으면 하는 그대로 정신을 프로그래밍하는 것이다.

시각화의 네 가지 측면

시각화에는 네 가지 측면이 있다. 이것들을 배우고 실천한다면, 믿을 수 없을 만큼 경이로운 이 능력을 최선의 방식으로 활용할 수 있다.

얼마나 자주 하는가? | 시각화의 첫 번째 측면은 빈도, 즉 특정한 목표를 이미 성취한 것으로 시각화하거나 특정한 사건이나 상황을 뛰어나게 처리하고 있는 자기 모습을 시각화하는 횟수이다. 최선을 다하는 모습이나 최고의 결과를 이룬 모습의 명확한 마음속 그림을 자주 되풀이해서 시각화할수록 잠재 의식은 더욱 빠르게 그것을 받아들일 것이고, 그것은 더욱 쉽사리 현실의 일부로 실현될 것이다.

얼마나 오래 하는가? | 시각화의 두 번째 요소는 마음속 그림의 지속시간, 즉 마음속 그림을 재생할 때마다 그것을 정신에 머무르게 할 수 있는 시간의 길이이다. 편안하게 휴식을 취할 때에는 자신의 최고의 모습을 보여주는 마음속 그림이 몇 초, 심지어는 몇 분 동안 계속된다. 마음속 그림이 더 오래 지속될수록 잠재 의식에 더욱 깊이 새겨지고, 그 후의 행위에서 더욱 빠르게 표출된다.

얼마나 선명한가? | 시각화의 세 번째 요소는 선명도이다. 바라는 목표나 성과를 정신 속에서 명확하게 볼수록 그것은 더 빨리 현실로 이루어진다. 시각화의 이러한 요소는 인력의 법칙과 상응의 법칙의 힘을 설명해준다. 욕망이 얼마나 분명한가에 따라 얼마나 빨리 실현되는가가 결정된다.

참 흥미로운 사실이 있다. 새로운 목표를 설정할 때에는 그 목표에 대한 이미지나 그림이 대체로 불분명하고 흐릿하다. 성공한 목표가 어떤 모습일지 도대체 알 수가 없는 것이다. 그러나 더 자주 적고 검토하고 머릿속에서 되풀이할수록, 목표는 더욱 명확해진다. 나중에는 투명할 정도로 명확해진다. 바로 그때 목표는 상상했던 모습 그대로 당신의 삶에 갑작스럽게 나타날 것이다.

얼마나 강렬한가? | 시각화의 네 번째 요소는 강도, 즉 그 시각적 이미지에 얼마나 강한 감정을 느끼느냐 하는 것이다. 실제로 이것은 시각화 과정의 가장 중요하고 강력한 부분이다. 때때로 감정이 강렬하고 시각적 이미지가 선명하기만 해도 그 즉시 목표가 실현되기도 한다.

시각화는 나쁘게 작용하기도 한다

물론 빈도, 지속 시간, 선명도, 강도 같은 요소들은 약이 될 수도 병이 될 수도 있다. 자연과 마찬가지로 중립적이다. 양날의 칼처럼 그것은 어느 방향으로도 나아갈 수 있다. 그것으로 성공할 수도 실패할 수도 있다. 시각화는 생생하고 강렬하게 상상하는 것은 무엇이든, 좋은 것이든 나쁜 것이든 그대로를 나타내준다.

예를 들어, 근심은 부정적인 목표 설정의 한 형태이다. 그것은 일어나지 않았으면 하는 것을 두려움과 불안에 떨며 생각하고 상상하고 시각화하는 과정이다. 근심은 시각화를 부정적으로 활용한 예이다. 원하지 않는 바로 그것들이 삶 속으로 끌려 들어오기 시작한다. 「욥기」 3장 25절에서 욥은 "내가 두려워하는 그것이 내게 임하고"라고 말한다. 이것은 시각화의 부정적인 활용이 초래한 불행한 결과이다. 시각화 능력은 아주 신중하게 활용해야 한다.

꿈 같은 집

우리 부부가 결혼했을 때 가진 돈은 아주 적었고, 그나마 있던 돈도 사업을 시작한 후에 순식간에 없어져버렸다. 그럼에도 불구하고 우리는 다른 부부들처럼 언젠가 '꿈 같은 집'을 갖게 되리라고 말했다. 우리는 우리 가족이 완벽한 집에서 사는 모습을 상상했다. 결국 우리는 시각화의 힘을 빌려 꿈 같은 집을 얻기로 결심했다.

우리는 그 당시 셋집에서 아주 궁핍하게 살았지만, 전국을 대상으로 하는 부동산 잡지를 몇 개 신청하고 『더 나은 집과 정원 Better Homes and Gardens』과 『건축 다이제스트 Architectural Digest』를 구독했다. 주말마다 우리는 도시에서 좋은 동네에 있는 집들을 구경하러 다니면서 아름답고 비싼 집의 방안을 거닐었고, 그런 곳에서 사는 모습을 상상했다.

이 모든 과정이 결국에는 열매를 맺게 될 거라는 철석 같은 믿음으로 우리는 아름다운 집들의 사진과 소개 글을 오려서 스크랩북을 만들었다. 얼마 후에 우리는 이상적인 집이 갖추어야 할 42가지 항목을 작성했다. 그동안 나는 계속해서 내 일에 몰두해 사업을 시작하고 수입을 늘리고 저축을 늘려나갔다. 그로부터 1년도 안 되어 우리는 셋집 생활을 끝내고 좋은 동네의 아름다운 집을 사서 이사했다. 그 집은 여러 면에서 이상적이었지만, 우리는 아직 '꿈 같은 집'을 갖지 못했음을 알고 있었다.

인내하라

1년 반 후에 우리는 샌디에고로 이사했다. 한 달 동안 온 도시를 돌아다니면서 매물로 나온 집들을 수십 채 구경했다. 그러다가 바로 이틀 전에 매물로 나온 집을 찾아가게 되었다. 마침내 꿈 같은 집을 발견했음을 깨달은 우리는 말없이 서로를 바라보는 집을 둘러보았다. 우리 둘의 생각은 완벽하게 일치했다.

최종 가격을 흥정하는 데 2개월이 걸리고, 자금을 마련하는 데 5개월이 걸리기는 했지만, 우리는 계획대로 꿈 같은 집을 가지게 되었으며 그 후 지금까지 그 집에서 살고 있다. 그 집은 우리가 정한 완벽한 집의 42가지 항목 중에서 41가지를 갖추고 있었다.

당신은 날씬하다

누구나 건강하고 균형 잡힌 몸을 원한다. 심리학자들은 자신이 '날씬하다고 생각해야' 그렇게 될 수 있다고 말한다. 몸매가 이상적인 사람의 사진을 구해서 머리 부분을 잘라내고 거기다 자기 얼굴 사진을 붙여놓는 방법으로 자신의 날씬한 모습을 시각화할 수 있다. 그 사진을 냉장고 위에 붙이고, 가능하다면 여러 장 복사해서 집안 여기저기에 붙여둔다.

아름다운 몸을 한 자신의 사진을 바라볼 때마다 잠재 의식은 그 모습을 기록해둘 것이다. 어느 순간 음식은 더 적게 먹고 운동은 더 많이 하고 있을 것이다. 외부 현실은 곧 내면의 그림과 일치하게 될 것이다.

영혼의 동반자를 찾아라

종종 독신들이 어떻게 하면 '영혼의 동반자'를 찾을 수 있느냐고 묻는다. 나는 그들에게 영혼의 동반자가 어떤 모습일지 적어보고 그림으로 상상해본 적이 있는지 물어본다. 그러면 그들은 하나같이 이렇게 말한다. "만나지도 않았는데 그 사람이 어떤 사람인지 어떻게 알아요?"

그렇지가 않다. 무관심은 뜻하지 않은 사고를 부른다. 스스로 원하는 바에 대해 명확하게 알고 있지 않으면, 결국 엉뚱한 것을 얻게 된다. 나는 그 독신들에게 자리에 앉아 자기가 바라는 이상형의 모습을 하나도 빠짐없이 글로 적어보라고 조언한다. 거기에는 그 영혼의 동반자가 갖추었으면 하는 모든 자질과 품성이 포함된다. 나이, 기질, 성격, 관심사, 가치, 배경, 유머 감각, 야망의 수준 등등을 명확하게 적어야 한다.

그러면 아주 놀라운 일이 일어난다. 내 친구 하나는 내가 준비한 3일간의 세미나에 참석한 직후 이 방법을 곧바로 실천했다. 10개월이 지난 후 그는 자신이 글로 묘사한 모습과 완벽하게 일치하는 여성을 만났다. 그들은 곧 결혼했고, 어여쁜 자식을 둘 낳았으며, 지금까지 행복하게 살고 있다. 당신이 독신이라면 이 방법을 한번 시도해보라. 놀라운 경험을 하게 될 것이다.

시각화를 실천하기에 가장 좋은 시간대

목표 설정과 마찬가지로 시각화하기의 가장 좋은 시간대는 늦은 저녁과 이른 아침이다. 잠을 자기 전에 이미 목표를 성취한 듯 마음속에 떠올리면, 잠재 의식은 그것을 더 깊이 받아들여 낮 시간 동안에 목표을 실현시키는 데 도움이 되는 말과 행동을 하게 해준다.

시각화하기의 또 다른 시간대는 이른 아침이다. 낮에 성취하고 싶은 것들을 아침 일찍 선명하게 마음속에 떠올리면 상상한 대로, 그리고 일정표대로 그러한 성과들을 얻을 가능성은 훨씬 더 커진다.

모든 향상의 시작

다시 한번 말하지만, 삶에서의 모든 향상은 마음속 그림의 향상에서 시작된다. 바로 오늘부터 되고 싶은 인간상, 살고 싶은 삶, 성취하고 싶은 목표들의 모습을 마음속에 가득 채워라. 잡지나 신문에서 당신의 목표나 욕망과 일치하는 그림들을 오려서 여기저기에 붙여라. 그리고 정기적으로 그것들을 검토하라. 끊임없이 그것들에 관해 상상하라.

끊임없이 이상적인 목표들과 완벽한 미래를 상상하고 '마음속에 그리면서(visioneering)' 긍정적인 방식으로 삶을 시각화하는 과정을 중단하지 말라. 이것은 당신의 잠재능력을 최대한으로 발휘하도록 하는 데 큰 도움이 될 것이다.

GOALS! ● 성공한 모습을 항상 떠올려라

성공한 모습을 항상 떠올려라

1. 미래의 한 순간으로 가서 모든 측면에서 완벽한 삶을 상상하라. 그것은 어떤 모습인가? 그 그림을 정기적으로 상상하라.

2. 가지고 싶은 것들, 장차 그렇게 되었으면 하는 사람에 관한 그림들을 모으고 바라보면서 그것들을 실현하기 위해 할 수 있는 일들을 생각하라.

3. 중요한 일을 앞두고 정신적인 리허설을 하라. 정신의 눈을 통하여 최고의 능력을 발휘하고 있는 자신의 모습을 바라보라.

4. 정신을 선명하고 흥미롭고 격정적인 그림들로 끊임없이 채워라. 상상 속의 모습은 다가오는 삶의 매력을 미리 보여주는 예고편임을 기억하라.

5. 꿈 같은 집, 꿈 같은 사업, 꿈 같은 직업을 구상하라. 그것이 모든 면에서 완벽할 경우 갖추고 있을 요소들을 모두 적어라. 날마다 그것을 현실로서 마음속에 떠올려라.

6. 시각화를 생활의 필수적인 한 부분으로 만들어라. 스스로 바라는 바 그대로의 자기 자신과 삶의 모습을 이미지로 만드는 데에 정기적으로 시간을 투자하라. 그리고 준비가 다 되면 그 즉시 그 그림대로 실현될 것이라고 굳게 믿어라.

마음속에서 영화를 연출하라. 상상은 다가오는 삶의 매력을 미리 보여주는 예고편이다. 이미 그것들이 존재하는 듯이 목표들을 반복해서 '바라보라.' 명확하고 흥미로운 마음속 그림은 모든 정신적 능력들을 활성화하고, 삶 속으로 목표들을 끌어들인다.

17 마음의 컴퓨터를 작동하라

사람은 자기 내면의 목소리에 귀를 기울이면서 위대해지기 시작한다.
— 브라이언 트레이시

◎ 집으로 막 이사를 갔는데, 전 주인이 떠나기 직전 지하실의 특별한 방에 매우 놀랄 만한 컴퓨터가 하나 있다고 조용히 일러준다. 어떤 목표나 질문을 프로그램으로 입력하면 그 컴퓨터는 아주 적절한 시간에 아주 적절한 답을 제시해준다. 그것은 절대 작동이 멈추지 않으며 완벽하게 정확한 답을 내놓는다. 이것이 당신 삶을 얼마나 바꿔놓을지 상상해보라.

당신은 그런 컴퓨터를 이미 가지고 있으며 언제든 이용할 수 있다. 바로 '수퍼의식(super-conscious mind)'이라고 하는 것이다. 그것은 인류 역사 이래 가장 강력한 능력이며, 당신은 언제든지 그것을 불러낼 수 있다.

GOALS! ● 마음의 컴퓨터를 작동하라

나는 "당신은 대부분의 시간 동안 생각하는 그대로 된다.", "마음에 계속 담아둘 수 있는 것이라면 무엇이든 가질 수 있다"라는 말을 여러 번 했다. 또한 인력의 법칙과 상응의 법칙에 대해, 그리고 되고 싶고 갖고 싶고 하고 싶은 것을 정확히 결정하는 데 절대적인 명료성이 얼마나 중요한지에 대해 얘기했다. 이 모든 경우에 나는 간접적으로 수퍼의식의 능력을 언급하고 있었다.

수퍼의식은 수천 년 전부터 알려지고 논의되어왔다. 대부분은 신비주의자들과 현인들의 비밀스런 지식이었다. 고대 세계의 신비주의 신봉자들은 여러 해 동안 성실하게 공부한 이후에야 비로소 그것을 익힐 수 있었다. 수퍼의식에 관한 지식이 좀더 확산된 것은 겨우 최근 100년 간의 일인데, 그마저도 소수의 사람들에게만 해당되는 얘기였다.

세 가지 정신

정신 분석 요법의 창시자인 프로이트는 1895년에 자아(ego), 이드(id), 초자아(superego)라는 세 가지 정신에 관해 썼으며, 이후 대부분의 연구는 이 이론에 기초를 두고 있었다.

자아는 '나', 즉 깨어 있고, 외부 세계를 인지하고 분석하며 행동을 취하는 정신의 부분으로 설명되었다. 우리는 이것을 의식이라고 부른다.

지그문트 프로이트가 말하는 이드는 정신의 무의식 부분, 즉 흔히 말하는 잠재 의식이다. 이것은 이전의 생각, 결정, 경험들이 모두 집결되어 있는 거대한 기억과 감정의 저장고로, 신체를 움직이고 생각과 감정을 과거의 경험들과 일치하게 유지시키는 자율적인 기능을 담당한다.

지그문트 프로이트가 말한 사고의 세 번째 차원인 초자아를 랠프 왈도 에머슨은 '대령(Oversoul, 大靈)'이라고 불렀다. 프로이트의 제자인 아들러는 그것을 '집단 무의식(Collective Unconscious)'이라고 불렀고, 프로이트와 결별한 칼 융은 그것을 '수퍼의식(Supra Conscious)'이라고 불렀다. 이후에 나폴레온 힐은 그것을 '무한 지능(Infinite Intelligence)'이라고 불렀다. 그의 보고에 따르면, 미국에서 가장 성공한 사람들 거의 모두가 일을 하는 내내 그것을 활용했으며, 가장 중요한 비약적 발전과 성취를 모두 그 덕분으로 생각하고 있었다.

이탈리아 심리학자인 로베르토 아사지올리(Roberto Assagioli)를 비롯한 여러 학자들은 그것을 '수퍼의식' 또는 '영성'이라고 부른다. 무엇이라고 부르든, 그것은 오랜 시간 간절히 바라기만 한다면 진정으로 원하는 것을 성취하기 위해 언제든 발휘할 수 있는 위대한 보편적 능력이다.

비약적 발전의 원천

전 역사에 걸쳐 모든 분야에서 이루어진 비약적 발전들은 수퍼의식의 산물이었다. 문제를 풀거나 딜레마를 해결하는 위대한 아이디어나 깨달음을 갑자기 얻을 때마다 수퍼의식을 경험하게 된다. DNA의 발견이나 세라믹과 전기의 결합을 통한 초전도성의 발견과 같은 과학에서의 위대한 약진은 수퍼의식에서 비롯되었다.

위대한 음악가들은 작곡을 할 때마다 수퍼의식을 불러내어 활용했다. 모차르트는 작곡을 시작하기 전에 마음속으로 오페라 한 작품을 완전히 보고 그것을 음표로 정확하게 기록했다. 그는 머릿속에 그린 오페

라를 단 하나의 실수도 없이 옮겨적어 그것을 그대로 공연할 정도였다. 음악사를 통틀어 이와 같은 경우는 전무후무하다.

베토벤은 귀가 먹은 후에 대표작들을 작곡했다. 그는 종이 위에 옮겨 적기 전에 머릿속에서 음악을 보고 들을 수 있었다. 물리학자인 스티븐 호킹은 루게릭병으로 몸이 마비되어서 한 번에 한 문자만 보여주는 특수한 컴퓨터로 의사소통을 해야 했다. 그럼에도 불구하고 그는 수퍼의식을 활용함으로써 『시간의 역사 A Brief History of time』라는 책으로 일약 세계적인 베스트셀러 작가가 되었다.

역사상 가장 위대한 발명가

토머스 에디슨은 미국 특허청에서 1093가지나 되는 발명품의 특허를 받았다. 그 발명품들은 거의 모두 그가 살아 있는 동안 상업용 제품으로 만들어졌다. 1931년 그가 죽었을 때, 미국 전체 노동력의 6분의 1이 토머스 에디슨이 발명한 제품을 제조하고 유통하는 일에 종사하고 있었다.

에디슨은 평생 일을 하는 내내 수퍼의식을 활용해, 전기, 영화, 녹음, 전신을 비롯한 수백 개의 영역에서 도무지 해결할 수 없을 것 같은 문제들을 해결하고 역사적인 발전을 이룩해냈다. 그는 규칙적으로 낮잠을 자면서 수퍼의식에 접근해 깨달음을 얻고 수많은 발명품들을 만들어냈다.

위대한 작품 뒤에는 수퍼의식이 있다

위대하고 감동적인 미술 작품을 볼 때, 고전 문학이나 아름다운 시를 읽을 때, 위대한 음악을 들을 때, 유명한 건물이나 구조물을 볼 때 우리는 수퍼의식이 활동한 결과물을 목격하고 있는 것이다.

역사상 가장 중요한 정신 법칙인 수퍼의식 활동의 법칙은, 의식에 지속적으로 머물러 있는 사고나 계획이나 목표나 아이디어는 수퍼의식에 의해 반드시 실현된다는 것이다.

그냥 생각하라! 진정으로 되고 싶거나 갖고 싶거나 하고 싶은 것은 무엇이든 가능하다고 생각하라. 그것이 무엇인지 아주 명확하게 파악한 다음 규칙적으로 수퍼의식에 접근하면 결국에는 그것을 성취할 것이다. 수퍼의식이 할 수 있는 일들을 방해하는 유일한 장애물은 우리가 스스로의 정신과 상상력에 부과하는 한계뿐이다.

유레카

수퍼의식은 차분하고, 자신만만하고, 편안한 정신 상태에서 가장 활발히 작동한다. 모든 근심걱정을 완전히 내려놓고 조용히 앉아 자연과 교감하면서 홀로 휴식을 취하고 있으면 반드시 수퍼의식은 움직이기 시작한다. '고요함 속에 빠져들어' 자기 안의 나지막하고 작은 목소리에 귀기울이면 수퍼의식의 속삭임이 들리기 시작한다. 고요함 속에서 직관이 속삭이는 소리는 크게 울려퍼진다. 그래서 직관으로부터 얻은 아이디어나 깨달음으로 인생 전체가 바뀌기도 한다.

그리스 과학자 아르키메데스는 목욕탕에 앉아 있다가 순간의 수퍼의식을 통해 물체의 배제량에 대한 영감을 얻었다. 그는 너무도 흥분한 나머지 목욕탕을 뛰쳐나가 벌거벗은 채로 "유레카(알아냈다)!"를 외치며 아테네 거리를 뛰어다녔다. 어떤 문제를 해결하거나 목표로 이끌어줄 어떤 위대한 아이디어나 깨달음을 얻었을 때 느끼는 감정이 바로 이런 것이다.

수퍼의식을 작동시키는 법

명확하고 구체적인 목표들을 글로 쓰고 간절히 바라며 정기적으로 시각화하고 그것을 실현하기 위해 꾸준히 노력할 때 수퍼의식은 자극받는다. 편안히 휴식을 취하면서 간절히 바라는 구체적인 성과를 마음속에 떠올리고 정서적으로 접근하면, 그때마다 수퍼의식을 자극시켜서 목표 달성을 위한 아이디어와 에너지를 얻을 수 있다.

수퍼의식의 영감은 엄청난 에너지와 활력을 가져다준다. 그래서 때때로 당신은 도무지 잠이 오지 않고 다른 어떤 것도 생각할 수 없는 지경이 되기도 한다. 그럴 경우에는 자리에 앉아 떠오르는 모든 아이디어와 항목을 종이에 적는다. 이렇게 하고 나면 정신이 자유로워져 잠을 잘 수 있게 될 것이다.

세렌디피티와 동시성

수퍼의식은 살아가면서 정기적으로 경험하게 되는 두 가지 현상, 즉 세렌디피티(serendipity)와 동시성(synchronicity)을 설명해준다. 수퍼의식을 더 많이 활용하면 할수록 이 두 가지 놀라운 경험을 더 자주 접하게 된다.

세렌디피티란 삶을 살아가면서 행복한 발견을 하는 과정이다. 명확한 목표를 지속적으로 마음속에 떠올리면서 날마다 그것을 실현하기 위해 노력하면, 그때마다 목표를 더욱 빠르게 성취하는 데 도움이 되는 행복한 일들과 경험들이 예기치 않게 일어난다.

우연히 잡지 기사를 읽을 수도 있고, 전에는 몰랐던 것을 누군가가 알려줄 수도 있다. 심지어는 텔레비전 프로그램에서 특정한 문제를 해결하거나 핵심적인 질문에 답하는 데 필요한 아이디어나 통찰을 얻을 수도 있다. 어떤 좌절이나 일시적 실패가 나중에 돌이켜보면 필요한 과정인 경우도 많다.

의미로 연결된 사건들

당신이 정기적으로 경험하게 되는 두 번째 현상은 '동시성'이라는 것이다. 이것은 우주의 철칙인 인과의 법칙과는 다르다. 인과의 법칙이란 모든 일에는 어떤 구체적인 이유가 있고, 결과를 통해 원인을 추적할 수 있다는 것이다.

그렇지만 동시성의 경우에는, 동시에 발생하는 사건들을 연결시키는 유일한 끈은 당신이 삶의 여러 영역들에서 가지고 있는 목표들에 근거해서 그 사건들에 부여하는 의미이다.

　예를 하나 들어보자. 당신은 수입을 두 배로 늘리겠다는 목표를 설정한다. 그러나 그 다음 주에 전혀 예기치 않은 일 때문에 직장을 그만두거나 해고당한다. 정말 절망적인 상황처럼 보인다. 그러나 그 다음날 한 친구가 다른 분야에서 일해볼 생각이 있는지 물어온다. 마침 당신은 지난 1년 동안 그 분야에 관한 기사들을 여럿 읽으면서 그 일에 한번 도전해볼까 말까 고민하고 있던 참이다. 그래서 조사를 더 해보고, 상승세를 타고 있는 회사를 수소문해서 면접을 보고 취직해서 일을 시작한다. 1년쯤 뒤에 당신은 이전 직장에서보다 두 배를 더 벌고 더 즐겁게 일하고 있다.

　이 별개의 사건들 사이에는 직접적인 인과 관계가 전혀 존재하지 않았다. 그것들은 시공간적으로 단절되어 있는 것처럼 보였다. 그러나 공통점이 한 가지 있다. 모두 수입을 두 배로 늘린다고 하는 진정한 목표를 성취하는 데 도움이 되었다는 것이다.

수퍼의식을 자극하는 두 가지 방법

　수퍼의식이 작동하도록 자극하는 방법에는 두 가지가 있다. 첫째, 목표를 성취하는 데 전념하고 열심히 노력하는 것이다. 지금 하고 있는 일에 온 마음을 바치는 것이다. 날마다 그것에 대해 생각하고, 이야기하고, 적고, 검토한다. 그 목표를 획득하는 데 도움이 될 것 같은 일은 무엇이든 한다.

목표 성취를 향해 꾸준히 과감하게 앞으로 나아간다면, 뜻밖의 사건들이나 동시적인 사건들이 일어나 행운을 가져다준다. 예기치 않은 곳에서 당신을 도와줄 사람들이 나타나거나 같이 일하겠다는 전화나 제안을 받는다. 이전 같으면 생각지도 못했을 아이디어와 정보를 우연히 접하게 된다.

수퍼의식을 자극하는 두 번째 방법은 완전히 긴장을 푼 상태에서 정신을 다른 곳에 쏟는 것이다. 예를 들어, 휴가를 가면 다른 놀이에 너무 바빠 목표나 문제들을 생각할 여유가 없다. 완전한 휴식을 취하면서 자기 자신을 해방시킬수록, 수퍼의식은 더욱 급속하게 활동에 들어가 필요한 아이디어와 통찰들을 제공하기 시작한다. 다시 말하면, '노력하지 않을수록' 수퍼의식은 더 빠르게 작동한다.

모든 목표에 대해 이 두 가지 방법을 시도해야 한다. 첫째, 한 가지 목표에만 전념하라. 그 문제를 해결하는 데 모든 에너지를 쏟아 부어라. 그런데도 바라는 비약적 발전이 아직 이루어지지 않았다면, 정신을 다른 곳에 쏟아라. 따로 시간을 내라. 휴가를 가라. 운동을 하거나 영화를 보러 가라. 잠시 그 일에 대해서는 완전히 잊어버려라. 그러면 아주 적절한 시간에 수퍼의식이 작동하여 답을 줄 것이다.

수퍼의식은 아주 적절한 답을 아주 적절한 시간에 줄 것이다. 그러므로 수퍼의식의 영감을 얻었다면 당장 행동에 들어가야 한다. 지체하지 말라. 시간이 지나면 허사가 된다. 어떤 일을 해야겠다, 전화를 걸어야겠다 싶으면 신속하게 행동으로 옮겨라. 무슨 예감이 있다면, 그것을 따르도록 하라. 수퍼의식의 번뜩임에 반응하는 그 행위 자체가 수퍼의식의 통찰과 영감들을 더 불러일으킨다.

세 가지 특징

수퍼의식의 아이디어나 해결책에는 세 가지 특징이 있다.

- 첫째, 그것은 문제의 모든 측면에 답해주거나 목표를 성취하는 데 필요한 모든 것들을 제공한다. 그 대답은 모든 면에서 완벽하다.
- 둘째, 그것은 '눈부신 섬광과도 같이 명백하다'. 수퍼의식의 영감은 자연스럽고 까다롭지 않으며 상황에 완전히 들어맞는다.
- 셋째, 수퍼의식의 해결책은 가슴이 터질 듯한 행복과 흥분, 심지어는 희열까지 가져다준다. 그것은 오래도록 기억에 남는 눈부신 순간이 될 것이다.

수퍼의식의 해결책 뒤에는 당장 행동을 취하는 데 필요한 에너지, 열정, 동기가 따른다. 지금 당장 그 해결책을 실행하고 싶은 욕망이 더 커진다. 다른 모든 일은 집어치우고 싶어진다. 그리고 항상 당신은 옳을 것이다.

수퍼의식에 주파수를 맞추어라

수퍼의식은 가장 강력한 능력이며 언제든지 불러내서 활용할 수 있다. 자신이 원하는 바를 아주 명확하게 파악한 다음, 당신이 준비가 된 바로 그 순간에 당신에게 나타날 것이라고 침착하게 확신하라. 이런 식으로 수퍼의식에 '주파수를 맞춘다.'

긴장을 풀고 이 위대한 능력을 신뢰할수록, 그것은 더 훌륭하게 그리고 신속하게 작동한다. "사람은 자기 내면의 목소리에 귀를 기울이면서 위대해지기 시작한다"라는 말이 있다. 규칙적으로 직관에 귀를 기울이면 실수하는 일은 없을 것이다.

수퍼의식을 가볍게 두드리는 순간 삶 전체가 이 위대한 우주적 능력과 조화를 이루기 시작한다. 당신은 목표들을 차례차례 성취해나가고, 모든 일을 더욱 빠르게 수행하면서 앞으로 나아갈 것이다. 이전에 비해 훨씬 수월하게 훨씬 많은 것을 성취할 수 있게 해주는 어떤 우주적 에너지원을 충전받고 있는 듯한 느낌이 들 것이다.

불가능을 가능하게 만드는 정신의 위대한 힘은 측정할 수 없다. 인간의 정신이 지닌 무한한 가능성과 비밀은 첨단과학에 의해서도 아직 규명되지 않았다. 무한한 정신의 힘을 내 편으로 만든다면 더 이상 무서울 것이 없다.

자신의 삶을 돌이켜보고 수퍼의식이 작동했던 순간을 회상해보라. 과거에는 이런 경험들이 막연하고 우연적이었다. 그것은 필연이라기보다는 마치 우연히 그렇게 된 것처럼, 원래 그렇게 되기로 예정되어 있던 것처럼 느껴졌을지도 모른다. 그러나 명료한 목표를 설정하고 그것을 정기적으로 검토하고 마음속에 떠올리는 지금, 이와 같은 수퍼의식 능력은 적절한 때에 삶 전체에 걸쳐 당신을 도와준다.

GOALS! ● 마음의 컴퓨터를 작동하라

마음의 컴퓨터를 작동하라

1 삶을 돌이켜보고 어떤 문제를 해결하거나 어떤 목표를 성취할 수 있도록 도와준 수퍼의식을 경험한 때를 회상하라. 그 과정에 대해 심사숙고하고 그와 같은 경험을 다시 할 수 있는 방법을 생각하라.

2 가장 중요한 목표와 명확한 주목적을 선정하고, 그것이 아주 적절한 시간에 실현될 거라고 전적으로 확신하고, 되풀이해서 그 목표를 선명하게 마음속에 떠올려라.

3 날마다 홀로 명상에 잠기는 시간을 가져라. 이 시간 동안에는 그저 정신을 편안하게 풀어놓고, 적절한 질문에 대한 적절한 답이 불현듯 떠오를 때까지 이 주제 저 주제로 자유롭게 떠돌아다녀라.

4 수퍼의식의 아이디어가 마음속에 떠오르면 그 즉시 행동에 옮기는 습관을 들여라. 지체하지 말라. 이 능력을 신뢰할 때 비로소 최선의 결과를 얻을 수 있음을 철저히 믿어라.

5 어떤 문제가 생기면 거기에만 전념해서 문제를 풀도록 노력하라. 그래도 여의치 않으면, 정신을 아예 다른 곳으로 돌려 바삐 움직여라. 적절한 바로 그 시간에 이상적인 해결책이 직관으로부터 나오거나 삶에 출현할 것이다.

6 수퍼의식은 그것을 철저히 신뢰하고 확신할수록 더 활발히 작동한다. 마음을 느슨하게 풀어 헤친 다음 적절한 시간에 적절한 답이 나타날 때까지 참고 기다려라.

우리의 내부에는 원하거나 필요로 하는 모든 것을 가져다주는 참으로 믿기 어려운 능력이 존재한다. 이 능력은 목표를 획득할 수 있게 해주는 아이디어와 깨달음의 놀라운 원천이다. 규칙적으로 이 능력을 불러내라.

18 어린아이처럼 유연하게

진실로 너희에게 이르노니
너희가 돌이켜 어린아이와 같이 되지 아니하면
결코 천국에 들어가지 못하리라.
―「마태복음」 18장 3절

◎ 남들보다 더 성공하고 더 행복한 사람들이 있게 마련이다. 어떤 사람들은 더 많은 돈을 벌고, 더 나은 삶을 살고, 더 위대한 성취와 만족을 누리고, 더 행복한 인간 관계를 맺고, 사회에 더 많은 기여를 한다. 다른 사람들은 그렇지 않다.

캔저스 시티의 메닝거연구소는 얼마 전 21세기에 성공과 행복을 성취하기 위해서는 어떤 자질들이 가장 중요한가에 대한 연구를 진행했다. 광범한 연구 끝에 그들이 내린 결론은 급속한 변화의 시대에 키워야 할 가장 중요한 자질은 융통성이라는 것이었다.

융통성의 반대는 완고함, 즉 새로운 정보나

상황에 직면해서도 변화하지 않으려는 고집이다. 융통성 있는 사고 대신 고정적이고 기계적인 사고를 하는 것이다. 열린 마음으로 삶에 접근하지 않고 어떤 상황에서도 기계적이고 진부하게 대응하는 것이다. 그저 평범한 사람이 되고 싶지 않다면, 그리고 더 많은 것을 하고 싶고 갖고 싶다면, 융통성이라는 자질은 필수적이다.

변화의 속도를 타라

오늘날 삶에 가장 큰 영향을 미치는 요소는 아마도 변화의 속도일 것이다. 우리는 인류 역사상 가장 빠른 속도로 변화하는 시대에 살고 있다. 그리고 변화의 속도는 해마다 빨라지고 있다.

오늘날의 변화는 빠르기만 한 것이 아니라 불연속적이어서, 직선으로 진행되는 것이 아니라 시작되었다가 중단되고 갑자기 예측 불가능한 방향으로 나아간다. 변화는 모든 측면에서 너무나 다양한 방식으로 닥쳐오고 있기 때문에, 다음에 무슨 일이 일어날지 예측하기란 불가능하다.

본질적으로 변화는 예측 불가능하다. 그리하여 전혀 예기치 않은 방향에서 전혀 예기치 않은 발전이 이루어져, 하룻밤 사이에 최고의 계획들과 아이디어들이 쓰레기가 되어버리기도 한다. 그렇기 때문에 우리는 사고나 행동에서 항상 융통성을 유지해야 한다.

고집을 버려라

일들이 '마땅히' 어떤 식으로 돌아가야 한다는 경직된 믿음을 지니고 있는 사람들이 있다. 그들에게는 변화가 엄청난 스트레스가 된다. 그들은 지금 하고 있는 일, 현재의 방식과 처리 과정에 애착을 느끼며, 눈앞에 명백한 증거가 있어도 변화하려고 하지 않는다. 이런 태도를 버려야 한다.

지금 하고 있는 일에 대해서는 이런 질문들을 던져야 할 것이다. 그것은 제대로 되어가고 있는가? 바라는 최종적인 성과를 성취하고 있는가? 어떤 특정한 결정이나 행동의 옳고 그름을 가늠할 수 있는 유일한 척도는 목표를 성취하는 데에 그것이 얼마나 효과가 있는가 하는 것이다. "일이 제대로 되어가고 있는가?"라고 계속해서 자문해본다.

변화를 추동하는 세 가지 요인

세 가지 요인이 오늘날의 변화를 추동하고 있으며, 그것들은 각각 서로를 증폭시키면서 변화의 속도를 증대시키고 있다.

첫 번째 변화 요인은 삶의 모든 영역에서 일어나는 정보와 지식의 폭발이다. 경쟁 시장에서는 한 가지 새로운 변화나 정보 하나가 업계의 동태를 하룻밤 사이에 완전히 바꿔놓을 수 있다. 동일한 성과를 더 빠르게, 더 훌륭하게, 더 값싸게, 더 수월하게 올리는 새로운 제품이나 서비스가 등장하면 인기 있던 제품이나 서비스 또는 주요 산업이 시대에 뒤떨어진 것이 되어버리고 만다.

9·11 테러와 같은 치명적인 사건, 월스트리트 폭로 사건 등으로 말미암은 시장 쇼크, 정당이나 업계에서 터지는 스캔들은 기업이나 산업 전반의 사고, 활동, 판매, 상황 등을 하룻밤 사이에 뒤집어놓을 수 있다.

예를 들어, 1991년 소련이 해체되면서 철의 장막이 내려지고 냉전이 종식되자 미국의 군수 산업은 심각한 타격을 입었다. 수십만의 고급 인력들이 일자리를 잃었다. 산업 전반이 몰락했으며, 국가의 특정 부분들이 침체 상태에 빠졌다. 융통성 있는 사람들만이 그 변화에 효과적으로 대응했다.

새로운 정보를 받아들여라

융통성을 유지하기 위해서는 사업이나 목표 성취에 도움이 되거나 해가 될 수 있는 새로운 아이디어, 정보, 지식에 항상 주의를 기울여야 한다. 새로운 아이디어 하나 때문에 많은 재산을 모을 수도 모조리 잃을 수도 있다. 적절한 시기에 얻은 한 가지 정보가 엄청난 시간과 수고와 돈을 절감해준다. 그와 같은 정보의 부족으로 많은 재산을 잃을 수도 있다.

지도자들은 모두 독서가들이다. 자기 분야의 흐름은 어떻게든 따라가야 한다. 해당 산업에서 출간되는 잡지와 간행물들, 베스트셀러들을 읽어라. 세미나와 학술대회에 참여하라. 관련 산업 협회들에 가입하고 같은 사업에 종사하는 사람들과 교류하라. 가장 질좋은 최신 정보들을 가장 많이 가진 사람이 능력 있는 사람이다.

신기술의 물결

변화를 추동하는 두 번째 요인은 신기술의 급속한 성장과 개발이다. 새로운 과학 기술 지식이 등장할 때마다 일을 더 빠르게, 더 훌륭하게, 더 값싸게, 더 수월하게 처리하는 데에 도움이 되는 기술의 진보가 뒤따른다. 그리고 기술 면에서의 변화 속도는 날로 빨라지고 있다.

"지금 쓰고 있는 기술은 이미 구식이다"라는 것이 어쩔 수 없는 대세이다. 선반 위에 놓인 새로운 첨단 제품은 포장을 뜯기도 전에 구식이 되어버린다. 오늘날 신기술은 수명이 기껏해야 6개월이며, 그 기간이 지나면 더 빠르고 값싸게 일을 처리하는 다른 기술이 그 자리를 대신한다. 기존의 제품이나 서비스를 더 나은 것으로 대체할 방법들을 찾아내지 못한다면, 밤늦게까지 일해서 신기술을 찾아낸 경쟁자들에게 밀리고 만다.

등 짚고 뛰어넘기

이제 사업은 끝나지 않는 등 짚고 뛰어넘기 게임이 되어버렸다. 경쟁자를 뛰어넘어 고객들에게 더 낫고, 더 빠르고, 더 값싼 서비스를 제공해야 한다. 그러면 이번에는 경쟁자가 더 새롭고 더 나은 제품 또는 서비스를 들고 나와 당신을 뛰어넘는다. 당신은 신속히 스스로를 재정비하고 새로운 혁신이나 향상을 통해 경쟁자를 뛰어넘는다. 다시 경쟁자가 당신을 뛰어넘는다. 이런 식으로 게임은 끝이 나지 않는다.

모든 것이 너무나 빨리 구식이 되어버리는 이 시대에 제품, 서비스,

업무 처리 절차, 특히 판매 및 마케팅 전략도 거기에서 예외일 수 없다. 기존 광고 및 판매 촉진 방식도 마찬가지이다. 지금 유효한 모든 것이 곧 진부해질 것이다. 고객들이 싫증 내거나, 경쟁자들이 모방하거나, 현재의 시장에서 고객들을 더 이상 끌어들이지 못할 것이다.

모방을 예상하라

얼마 전 나는 광고 대행사에 1만 달러를 주고 광고 하나를 부탁했다. 그리고 그것을 한 전국지에 실었다. 그 광고는 대단히 좋은 반응을 불러일으켰다. 첫 주만 해도 우리는 매우 흡족한 마음이었다. 그런데 그 다음 주에 한 경쟁사가 우리가 돈을 쏟아 부어 만든 바로 그 광고를 자기 제품을 파는 데 사용하기 시작했다. 우리 광고에 대한 호응도는 50퍼센트까지 떨어지더니 계속해서 떨어졌다. 우리는 그야말로 속수무책이었다.

지금 자신이 하고 있는 일이 곧 효력이 떨어져 어쩔 수 없이 다른 무언가로 대체해야 하리라는 사실을 확실하게 인식하고 사업의 모든 측면에서 예비 계획들을 지속적으로 세워나가야 한다.

안전 지대를 조심하라

앞에서 '안전 지대'에 대해 언급하면서 어떻게 개인이나 조직이 지금의 상황에 안주해서 효력이 있든 없든 계속 똑같은 일만 반복하고 있는지 얘기했었다.

때때로 단기적 성공은 장기적 성공에 대한 최대 위협이 되기도 한다. 어떤 영역에서 성공하고 나면 바로 만족하면서 시장의 새로운 현실에 굳이 대응하려 하지 않을 수도 있다.

경쟁은 끝이 없다

변화를 추동하는 세 번째 요인이자 가장 큰 융통성이 필요한 것은 바로 경쟁이다. 오늘날 지역적, 전국적, 국제적 차원의 경쟁자들은 이전에 비해 훨씬 과감하고 창의적이다. 그들은 끊임없이 서로의 고객들을 빼앗아가고, 판매 시장을 가로채고, 현금 유동성을 줄이고, 경쟁자를 업계에서 밀어낼 방법을 찾는다. 경쟁사의 위치를 깎아 내리고자, 온갖 주장과 이점을 활용하여 자사의 제품이나 서비스를 공격적으로 판매한다. 경쟁사를 밟고 경쟁 우위를 확보하고자 새로운 정보와 기술을 공격적으로 활용한다.

오늘날에는 고객이나 구매자들보다 회사, 제품, 서비스, 판매원들이 더 많다. 경쟁은 날이 갈수록 거칠어지고 격렬해지고 있다. 이 시장에서 살아남아 성공하고 싶다면 훨씬 더 집중력 있고 과단성 있는 사람이 되어야 한다. 무엇보다 융통성이 있어야 한다.

정기적으로 모든 것을 원점에서 재검토하라

앞에서 지금 이 순간의 삶과 일의 모든 부분을 검토할 때에 '원점에서 재검토하기'가 얼마나 중요한가를 얘기했었다. 원점에서 재검토하기는 융통성을 유지하는 데에도 꼭 필요한 수단이다.

끊임없이 이런 질문을 던져라. "지금 알고 있는 것을 과거에도 알았더라면, 지금 하고 있는 일 가운데 다시는 시작하고 싶지 않은 일이 있는가?"

인생과 일의 모든 측면을 관찰하라. 스트레스, 한계, 실패를 겪을 때면 언제나 원점에서 재검토하는 질문을 던져라. 그리고 다시는 되풀이하고 싶지 않은 어떤 일이 있다면, 즉시 그 일을 그만두고 재원과 에너지를 더 나은 성과를 얻을 수 있는 곳으로 돌리는 계획을 세워라.

자아가 판단이나 상식을 흐리게 내버려두지 말라. 누가 옳은가보다는 무엇이 옳은가에 집중하라. 지금 내리는 결정의 대부분이 결국에는 잘못된 것으로 판명될 수도 있다는 사실에 유념해야 한다. 언제나 융통성 있는 자세를 유지하되, 새로운 정보나 기술이나 경쟁에 있어서는 특히 그래야 한다.

세 가지 마법의 주문

격동의 시기에 융통성을 잃지 않기 위해 되뇌면 좋을 세 가지 주문이 있다.

첫째는 "내가 잘못했다"이다. 대부분의 사람들은 자기 잘못을 인정하기는커녕 허세를 부리고 고함을 치면서 그것을 부인한다. 주위의 모든 사람들이 이미 알고 있는데도 자신의 잘못을 인정하지 않으면 사태는 더 나빠진다. 그러다 보면 다른 누구도 아닌 바로 자신이 바보가 된다. 잘못을 깨달았을 때 할 수 있는 가장 현명한 행동은 그것을 재빨리 인정하고 문제를 해결한 다음 목표나 성과를 성취하는 데 매진하는 것이다.

조사에 따르면, 큰 회사나 조직의 핵심 인사들이 자신의 잘못을 은폐하는 데 80퍼센트의 시간과 에너지를 허비한다고 하는데, 그들은 이 사실을 인정하지 않는다. 크고 작은 많은 회사들이 명백한 실수를 인정하지 않아서 결국 파산하고 말았다.

자신의 실수를 인정하라

융통성을 유지하기 위해 되뇌어야 할 두 번째 주문은 "내가 실수했다"이다. 자아가 너무 강한 나머지 주위의 모든 이들이 보기에도 명백한 실수를 인정하지 않으려 하는 사람들이 있다. 그로 인해 낭비되는 시간과 에너지와 돈은 실로 엄청나다.

"내가 잘못했다" 혹은 "내가 실수했다"라는 말 한마디로 대개 문제는 끝난 것이나 다름없다. 그때부터는 모두가 문제를 해결하거나 목표를 성취하는 일에 매진할 수 있다. 그러나 핵심 인물이 잘못된 길을 택했음을 인정하려 하지 않는다면, 모든 것은 중단되고 만다.

정치에서 이런 현상을 쉽게 확인할 수 있다. 정치인 한 사람이 자신의 실수나 과오를 인정하지 않으면 모두 관계자들과 때로는 국민 전체가 시간과 에너지의 손실을 입게 된다.

새로운 정보에 신속하게 적응하라

빨리 그리고 쉽게 외울 수 있어야 하는 세 번째 주문은 "나는 마음을 바꾸었다"이다. 새로운 정보가 이전에 결정을 내리는 데 근거가 되었던 정보와 모순된다면, 마음을 바꾸었다고 솔직하게 인정하라.

잘못을 저지르거나 실수를 하거나 마음을 바꾸는 것은 약점이나 성격상의 결함이 아니다. 사실, 오늘날처럼 지식과 기술과 경쟁의 영역에서 무서운 속도로 변화가 진행되는 시대에는 '손실을 줄이고' 모든 일을 '현실 원칙'에 따라 신속하게 처리하는 것이 용기와 품성과 융통성의 징표가 된다.

바라는 대로나 과거의 모습이 아니라 지금 그대로의 세상과 마주하라. 그것이 무엇이든 진실과 대면하라. 자신과 주위의 모든 사람들에게 정직하라.

새로운 현실을 받아들여라

항상 열린 마음으로 새로운 정보나 기술이나 경쟁의 관점에서 목표들을 재평가하라. 지금 알고 있는 바에 근거할 때, 이것이 최선의 행동 노선인가? 만일 그렇지 않다면, 달리 어떤 행동을 취해야 하는가? 달리 어떤 행동을 취할 수 있는가?

어떤 목표를 설정했던 상황이 크게 바뀌었다면 우선 그 목표를 위해 노력하고 희생을 치를 각오가 되어 있을 만큼 아직도 그것을 간절히 원하고 있는지 확인하라. 마음이 바뀌었거나 그 목표가 이제는 더 이상 중요한 것이 아니라면, 그것을 버리고 새로운 목표를 설정하라.

급속한 변화의 시대에 살고 있는 만큼 변화가 일어나면 가장 먼저 변화를 인식하고 받아들여야 한다. 그것을 정상적이고 자연스러운 과정의 일부로 미리 예상해야 한다. 자신이 예상한 바나 바라는 바대로 일이 풀리지 않는다고 해서 놀라거나 당황스러워하지 말라.

인간 관계에 유연하게 대처하라

특히 자신의 삶에서 중요한 사람들, 즉 가족, 친구, 동료 직원, 고객에게 융통성 있게 대하라. 다른 관점과 다른 아이디어들에 대해 열린 태도를 취하라. 종종 그렇듯이 이번에도 내가 틀렸을지도 모른다고 인정하라.

최고 지도자들의 공통된 특성 가운데 하나는 훌륭한 경청자라는 점이다. 그들은 마음을 정하거나 최종 결론에 도달하기 전에 많은 질문을 던지고 가능한 모든 정보를 수집한다. 또한 실수를 저지르면 더 크고 좋은 일들을 계속 추진할 수 있도록 재빨리 실패를 인정하고 손실을 줄인다.

전진 이론

앞으로 살아가는 동안 마음속에 간직해야 할 융통성의 또 다른 측면이 있다. 과학자이자 철학자인 버크민스터 풀러(Buckminster Fuller)는 이것을 어떤 사전이나 백과사전에도 없는 '전진 이론(Theory of Precession)'이라는 말로 불렀다. 뱁슨 대학의 로버트 론스태트 박사는 그 개념을 '통로 원리(Corridor Principle)'라고 불렀다. 나폴레온 힐은 미국에서 가장 성공한 사람들이 발견한 그 원리에 대해 이렇게 말했다. "모든 역경이나 장애는 그 안에 그만큼의 또는 그보다 더 큰 기회나 이익의 가능성을 품고 있다."

이 이론이 의미하는 바는 다음과 같다. 새로운 목표를 설정할 때에는 해야 할 일과 나아가야 할 방향에 대해 대략적인 지식을 갖고 있을 것이다. 그러나 목표를 향해 계속 나아가다 보면 예기치 않은 장애물에 부닥치게 되어 있다. 그렇지만 막다른 벽에 몰리면 어떤 기적에 의해 성공의 복도를 따라서 또 다른 기회의 문이 열린다.

융통성이 있다면 그 새로운 기회를 이용할 것이다. 그래서 목표를 향해 나아가며, 새로운 제품이나 서비스를 개발하고 새로운 시장이나 고객층에 그것들을 판매하기 시작한다. 그리고 이 새로운 복도를 따라서 나아가다가 전진을 가로막는 또 다른 장애와 부닥치게 된다. 그렇지만 이 새로운 벽이나 방해물과 마주치는 순간, 또 다른 기회가 열려 목표를 향한 다른 복도로 이어진다.

몇 번의 그릇된 출발로 이 같은 일이 여러 번 일어날 수 있다. 처음에 계획했던 것과는 아주 다른 영역에서 가장 큰 성공을 거두게 되는 경우가 많다. 그 열쇠는 융통성을 잃지 않는 것이다.

명확하면서도 융통성 있는 태도를 지녀라

가장 중요한 융통성의 법칙은 다음과 같다. "목표에 대해서는 명확하되, 그것을 성취하는 과정에서는 융통성을 잃지 말라."

언제든지 수퍼의식의 영향력을 받아들여라. 세렌디피티와 동시성의 가능성에 주의를 기울여라. 다른 사람들이 주는 아이디어, 영감, 정보를 열린 마음으로 대하라. 「마태복음」 18장 3절에서 예수는 이렇게 말씀하셨다. "진실로 너희에게 이르노니 너희가 돌이켜 어린아이와 같이 되지 아니하면 결코 천국에 들어가지 못하리라."

이 말씀에 대한 한 가지 해석을 제시하자면 이렇다. 목표를 향해 나아가는 도중에 새로운 기회와 가능성과 마주쳤을 때 그것을 알아볼 수 있으려면 열린 마음, 융통성, 침착함, 확신, 호기심이 있어야 한다는 것이다.

어떤 상황에서든 융통성과 열린 태도를 잃지 않아야 한다. 어떤 과제나 목표를 성취할 수 있는 더 나은 길이 언제나 있다는 사실을 기억하라. 더 나은 길을 찾기 위해 예의주시하고, 그런 다음에는 가능한 한 신속하게 그 새로운 방향으로 행동을 취해야 한다. 그러면 정말 예기치 않은 놀라운 방법으로 반드시 목표에 도달하게 될 것이다.

GOALS! ● 어린아이처럼 유연하게

어린아이처럼 유연하게

1 정기적으로 다음과 같은 질문을 던져라. "인생에서 진정 하고 싶은 것은 무엇인가?" 그리고 현재 목표와 활동들이 그 대답과 조화를 이루고 있는지 확인하라.

2 삶과 목표에 대해 아주 정직하고 현실주의적인 태도를 유지하라. 바라는 대로나 추측하는 대로가 아닌 있는 그대로의 세계를 바라보라.

3 스트레스나 저항을 받고 있는 삶의 각 영역에서 자신이 잘못했거나 실수했다는 사실을 기꺼이 인정하라. 가능한 한 모든 손실을 줄여라. 그 실천으로 어떤 변화가 일어나겠는가?

4 상황이 변했거나 새로운 정보가 생겼다면, 기꺼이 마음을 바꾸고 있는 그대로의 사실들에 근거해서 새로운 방향을 정하라. 사리에 맞지 않는 행동 노선을 고집하지 말라.

5 자신이 직면한 각 문제나 장애를 면밀하게 들여다보고 그 속에 담긴 가치 있는 교훈이나 이점을 찾아보라. 새로운 정보나 경험에 근거하여 방향이나 행동 노선을 바꾸어야 하는가? 그렇다면, 바로 지금 그렇게 하라.

목표에 관해서는 명확하되, 그것을 성취하는 과정에는 융통성을 유지하라. 동일한 성과를 성취할 수 있는 새롭고 더 낫고 더 빠르고 더 값싼 방법들을 항상 받아들여라. 그리고 무언가가 제대로 돌아가지 않는다면, 다른 접근 방법을 시도하라.

19 자신의 노래를 끝까지 불러라

> 평범한 사람의 가장 큰 비극은
> 자신의 노래를 다 불러보지도 못하고
> 죽는다는 것이다.
> — 롱펠로

뇌 전문가인 토니 부잔(Tony Buzan)은 표준화된 IQ 검사에서 상위 2퍼센트 안에 드는 사람들만 가입할 수 있는 조직인 멘사(Mensa)의 전임 회장이자, 창의력, 학습, 지능에 관한 책들을 쓴 저자이기도 하다. 그를 비롯한 그 분야의 많은 권위자들에 따르면, 평범한 사람의 정신적인 잠재력은 대개 활용되지 않은 채 그대로 있으며 사실상 무한하다.

생각하는 뇌인 신피질은 대략 1,000억 개의 세포 또는 뉴런으로 이루어져 있다. 이들 각 세포에는 그것을 다른 두뇌 세포들에 연결시키는 2만 개가 넘는 신경절 또는 섬유들이 빽빽하게 들어차 있다. 다시 이 세포들은 마치 커다란 도시에 불빛과 동력을 제공하는 전기 그리드처럼 수천 수백만의 다른 세포들에 연결되어 있다. 각각의 세포와 연결 부위에는 다른 모든 세포가 이용할 수 있는 정신적 에너지나 정보가 담겨 있다. 이는 두뇌가 일반의 믿음이나 상상을 초월해 아주 복잡함을 의미한다.

토니 부잔을 비롯한 두뇌 전문가들에 따르면, 두뇌 연결의 조합과 순열의 수는 알려져 있는 우주 전체의 분자 수보다 더 크다. 그 수는 1 뒤에 여덟 페이지에 걸쳐 0을 붙인 수가 될 것이다.

엄청난 예비 용량

앞서 언급했듯이, 사람들은 삶과 일에서 맡은 책임을 다하는데 평균적으로 두뇌 용량의 1, 2퍼센트 가량을 사용한다. 그 나머지는 어떤 이유에서든 거의 사용하지 않은 '예비 용량'이다. 대부분의 사람들은 "자신의 노래를 다 불러보지도 못하고 죽는다."

삶에서 찬란한 성과들을 이루기 위해 기적을 행할 필요는 없다. 그저 기존의 두뇌 능력을 지금보다 약간만 더 활용하면 된다. 사고 능력을 약간만 향상시켜도 삶을 엄청나게 변화시킬 수 있다. 당신이 앞으로 몇 달이나 몇 년 안에 성취해내는 것에 자신과 주변 사람들 모두 크게 놀라게 될 것이다.

몇 년 전 러시아의 세르게이 예프라모프(Sergei Yeframov) 교수가 수행한 연구에 따르면, 기존 정신 용량의 50퍼센트만 활용해도 12개 대학에서 박사학위를 따고, 12개 언어를 쉽게 배우고, 『브리태니커 백과사전』 22권 전체를 암기할 수 있다.

창의력은 선천적인 능력이다

세 살부터 다섯 살까지의 아이들을 검사해보면, 그중 95퍼센트는 창의력이 높은 것으로 결과가 나온다. 같은 아이들을 10대가 되었을 때 다시 검사해보면, 그중 5퍼센트만이 창의력이 높은 아이로 분류된다. 그간 그들에게 무슨 일이 일어났을까? 학교를 다니면서 아이들은 친구들과 잘 지내고 싶으면 별난 짓은 하지 말라고 배운다. 선생님에게 도전하거나 이상한 생각을 발표하지 말라고 배운다. 친구들과 무난히 어울리려면, 창의력을 억누를 수밖에 없다. 그들은 원래 지니고 있는 불꽃을 피우기 위해 연료를 넣는 것을 중단해야만 한다.

다행스럽게도 창의력은 선천적이고 평범한 능력이며, 누구나 약간씩이라도 지니고 있다. 그것은 타고나는 것으로, 유전적 구조의 일부이고 유독 인간에게만 있는 능력이다. 모든 사람은 창의적이다. 인구의 95퍼센트는 적합한 상황이 주어진다면 천재적인 수준까지는 아니더라도 비범한 능력을 발휘할 수 있다.

활용하지 않으면 잃게 된다

창의력은 근육과도 같다. 쓰지 않으면 사라져버리고, 규칙적으로 훈련시키고 키우지 않으면 창의력은 약해지고 무력해진다. 아이디어를 산출하는 창의력을 꾸준히 활용하여 최상의 상태로 유지시켜야 한다.

다행스럽게도 창의력은 언제든 발휘해서 더 높은 수준에서 활용할 수 있다. 실제로 두뇌에 있는 더 많은 뉴런과 수상돌기를 작동시키면서 점점 더 많은 상호연결을 만들어나갈 수 있다. 기존의 두뇌 능력을 더 많이 활용할수록 더 훌륭하고 명료하게 사고할 수 있다.

아이디어는 부의 새로운 원천이다

우리는 정보 시대에 살고 있다. 살아가는 동안 아이디어는 새로운 부의 주요 원천이 될 것이다. 아이디어는 모든 문제를 해결할 수 있는 열쇠를 담고 있다. 아이디어는 목표를 성취하기 위한 가장 중요한 수단이다. 그리고 새로운 아이디어를 산출하는 능력은 거의 무한하기 때문에, 목표를 성취할 수 있는 능력 또한 무한하다.

모든 부는 부가가치 생산에서, 다른 사람보다 더 많이 더 좋게 더 값싸게 더 빨리 더 수월하게 생산하는 것에서 비롯된다. 부가가치를 창출하는 한 가지 좋은 아이디어로 시작해서 큰 재산을 일궈나갈 수 있다.

명확한 목표들을 적고 수정하고 마음속에 떠올리고 감정적으로 몰입하게 되면, 당신은 의식과 무의식과 수퍼의식을 자극시켜서 목표 달성을 위한 아이디어들을 지속적으로 산출할 수 있다.

어떤 문제라도 해결할 수 있다

바로 지금부터 창의적인 정신을 발휘하기만 하면, 어떤 문제든 해결하고 어떤 장애든 극복하고 어떤 목표든 성취할 수 있다. 100년을 살았다 치더라도, 지금까지 사용하지 않고 묵혀둔 지능과 정신적 잠재력이 훨씬 더 많다. 지금까지 정신 능력을 모두 발휘하지 못했다고 해서 앞으로도 그 능력을 활용할 수 없는 것은 결코 아니다.

육체적 건강과 정신적 건강은 몇 가지 점에서 매우 비슷하다. 육체적으로 건강해지고 싶으면, 운동을 해야 한다. 근육을 만들려면 아령이나 역기로 근육을 긴장시켜서 '쇠를 단련하고' 근육 속에 신선한 피를 제공해야 한다. 근육은 압박할수록 시간이 지나면서 더욱 강해진다.

정신도 그와 비슷하다. 정신적 근육을 만들기 위해서는 '정신을 단련해야' 한다. 두뇌를 긴장시키고 압박해서, 모든 정신적 에너지를 모아 목표를 위한 아이디어와 해결책을 만들어내고 문제를 해결해야 한다.

마인드스토밍

지능을 향상시키고 창의력을 증대시키기 위한 가장 강력한 기법은 내가 '마인드스토밍(mindstorming)'이라고 이름 붙인 것이다. 그 작동 방식은 간단하다. 마인드스토밍 과정은 먼저 깨끗한 종이 한 장을 준비하는 것으로 시작된다. 맨 위에 목표나 문제를 질문 형태로 적는다. 질문이 간단하고 구체적일수록 더 나은 답을 낼 수 있다. 예를 들어, "어떻게 하면 더 많은 돈을 벌 수 있을까?"가 아니고 "어떻게 하면 24개월 안에 수입을 두 배로 늘릴 수 있을까?"라고 적는다.

그리고 나서 그 질문에 대해 최소한 20가지 대답을 만들어내는 훈련을 하라. 대답을 20개 이상 적을 수도 있겠지만, 이 훈련에서 가장 중요한 것은 최소한 20가지를 목표로 정하는 것이다.

처음 3개에서 5개까지의 대답은 쉬울 것이다. "더 열심히 일한다,"

GOALS! ● 자신의 노래를 끝까지 불러라

"더 일찍 일을 시작하고 더 늦게까지 일한다," "가치가 더 높은 과제에 매달린다"와 같은 대답은 쉽게 나온다.

그 다음 5가지 대답은 더 어려울 것이다. 그리 뻔하지 않은 좀더 창의적인 대답을 찾아내기 위해 더 열심히 생각하고 더 깊이 파고들어야 할 것이다. 마지막 10가지 대답들을 생각해내기가 가장 어려울 것이다. 많은 사람들은 머리가 텅 비어버리고 눈이 흐릿해질 만큼 어려움을 겪는다. '정신의 철을 단련하는' 과정을 시작하면 두뇌에 피가 몰리고, 그로 인해 현기증을 느낀다.

그렇지만 아무리 시간이 많이 걸리더라도 특히 처음 몇 번 동안은 최소한 20가지가 될 때까지 대답을 적는 훈련을 계속해야 한다. 때때로 20번째 대답은 수천 달러의 돈과 많은 시간의 고된 노동을 절감해주는 눈부신 발견이 되기도 한다. 마지막 대답은 삶과 경력을 완전히 바꾸어놓는 영감어린 아이디어일 때가 많다.

한 가지 행동을 택하라

20가지 이상의 대답을 적고 나면, 목록으로 되돌아가 대답들을 검토하라. 그리고 목표나 문제 해결을 향해 더욱 신속하게 나아가기 위해 지금 당장 할 수 있는 일을 한 가지 이상 택하라.

이 과정의 효과를 증대시킬 수 있는 방법은 20개의 대답을 적은 처음 목록에서 최상의 대답을 골라내어 그것을 새 종이의 맨 위에 질문의 형태로 적는 것이다. 그런 다음 마찬가지로 그 질문에 대한 20가지의 대답을 생각한다. 이 같은 결합 훈련은 마치 변속기가 중립에 있는 차의

액셀레이터를 밟아대는 것처럼 정신을 활발하게 가동시킬 것이다. 정신은 에너지로 번득이고 약동하며, 크리스마스 트리의 전구들 같은 아이디어들로 밝게 빛날 것이다.

예를 들어, 첫 번째 질문을 이렇게 던져보자. "어떻게 하면 24개월 안에 수입을 두 배로 늘려 매년 10만 달러까지 벌 수 있을까?" 이에 대해 다음과 같은 대답을 만들어낼 수 있다. "나는 매일 두 시간씩 일을 더 한다." 이 대답을 새로운 종이에 옮겨서 다음과 같은 질문으로 적는다. "어떻게 하면 나는 매일 생산적인 시간을 두 시간 더 확보할 수 있을까?" 그 다음 시간을 절약해서 매일 생산적인 일을 두 시간씩 더 하기 위해 할 수 있는 일들을 20가지 적을 수 있다.

무슨 대답을 선택하든 그것을 당장 행동으로 옮겨라. 무언가를 하라. 무엇이든 하라. 이 훈련에서 더욱 신속하게 행동을 취할수록, 더욱 많은 아이디어들이 지속적으로 흘러나올 것이다. 이런 아이디어들을 만들어내고서도 아무 일도 하지 않는다면, 창의력의 흐름은 약해지다가 결국에는 멈춰버리고 만다.

아이디어 축적하기

일주일에 5일씩 아침마다 이 훈련을 시행한다고 하자. 주말에는 두뇌가 쉴 수 있도록 한다. 이 훈련을 일주일에 5일씩 한다면, 일주일에 100가지 아이디어들을 만들어내게 될 것이다. 1년에 50주씩 이 훈련을 시행한다면, 앞으로 12개월 동안 5,000가지 아이디어들을 만들어낼 수 있다. 그리고 굳이 휴가를 가서까지 생각할 필요는 없다!

그런 다음 목표를 향하여 더욱 빠르게 나아가는 데 도움이 될 새로운 아이디어를 날마다 한 가지씩 실행할 수 있다고 해보자. 그 수는 하루에 하나가 되고, 일주일이면 그것의 5배, 1년이면 50배로 늘어난다. 결국 당신은 매년 250가지의 새로운 아이디어를 실천하게 되는 것이다.

질문을 하나 해보자. 이 훈련을 정기적으로 수행하면 삶과 미래가 달라지리라 생각하는가? 대부분의 사람들이 1년 내내 거의 아무런 아이디어도 내지 않는 세상에서 이 훈련이 자기 분야에 강점을 가져다주리라 생각하는가? 매일 이런 훈련을 한다면 자신이 전념하는 어떤 일에서나 곧 부를 얻고 성공을 거두리라고 생각하는가? 나는 분명히 그렇다고 생각한다.

훌륭한 아이디어 하나면, 여러 해의 고된 노동이나 수천 달러를 절약할 수 있다. 상호 보완적인 훌륭한 아이디어들이 여럿 있으면, 틀림없이 부유하고 행복하고 성공한 사람이 될 수 있다.

해결 지향적인 태도

사실 삶이란 문제와 난관들의 끊임없는 연속이다. 누구나 사업상의 위기, 가정의 위기, 경제적 위기, 건강의 위기를 비롯하여 여러 위기를 겪게 된다. 문제와 위기는 파도처럼 계속해서 밀려온다. 우리가 통제할 수 있는 유일한 측면은 이런 문제나 위기에 대한 대응이다. 그리고 바로 그 안에 성공의 열쇠가 들어 있다.

수학 문제를 푸는 과정이 있듯이 사업이나 삶의 문제들을 해결하는 데에는 어떤 과정이 있다. 앞으로 남은 직업 생활 동안 그것을 배우고 활용할 수 있다. 이를 위해서는 문제 해결에 체계적이고 조직적으로 접근할 필요가 있다.

1단계 : 문제를 명확하게 정의하라 | 어떤 문제를 적절하게 정의하고 나면, 문제의 반은 이미 해결된 셈이다. 문제를 명확하게 파악하지도 못한 채 어떤 해결책을 찾아 허둥대는 것은 엄청난 시간 낭비일 뿐이다.

2단계 : "이 문제의 원인은 무엇인가?"라는 질문을 던져라 | 미심쩍은 원인이더라도 모두 고려하라. 문제는 어떻게 시작되었는가? 그 문제를 일으킨 요인이 되어버린 핵심적인 변수는 무엇인가? 어떤 잘못된 가정 때문에 그 문제가 발생했는가? 그 문제를 해결하려고 시도하기에 앞서, 의사가 아픈 환자를 정밀하게 검사하듯이 먼저 그 문제를 철저하게 분석해야 한다.

3단계 : "해결책은 무엇인가?"라는 질문을 던져라 | 대부분의 사람들은 문제를 정의하고 나서 곧바로 어떤 종류의 해결책으로 마무리하려고 한다. 그런 성향을 피해야 한다. 항상 "또 다른 해결책은 무엇인가?"라는 질문을 던져라.

때로는 아무것도 하지 않는 것이 최상의 해결책이다. 때로는 더 많은 정보를 수집하는 것이 최상의 해결책이다. 때로는 자신의 문제가 아님을 깨닫고 다른 책임자에게 넘기는 것이 최상의 해결책이다.

4단계 : "이 해결책으로 무엇을 성취해야 하는가?"라는 질문을 던져라 | 몇 가지 가능한 해결책을 확인하고 나면, 해결책의 효력을 판단해야 한

다. 해결책의 효력을 판단하는 유일한 방법은 그 해결책으로 성취하고 싶은 것을 미리 결정하는 것이다.

"수술은 성공했는데 환자는 죽었다"라는 말이 있다. 어떤 해결책을 찾아내서 시행했는데, 문제가 해결되기는커녕 그전보다 더 악화되는 경우가 자주 있다. 그 해결책은 반드시 문제 해결 훈련을 시작했을 때 염두에 둔 목적을 성취하는 것이어야 한다.

5단계 : 해결책의 실행을 위해 구체적인 책임을 위임하거나 스스로 책임을 맡아라 | 이상적인 해결책을 결정하고 나면, 실행의 최종 기한을 정하라. 그 해결책이 효과적인지 판단할 수 있는 평가 기준을 정하라.

문제 해결에 관한 논의 후에 개인적인 책임 위임과 최종 기한에 대한 구체적인 합의가 이루어지지 않는다면, 문제는 해결되지 않고 계속해서 다시 나타날 것이다.

이와 같은 체계적인 문제 처리 방법을 반복 실천해서 습관을 들여야 한다. 이 방법을 사용하면 놀라울 정도로 유능해지고 더 나은 성과를 거둘 수 있다.

전쟁터에서 승리하는 법

여러 세기 동안의 전쟁과 전투를 공부하면서 나는 항상 더 작은 군대가 수적으로 우세한 군대를 패배시키는 상황에 매료되었다. 더 크고 더 복잡한 군대에 비해 수적으로 더 작은 군대가 공격 계획이나 수행 면에서 훨씬 더 조직적이고, 훈련이 잘 되어 있으며, 더 질서정연했다.

이와 마찬가지로, 지능이 높거나 고등 교육을 받았어도 문제 해결 방법이나 과정 없이 문제에 뛰어드는 사람보다는, 문제 해결을 위한 체계나 비법이 있는 보통 사람이 훨씬 낫다.

이들 두 가지 방법, 즉 마인드스토밍과 체계적인 접근 방식은 삶의 불가피한 문제나 난관들을 극복해나가는 데 엄청나게 큰 힘이 된다.

종이에 적어라 | 언제나 종이 위에서 생각하고 종이에 기록하라. 종이에 적으면 두뇌와 손 사이에서 무슨 일인가가 일어나서 해당 쟁점들을 더 명확하게 이해하게 된다. 더 나은 생각을 하게 되고, 인식이 더 예민해진다. 어떤 일을 진행하거나 어떤 결정을 내리기 전에 모든 것을 종이에 적어라. 적는 행위 그 자체로도 더 현명하고 창의적인 사람이 된다.

시나리오 짜기 | 우리가 실천할 수 있는 가장 효과적이고 창의적인 사고 훈련의 하나는 이른바 '시나리오 짜기'라는 것이다. 시나리오 짜기를 통해 삶이라는 경기에서 몇 수 앞을 생각하고 장차 무슨 일이 일어날지 상상하라.

미래라는 것이 대체로 알 수 없는 것이기는 해도, 오늘날 일어나고 있는 특정한 경향들은 어느 정도 지속될 것이다. 주변에서 일어나고 있는 특정한 사건들은 그러한 경향들을 중단시키지 않더라도 어느 정도 영향을 미칠 것이다. 당신의 계획을 완전히 바꿔야 할 만큼 전혀 예기치 않은 사건들이 발생하기도 한다.

두 가지 질문에 대답하라 | 시나리오 짜기를 통해 자기 자신에게 두 가

지 질문을 던져라. 첫째, 앞으로 몇 달이나 몇 년 안에 일어날 가능성이 있는 일들 중에서 사업이나 개인적 삶에 부정적인 영향을 미칠 최악의 상황 세 가지는 무엇인가? 그것들을 적어라. 자신에 대해 잔인할 정도로 정직하라. 최상의 상황을 원하거나 바라지 말라. 예를 들어, 최고의 고객이 직장을 그만두어서 제품이나 서비스의 대금을 지불하지 못한다고 상상하라. 어떻게 대응하겠는가? 일어날 수 있는 이런 사태를 예방하기 위해 무슨 조치들을 취할 수 있겠는가?

다음으로 자기 자신에게 이런 질문을 던져라. 앞으로 몇 달이나 몇 년 안에 나에게 일어날 수 있는 최고의 일 세 가지는 무엇인가?

이 두 가지 질문에 대한 대답들로 마인드스토밍을 시행한다면, 어떤 일에도 대비할 수 있다. 만일 그것이 잠재적인 장애물이라면, 이렇게 자문해보라. 어떻게 하면 그 장애물을 피할 수 있는가? 그런 다음 이 질문에 대한 대답을 20가지 만들어내라.

만일 그것이 가능성 있는 기회라면, 이런 질문을 던져라. 어떻게 하면 이 기회의 가능성을 증대시키거나 이용할 수 있는가? 마찬가지로 이 질문에 대한 대답을 20가지 적어라.

이런 질문들을 하나씩 던질 때마다, 마치 전기 스파크가 이는 것처럼 많은 아이디어와 깨달음이 번뜩일 것이다. 이런 핵심 질문들에 대해 더 많이 생각할수록 슈퍼의식은 더욱 활발하게 작동하고, 기회를 잡거나 위험을 피하게 해줄 섬광 같은 영감이나 통찰을 얻게 될 것이다.

대안이 당신을 자유롭게 한다 | 인생에서 가장 중요한 한 부분에 대해서는 대안 개발을 주요 테마로 삼아야 한다. 대안을 잘 짤수록 그만큼 더 자유로워진다.

행복하고 자유롭고 성공한 삶이 목표라면, 선택권이 있어야 한다. 어떤 상황에서든 취할 수 있는 조치가 한 가지 이상은 되어야 한다. 한 가지 행동 노선에만 갇혀 있어서는 안 된다. 처음 직업을 잡거나 처음 투자를 하거나 어떤 새로운 삶의 영역으로 뛰어드는 순간부터, 뭔가 일이 잘못되어간다면 그 즉시 그에 대한 대안을 짜야 한다.

비스마르크 계획 | 19세기 독일의 '철혈 재상' 오토 폰 비스마르크는 당대 최고의 정치가로 인정받았다. 그는 독일을 하나의 통일 국가로 형성해가는 과정에서 교묘한 책략으로 국가들, 공국들, 열강들을 서로 경쟁하게 만들었다. 그의 정치 인생은 끝없는 타협의 과정이자 승리와 패배의 과정이었다.

비스마르크는 항상 주요 계획에 관한 협상을 시작하기 전에 예비 계획을 철저하게 준비해놓는 것으로 유명했다. 그것은 '비스마르크 계획', '예비 계획'으로 알려졌다. 사업과 개인적 삶의 중요한 부분에 대해서는 항상 예비 계획을 세워두고 있어야 한다.

현재의 직업이나 직장 생활, 또는 행동 노선이 잘 풀리지 않을 때를 대비해 세워둔 예비 계획이 있는가? 현재의 투자가 잘 풀리지 않거나 '최상의 계획들'이 실패했을 때를 대비한 예비 계획은 무엇인가? 대안은 무엇인가? 만일 내일 당장 길거리로 내쫓기거나 처음부터 다시 시작해야 하는 처지가 된다면, 어떻게 하겠는가?

선택할 수 있는 것이 많을수록 정신적 자유는 그만큼 더 커진다. 더 많은 대안들을 충분히 생각하고 세워둘수록 어떤 상황에서든 더 큰 능력을 발휘할 수 있다. 따르고 있는 행동 노선이 제대로 풀리지 않을 때 다른 행동 노선을 더 많이 개발할수록 자신감은 더 커진다. 살아가는

GOALS! ● 자신의 노래를 끝까지 불러라

동안 우리가 할 수 있는 가장 중요한 일 가운데 하나는 '행동의 자유'의 범위를 넓히는 것이다. 현재 일이 아무리 잘 풀리고 있다 하더라도 창의력을 발휘해서 끊임없이 대안들을 개발하라.

> **자신의 노래를 끝까지 불러라**
>
> 1. 가장 중요한 목표나 가장 큰 문제를 선정하고, 그것을 종이 맨 위에 질문의 형태로 적어라. 그런 다음 그 질문에 대한 20가지 대답을 만들어내고 그 가운데 한 가지를 당장 실행하는 훈련을 하라.
> 2. 문제를 명확하게 정의하고 여러 가능한 해결책들을 개발하고 최선의 해결책을 결정한 다음 가능한 한 빨리 그 해결책을 실행하는 방식으로, 모든 문제를 체계적으로 접근하라.
> 3. 종이 위에서 생각하라. 어떤 문제나 목표의 세세한 항목들을 모두 적고, 그 문제를 해결하거나 그 목표를 성취할 수 있는 간단하고도 실제적인 방법들을 찾아라.
> 4. 앞으로 몇 달 안에 당신에게 일어날 가능성이 있는 최상의 일들과 최악의 일들을 확인하라. 최악의 결과들의 영향을 줄이고 최상의 결과들의 이득이나 가능성을 극대화하기 위해서 할 수 있는 일을 결정하라.
> 5. 선택할 수 있는 범위가 넓을수록 더 자유로워진다. 사업과 개인적 삶의 모든 중요한 영역에 대해 예비 계획을 세워두라.
>
> ―――
>
> 우리에게는 문제를 해결하고 목표를 획득하기 위해 더 나은 새로운 방식들을 찾아낼 수 있는 창의적 능력이 있고, 그것은 이제까지 활용한 것보다 훨씬 더 크다. 우리는 잠재적인 천재이다. 자신의 지능을 최대한 활용함으로써 어떤 장애라도 극복할 수 있고, 그 어떤 목표라도 성취할 수 있다.

20 날마다 무언가를 하라

> 나는 떠오르는 태양을 침대에 누워 맞이한 적이 평생 단 한 번도 없었다.
> — 토머스 제퍼슨

◎ 성공의 공통 분모를 확인하기 위한 시도의 일환으로 수백, 수천의 판매원, 직원, 관리자들을 대상으로 인터뷰, 테스트, 연구가 진행되어왔다. 밝혀진 성공 요인들 중에 되풀이해서 나타난 한 가지는 '행동 지향'이라는 자질이었다.

성공한 사람은 철저하게 행동 지향적이다. 실패한 사람들보다 더 바삐 움직인다. 더 많이 노력하고, 더 열심히 노력한다. 조금이라도 더 일찍 일을 시작하고, 조금이라도 더 늦게까지 일에 매달린다. 그들은 항상 움직이고 있다.

반면, 실패한 사람들은 막다른 벽에 내몰려 어쩔 수 없이 시작하고, 가능한 한 빨리 그만둔다. 휴식 시간, 점심 시간, 병가, 휴가를 모두 꼬박꼬박 챙긴다. "나는 퇴근을 하고 나면, 절대로 회사 일에 대해서는 생각 안 한다"라며 큰소리를 친다.

교통 체증이 문제가 아니다

우리 직원 중에 항상 지각하는 사람이 있었다. 우리가 이 문제를 지적하자, 그는 교통 체증 때문이라고 대꾸했다. 교통 체증이 문제가 되지 않도록 더 일찍 출발하라고 제안하자 그는 "더 일찍 출발하면 교통 체증은 없겠지요. 하지만 출근 시간보다 일찍 직장에 도착하게 될 텐데요. 그렇게는 할 수 없습니다!"라고 말했다.

말할 필요도 없이 우리는 곧장 그를 해고하고 더 책임감 있고 열심인 사람을 새로 고용했다. 나중에 그가 임시직과 실업 상태를 전전하면서 지낸다는 소문을 들었다. 그런 태도를 버리지 않는 한 그는 계속 그런 실패의 길을 걸을 수밖에 없다.

보상의 법칙

랠프 왈도 에머슨은 「보상 Compensation」이라는 유명한 에세이에서, 삶에서 받는 보상은 항상 우리가 공헌한 바의 가치에 정비례한다고 썼다. 더 많이 보상받고 싶다면, 성과의 질과 양을 늘려라. 다른 길은 없다.

나폴레온 힐은 성공한 사람들의 중요한 자질을 하나 발견했다. 그들은 대부분 밑바닥에서, 그리고 많은 경우 무일푼에서 출발했는데, 일찍부터 '남들보다 조금 더 가는' 습관을 길렀다는 것이다. 옛말에도 있듯이 "남들보다 더 멀리 가면 교통 체증 따위는 없다"라는 사실을 발견한 것이다.

한 연구자는 빈손에서 출발해서 100만 달러 이상의 재산을 축적한 사람들을 수천 명 인터뷰했다. 그들이 거의 만장일치로 인정한 것이 하나 있다. 자신의 성공은 지급받은 보수보다 더 많이 일한 결과라는 것이다. 그들은 직장 생활을 처음 시작할 때부터 항상 받는 것보다 더 많은 것을 쏟아 붓는 습관을 들였다. 그들은 당연히 해야 하는 일보다 더 많은 성과를 올리는 방법을 찾는 습관이 있었다.

일을 찾아서 하라

경영대 졸업반 학생들에게 강연을 해보면, 자기 일에서 성공하려면 어떤 일을 해야 하는지 제시해줄 수 있느냐고 물어보는 학생들이 종종 있다. 나는 항상 똑같은 조언을 해준다. 그것은 내 젊은 시절에 도움이 되었고, 경력의 어떤 단계에 있든 모든 이에게 도움이 될 것이다.

내 조언은 두 가지이다. 첫째, 새로운 직장을 잡아 맡은 일에서 최고의 경지에 이르고 나면 상사에게 찾아가 '더 많은 책임'을 지고 싶다고 말하라. 회사에 최대한 기여하기로 결심했으며 더 많은 일을 맡고 싶다고 말하라.

나는 대기업의 젊은 이사였을 때 이런 말을 처음 했다. 상사는 고개를 끄덕거리며 웃음을 짓고는 관심을 보여주어 고맙다고 말했다. 그러나 당분간은 별다른 얘기가 없었다. 며칠에 한 번씩 상사에게 보고를 올릴 때마다 나는 더 많은 일을 맡고 싶다고 말했다.

이렇게 몇 주가 지난 후, 상사는 한 프로젝트를 연구하고 평가하는 일을 내게 맡겼다. 나는 떨 듯이 기뻤다. 밤낮을 가리지 않고 심지어는 주말에도 일하면서 나는 그 프로젝트를 낱낱이 분석하고 연구 결과를 수집하고 세부 항목들을 다시 정리해서 마침내 보고서와 제안서를 작성했다. 월요일 아침에 나는 그 프로젝트에 관한 완벽한 제안서를 사장에게 제출했다. 그는 매우 놀라워하면서 "대단하군요. 한두 주 안에 이렇게 해낼 줄은 몰랐는데"라고 말했다. 나는 그의 관심에 고맙다는 인사를 하고 나서 이렇게 말했다. "요구하신 대로 이 프로젝트를 완벽하게 평가했습니다. 그리고 정말 더 많은 일을 맡고 싶습니다."

그 후로 일이 잘 풀리기 시작했다. 일주일 후에 나는 작은 일 하나를 새로 맡았는데, 그것은 나의 임무 범위를 완전히 벗어나는 것이었다. 또다시 나는 최대한의 능력을 발휘해서 그 일을 완수했다. 1, 2주 후에 상사는 또 일을 맡겼고, 일주일 후에는 또 다른 일을 맡겼다.

그 일이 무엇이든, 그 일에 대해 아는 것이 있든 없든 나는 즉시 그 일에 매달렸으며, 종종 개인 시간과 주말까지 바쳐가며 일을 했다. 나는 할 수 있는 한 신속하게 그 일을 마쳐서 상사에게 가져갔다.

기회가 생기면 신속하게 행동하라

이것은 직업에서 성공을 거두고자 하는 모든 이를 위한 두 번째 조언으로 이어진다. 요청한 일을 맡으면, 마치 그것이 핀 뽑힌 수류탄인 양 그 일을 신속하고 훌륭하게 마무리해서 가능한 한 빨리 상사에게 가져가라. 신속하게 움직여라. 머뭇거리지 말라. 계속해서 더 많은 일을 요구하고 그 일을 맡아서 신속하게 해내면 남들에게 아주 긍정적인 인상을 심어줄 수 있다.

곧 상사는 나를 '쓸모 있는 사람(go-to guy)'으로 여겼고, 급히 처리해야 할 일이 생기면 여러 해 동안이나 일을 해온 다른 경영자들이 있는데도 불구하고 그들보다는 나를 불렀다. 곧 나는 승진하기 시작했다.

기회에 대비하라

어느 날 상사는 나에게 일 하나를 던져주었다. 팽팽한 풋볼 경기의 마지막 공격에서 공을 잡아 터치다운을 향해 뛰어가듯 나는 신속하게 움직였다. 비행기를 타고 1,000마일을 날아가 밤낮으로 일하면서 결국 문제점을 발견했고, 200만 달러의 손실을 막았다. 내가 이틀만 지체했어도, 그 돈은 영원히 날아가버렸을 것이다.

그 성공 이후에 일이 봇물 터지듯 쏟아져 들어왔다. 처음에는 커다란 임무 하나가 떨어졌고, 그 다음에는 새로운 부서 전체, 그 다음에는 또 다른 부서, 그 다음에는 세 번째 새로운 부서를 책임지게 되었다. 그 회사에서 일한 지 2년 정도 되었을 때, 나는 세 개의 부서를 관리하면서 50명 남짓한 직원들을 거느리고 거의 5,000만 달러에 해당하는 기업 활동을 관장하고 있었다.

그 사이에 내 동료 직원들은 여전히 9시 정각에 출근하고, 함께 점심을 먹으러 나가고, 5시면 퇴근해서 술집으로 가곤 했다. 그들은 내가 승진하는 이유가 '운이 좋기' 때문이거나 상사의 편애 때문이라며 수군댔다. 그들은 더 많은 일을 요구하고 신속하게 움직이는 것이 얼마나 중요한지 전혀 배우지 못한 것이다.

해야 할 일이 끝난 다음에도 일하라

몇 년 전, 미국 상공회의소 회장이 자신의 퇴임 만찬에서 어떤 일화를 이야기했다. 그는 미국과 해외에서 가장 존경받는 기업인들 가운데 한 사람으로, 모든 기업인들이 꿈꾸는, 일을 대단히 잘한다는 평판을 얻었다.

실패와 좌절로 얼룩진 젊은 시절, 그는 우연히 고등학교 게시판에 걸린 도시락 가방에서 글귀 하나를 보았다. 그는 뭔가에 이끌린 듯 멈추어서서 그 글을 읽었다. 거기에는 이렇게 씌어져 있었다. "해야 할 일을 다 하고 난 후에 하는 일이 삶에서의 성공을 결정한다."

그는 그 글귀 덕분에 삶이 바뀌었다고 말했다. 그때까지도 명령받은 일이나 마땅히 해야 할 일은 다 하고 있었으므로, 자신이 일을 잘하고 있다고 생각했다. 그러나 그때부터는 해야 하는 것보다, 지급받는 보수보다 더 많이 일하기로 결심했다. 그날부터 그는 조금 더 일찍 일어나고, 조금 더 열심히 일하고, 조금 더 늦게 퇴근했다. 하나의 일을 마치고 나면 그 다음 일로, 이 고객에서 저 고객으로 더 바쁘게 움직였다.

그리고 당연한 일이 그에게 뒤따랐다. 더 빠르게 움직일수록 더 많은 경험이 쌓였고, 더 많은 경험이 쌓일수록 일에 더 능숙해졌고, 일에 더 능숙해질수록 더 짧은 시간에 더 많은 성과를 얻었다. 조만간 그는 더 많은 급료를 받고, 더 신속하게 승진했다.

더 빠르게 움직이고 해야 하는 것보다 더 많은 일을 하면서, 그는 급속하게 앞으로 나아가기 시작했다. 그는 곧 승진해서 새로운 부서로 옮겨갔고, 그 다음에는 새로운 산업 분야에 고용되어 새로운 책임을 맡았다. 언제나 그의 전략은 오로지 한 가지였다. "받고 있는 급료보다 더 많이 일하라. 해야 하는 것보다 더 많은 일을 하라. 가야 하는 것보다 더 멀리 가라. 바쁘게 움직여라. 행동으로 옮겨라. 시간을 낭비하지 말라." 그리고 그는 결코 뒤를 돌아보지 않았다.

건국의 아버지가 주는 지혜

토머스 제퍼슨은 이런 글을 남겼다. "절대로 게으름 피우지 말라. 시간이 부족하다고 불평할 겨를조차 없이 바쁜 사람은 절대 한 시간도 허비하지 않는다. 항상 움직이면 놀라울 만큼 많은 일을 할 수 있다."

후에는 이런 말도 썼다. "나는 떠오르는 태양을 침대에 누워 맞이한 적이 평생 단 한 번도 없었다."

어쨌든 시간은 흘러간다

여기에 중요한 점이 있다. 어쨌든 시간은 흘러간다는 것이다. 몇 주든, 몇 달이든, 몇 년이든 삶의 시간들은 어쨌거나 흐르게 되어 있다.

자신에게 이런 질문을 해보자. 이 시간으로 무엇을 할 것인가?

시간은 어쨌든 흘러가게 되어 있다면, 조금이라도 더 일찍 일을 시작하고, 더 열심히 일을 하고, 더 늦게까지 일을 하는 것이 당연하지 않겠는가? 신속하게 잘 수행해야 할 일이 있을 때마다 불려 가는 '쓸모 있는 사람'이라는 평판을 얻어야 하지 않겠는가? 직업에서 고속으로 발전하는 데 이만큼 큰 도움이 될 만한 것이 또 있겠는가?

일단 움직이고, 계속해서 움직여라

높은 수입을 올릴 수 있는 열쇠는 '성공의 관성 원리'이다. 이 원리에 따르면, 처음에 움직이기 시작하기까지는 상당한 에너지가 들어가지만, 일단 움직이고 나면 훨씬 적은 에너지로 계속해서 움직일 수 있다. 이러한 관성 원리는 다른 어떤 요인 못지않게 성공의 원인을 잘 설명해준다. 성공한 사람들은 바쁘게 움직인다. 그들은 지체없이 움직이기 시작해서 온종일 계속 움직인다.

주도면밀하게 시간을 계획하라

성공한 사람들은 매우 주도면밀하게 하루 단위, 시간 단위, 심지어는 몇 분 단위로 계획을 세운다. 이 문제에 관한 연구에 따르면, 엄밀한 시간 계획 수립과 높은 수입이 비례하는 것으로 보인다. 변호사와 의사들은 우리 사회에서 높은 수입을 올리는 전문직 종사자들로서, 미국의 자수성가한 백만장자들 가운데 25퍼센트를 차지한다. 그들은 모두 분 단위로 소송을 처리하거나 환자들을 돌보고 있으며, 그 때문에 시간 관리도 분 단위로 한다.

수입이 적은 사람들은 시간을 하루나 일주일이나 한 달 단위로 생각한다. 그들에게는 한나절을 허비하는 것이 아무런 문제도 되지 않는다. 오후에 따라잡으면 된다고 변명한다. 때때로 그들은 일주일 가운데 처음 이틀을 허비하기도 한다. 다음날부터 따라잡으면 된다고 생각한다. 심지어 한 달 중에서 처음 한두 주를 허비하기까지 한다.

월별 할당량 부과의 함정

나는 여러 해 동안 수많은 판매 조직에서 일을 해보았다. 이들 조직에 속한 판매원 가운데 80퍼센트는 월별 할당량을 기준으로 일한다. 그들은 매월 처음 3주 동안은 한가하게 지내다가 마지막 주가 되면 갑자기 월별 판매 할당량을 채우기 위해 미친 듯이 필사적으로 일한다.

그러나 최고 자리에 있는 사람들은 그렇지 않다. 그들은 매월 첫째 날도 그 전달 마지막 날과 똑같은 집중력과 강도로 일한다. 그들은 로드러너처럼 도로를 질주한다. 아침 일찍 7시나 7시 반에 '액셀레이터'를 밟는다. 남보다 일찍 출발해서 아침 출근 시간의 교통 혼잡을 피한다. 또한 모든 사람들이 고속도로로 몰려드는 시간이 다 지나도록 직장에 남아서 일하며, 그래서 저녁 퇴근 시간의 교통 혼잡을 피한다.

행동하면 에너지가 발생한다

정신적으로나 육체적으로나 더 신속하게 움직일수록 더 많은 에너지가 생긴다. 더 신속하게 움직일수록 더 행복하고 열정적이고 창의적인 사람이 된다. 더 많은 성과를 올리고 더 많은 급료를 받는다.

관성의 원리를 적용하라. 일단 움직이기 시작하면, 계속해서 움직여라. 시간 관리 전문가인 앨런 래케인은 이렇게 말했다. "빠른 템포야말로 성공에 필수 불가결한 요소이다." 더 많은 성과를 올릴 수 있는 열쇠는 가장 중요한 과제를 선택한 다음 '긴박감'을 잃지 않고 그 일에 착수하는 것이다. 바로 이것이 성공과 높은 성취로 이르는 길이다.

1 바로 지금 삶의 속도를 올리겠다고 결심하라. 한 과제에서 다음 과제로 더 신속하게 이동하라. 활동의 템포를 더 빨리 하라.

2 내일부터 한 달 동안 멀리 휴가를 떠날 예정이며 출발하기 전까지 모든 일들을 끝마쳐야 한다고 상상하라. 휴가를 떠나기 바로 직전까지 최대한 열심히 그리고 신속하게 일하라.

3 빡빡하게 시간 계획을 짜라. 그 일을 할 수 있는 시간이 30분밖에 남지 않았다고 상상하고, 하루 온종일 긴장해서 일하라.

4 끊임없이 더 많은 일을 요구하라. 그리고 일을 맡으면 신속하고 훌륭하게 완수하라. 이러한 습관 하나가 기회의 문을 끊임없이 열어줄 것이다.

5 지금부터는 한 시간씩 일찍 일어나고, 일어나면 바로 움직이겠다고 결심하라. 점심 시간이나 휴식 시간에도 일을 하라. 그날 못다한 일을 끝마치고 다음날을 준비하기 위해 퇴근 시간을 한 시간 늦추어라. 이런 식으로 보충하다 보면, 생산성은 두 배로 늘어난다.

'성공의 관성 원리'를 활용해서 목표에 착수하고 그런 다음 목표를 성취하기 위해 날마다 무언가를 하라. 행동 지향은 성공에 필수적인 요소이다.

21 마지막 1분까지 포기하지 말라

대다수 사람들은 성공을 쟁취하기 바로 직전에 포기한다. 그들은 1미터 앞에서 그만둔다. 경기의 마지막 1분을 남겨놓고, 승리의 터치다운을 한 발자국 남겨놓고 포기한다.
– H. 로스 페로

◎ 삶에서의 위대한 성공은 곧 끈질긴 노력의 승리를 의미한다. 원하는 것을 결정하고, 그 일에 착수하고, 그런 다음 목표를 성취할 때까지 모든 장애와 역경을 뚫고 끈질기게 노력하는 능력이야말로 성공의 핵심적인 결정 요인이다. 그리고 끈질긴 노력의 단짝은 용기이다.

 삶에서 직면하게 되는 가장 큰 과제는 두려움을 정복하고 용기를 키우는 것이 아닌가 싶다. 윈스턴 처칠은 이렇게 썼다. "용기는 당연히 최상의 덕목이다. 다른 모든 덕목들이 바로 용기에 달려 있기 때문이다."

두려움의 정복

두려움은 인간의 가장 큰 적이며, 과거에도 늘 그랬다. 프랭클린 루스벨트는 이렇게 말했다. "우리가 유일하게 두려워해야 할 것이 있다면, 그것은 바로 두려움 자체이다." 즉, 불안, 스트레스, 불행을 느끼는 것은 두려움이라는 감정 때문이지 두려움의 대상인 현실 때문이 아니라는 것이다.

용기와 확고부동한 자기 확신을 키우면, 새로운 가능성의 세계가 열린다. 생각해보라. 이 세상에서 두려울 게 하나도 없다면, 내가 꿈꾸거나 되고 싶거나 하고 싶은 것은 무엇인가?

정면으로 맞서라

다행히 다른 모든 성공 기술처럼 용기라는 습성도 습득 가능하다. 이를 위해서는, 두려움을 정복하고 그와 동시에 용기와 확신을 키워나가야 한다. 용기와 확신이 있으면 어쩔 수 없이 겪게 되는 삶의 부침에도 아무 두려움 없이 대처할 수 있다.

신디케이트 칼럼니스트인 앤 랜더스는 이렇게 썼다. "전 인류에게 가장 유용한 조언을 딱 한 가지만 해달라고 한다면, 나는 이렇게 말하겠다. 고통을 삶의 불가피한 부분으로 예상하라. 그리고 고통이 찾아오면, 머리를 치켜올리고 정면으로 응시하면서 '나는 너보다 더 대단한 사람이다. 너는 나를 패배시킬 수 없다' 라고 말하라." 승리를 이끌어내는 것은 바로 이런 태도이다.

두려움의 원인과 치료

두려움을 극복하고 용기를 키우는 출발점은 무엇보다도 자신이 두려움에 빠지는 요인을 밝혀내는 것이다. 두려움의 근원은 어린 시절을 형성하면서 대체로 파괴적인 영향을 끼치는 부모의 비난이다. 이로 말미암아 우리는 두 가지 유형의 두려움을 경험한다. 첫째는 실패에 대한 두려움으로, 우리는 "나는 할 수 없어, 할 수 없어, 할 수 없어"라는 생각에서 헤어나오지 못한다. 둘째는 거절에 대한 두려움으로, 우리는 "나는 꼭 해야 해, 해야 해, 해야 해"라는 생각에 사로잡힌다.

이러한 두려움 때문에 돈이나 시간, 또는 인간 관계에 쏟은 감정적 투자를 잃을지도 모른다는 두려움에 사로잡힌다. 다른 사람들의 의견이나 비난에 극도로 민감해져서, 때로는 남들로부터 반박당할 수 있는 일은 무엇이든 하기가 두려워지는 지경에까지 처한다. 두려움은 우리를 마비시킨다. 그것은 꿈과 목표를 위해 건설적인 행동을 하지 못하도록 우리를 억누른다. 우리는 망설이고, 우유부단해지고, 꾸물거린다. 우리는 한없이 변명을 늘어놓거나 주춤하는 이유를 찾아다닌다. 그리고 "하기는 해야 하는데, 나는 할 수 없어"라든지 "할 수는 없지만, 하기는 해야 해"라는 이중의 사슬에 묶여 절망에 빠진다.

무지와 피로가 두려움을 불러일으킨다

두려움은 무지 때문에 생긴다. 정보가 충분하지 않으면 행동의 결과가 걱정스럽고 불안해진다. 알지 못하면 변화가 두려워지고, 미지의 것이 두려워지고, 새로운 일이나 색다른 일은 무엇이든 시도하지 못한다.

그렇지만, 그 역도 역시 진실이다. 특정한 영역에서 더 많은 정보와 경험을 수집하고 쌓는 것만으로도 그 영역에서 더 많은 용기와 확신을 가질 수 있다. 차를 운전한다든지, 스키를 탄다든지, 판매나 경영을 한다든지 등등 그 영역을 완전히 정복했기 때문에 전혀 두려움을 느끼지 않는 삶의 부분들이 있다. 지식과 경험이 있으면 무슨 일이 일어나든 그것을 처리할 수 있는 완벽한 능력이 있다고 느낀다.

두려움을 불러일으키는 또 다른 요인은 질병이나 피로이다. 건강하고 행복하고 활기찬 삶을 살 때보다 몸이 피로하거나 건강하지 않을 때 두려워하고 의심하는 경향은 더 커진다.

때로 정신과 감정을 완전히 재충전할 수 있을 만큼 충분히 오랜 휴가를 떠나거나 밤잠을 푹 자는 것으로 자신과 자신의 잠재력에 대한 태도를 완전히 바꿀 수도 있다. 휴식과 이완 역시 용기와 확신을 가져다준다.

누구나 두려워한다

이성적인 모든 사람은 무언가를 두려워한다. 육체적, 감정적, 경제적 생존에 대해 우려하는 것은 매우 정상적이고 자연스러운 일이다. 용기가 있다고 해서 두려움이 없는 것은 결코 아니다. 마크 트웨인이 말했듯이, "용기란 두려움에 대한 저항이자 두려움의 정복이지, 두려움의 부재가 결코 아니다."

문제는 두려워하는가 두려워하지 않는가가 아니다. 누구나 다 두려워한다. 문제는 "어떻게 두려움에 대처하고 있는가?" 하는 것이다. 용기 있는 사람은 두렵지만 앞으로 나아간다. 그리고 내가 터득한 바에 따르면, 두려움에 맞서고 두려움을 향하여 당당히 나아갈 때, 두려움은 사라지고 그와 동시에 자기 존중과 자기 확신도 더 커진다.

그렇지만 두려워하는 바를 외면할 때, 두려움은 커져서 삶의 모든 측면을 죄지우지하기 시작한다. 그리고 두려움이 커지면서 자기 존중과 자기 확신도 사라져버린다. 배우 글렌 포드가 말했듯이, "두려운 일을 하지 않으면, 두려움이 당신의 삶을 죄지우지한다."

두려움을 분석하라

두려움을 일으키는 요인들을 인식하고 나면, 두려움을 극복하는 다음 단계는 차분히 자리에 앉아 자신의 두려움을 객관적으로 확인하고 규정하고 분석하는 것이다.

깨끗한 종이를 준비하고 맨 위에 이런 질문을 적는다. "내가 두려워하고 있는 것은 무엇인가?" 어떤 불안을 불러일으키는 크고 작은 모든 일들을 적어서 두려움에 관한 목록을 만든다. 가장 일반적인 두려움들부터 적기 시작한다. 실패나 상실에 대한 두려움, 거절이나 비난에 대한 두려움 등이 거기에 포함된다.

실패를 두려워하는 사람들은 자기의 실수를 정당화하거나 은폐하는 데 엄청난 에너지를 쏟아 부으며, 실수를 할 수도 있다는 생각을 하지 못한다. 남들에게 자신이 어떻게 비칠까 하는 문제에 민감한 사람은 어떤 독자적인 행동도 취하지 못한다. 다른 누군가가 받아들여줄 것이라는 절대적인 확신이 생기지 않으면 어떤 일도 하려고 하지 않는다.

두려움의 우선 순위를 정하라

사고와 행위에 영향을 미치고 있다고 생각되는 두려움을 모두 적고 나면, 그 항목들을 중요도에 따라 배열하라. 자신의 사고에 가장 커다란 영향을 미치고 있거나 자신을 가장 억누르고 있는 두려움은 무엇인가? 두 번째 두려움은 무엇인가? 세 번째 두려움은? 등등.

지배적인 두려움에 관한 세 가지 질문의 답들을 종이에 적어라.

- 이 두려움은 어떻게 내 삶을 억누르고 있는가?
- 이 두려움은 어떻게 나에게 도움을 주고 있는가? 또는 어떻게 과거에 도움을 주었는가?
- 이 두려움을 없앰으로써 내가 얻게 될 이득은 무엇인가?

몇 년 전 이 문제들에 답하면서, 나는 가장 커다란 두려움이 가난에 대한 두려움이라는 결론을 내렸다. 나는 빈털터리 신세이며 어쩌면 빈곤층일 수도 있다는 두려움을 느꼈다. 이러한 두려움은 어린 시절부터 시작되었다. 대공황기에 자라신 부모님이 항상 돈 걱정을 늘어놓으셨기 때문이다. 20대 시절 여러 차례 빈털터리 신세가 되면서, 나의 두려움은 완전히 굳어졌다. 이러한 두려움의 근원을 객관적으로 평가할 수는 있었지만, 그것은 여전히 나에게 큰 영향을 미치고 있었다. 심지어는 돈이 충분히 있을 때에도 그러한 두려움은 가시지 않았다.

"이 두려움은 어떻게 내 삶을 억누르고 있는가?"라는 첫 번째 질문에 대한 내 대답은 다음과 같았다. 그 때문에 나는 돈에 관한 모험을 감행하지 못했다. 그 때문에 안전한 직장만을 찾아다녔다. 그 때문에 안전한 기회만을 선택했다.

"이 두려움은 어떻게 나에게 도움을 주고 있는가?"라는 두 번째 질문에 대한 내 대답은 다음과 같았다. 빈곤에 대한 두려움을 떨치기 위해서 다른 사람들보다 훨씬 더 오래 훨씬 더 열심히 일하는 습관을 키웠다. 더 야심 있고 의지가 굳은 사람이 되었다. 돈을 벌고 투자하는 다양한 방식을 연구하고 배우는 데 훨씬 더 많은 시간을 투자하게 되었다. 빈곤에 대한 두려움이 사실은 나를 경제적 독립으로 이끌고 있었다.

"이 두려움을 없앰으로써 내가 얻게 될 이득은 무엇인가?"라는 세 번째 질문에 답하는 순간, 나는 이미 이렇게 되리라는 사실을 알았다. 나는 기꺼이 더 많은 모험을 감행할 것이고, 더욱 적극적으로 경제적 목표들을 추구할 것이고, 내 사업을 시작하게 될 것이며, 지출이 너무 많거나 가진 것이 너무 적다고 애를 태우지 않을 것이다. 특히 더 이상 물건 가격에 대해 크게 걱정하지 않을 것이다.

가장 큰 두려움을 객관적으로 분석하는 방식을 통해 두려움을 없애 나가는 과정을 시작할 수 있었다.

실천을 되풀이하면 습관이 된다

되풀이해서 실천하는 것은 무엇이든 결국 새로운 습관이 된다. 용기가 필요하면 언제든지 용기 있게 행동함으로써 용기를 키워야 한다.

용기라는 습관을 기르기 위해 실천할 수 있는 일들이 몇 가지 있다. 가장 중요한 용기는 시작하는 용기, 믿음을 갖고 앞으로 나아가는 용기이다. 이것은 무언가 새롭거나 다른 일을 시도하는 용기이자, 성공에 대한 아무런 보장 없이도 안전 지대를 벗어날 수 있는 용기이다.

앞에서 여러 해 동안 기업가 정신에 대해 강의를 한 뱁슨 대학의 로버트 론스태트 박사를 언급했었다. 그는 자기 수업을 들은 사람들을 대상으로 연구를 시행했으며, 그 결과 실제로 자기 사업을 시작하고 성공한 사람들은 그들 가운데 10퍼센트밖에 되지 않는다는 사실을 발견했다. 성공한 졸업생들이 공통적으로 지닌 한 가지 유일한 자질은 다름 아닌 사업을 시작하겠다는 적극적인 의지였으며, 이는 그것에 대해 끊임없이 이야기만 하는 것과는 전혀 다른 것이었다.

통로 원리

론스태트 박사는 '통로 원리'를 발견했다. 마치 통로를 따라 걸어가듯 목표를 향하여 앞으로 나아가면, 만일 앞으로 나아가지 않았더라면 보이지 않았을 문들이 열린다.

그의 기업가 정신 강좌를 들은 졸업생들 중에는 배운 것을 전혀 실천하지 않은 사람들도 있었다. 그들은 여전히 뭔가를 시작하기 전에 모든 것이 제대로 갖추어지기를 기다리고 있었다. 그들은 어떻게든 성공하게 되리라는 확신이 생기기 전까지는 구태여 불확실한 통로를 따라 걸으려고 하지 않았다. 그들에게 확신 같은 것은 절대 생기지 않았다.

행동이 가장 중요하다

크게 성공한 사람들과 함께 시간을 보내면서 그들이 목표를 성취하기 위해 습득한 것들을 배운다면 큰 도움이 될 것이다. 그렇지만 배운 바를 어떤 구체적인 행동으로 옮기지 않는다면, 그러한 권고와 자료는 아무런 도움도 되지 않는다.

성공에 관해 배우기만 해도 위대한 일들을 성취할 수 있다면 성공은 확실하게 보장될 것이다. 서점에는 자기 개발에 대한 서적들이 넘쳐나고, 그 책들은 더욱 큰 성공을 거두기 위해 활용할 수 있는 아이디어들로 채워져 있다. 그렇지만 아무리 좋은 얘기를 많이 듣더라도 자신에게 동기를 부여해서 목표를 향하여 끈질기고도 지속적인 행동을 취하지 않는다면 아무런 소용이 없다.

이 책에 담긴 아이디어들을 읽으면서 무엇을 더 해야 하고 무엇을 덜 해야 하는지 어느 정도 구체적인 결정을 내렸을 것이다. 삶의 다양한 영역에서 특정한 목표를 설정하고, 또 그 결정을 끝까지 고수하겠다고 결심했을 것이다. 이제 중요한 질문은 이것뿐이다. "하기로 결심한 일을 하겠는가?"

극기의 필요성

성공을 위한 가장 중요한 자질을 단 한 가지만 꼽으라면, 그것은 극기이다. 극기가 의미하는 바는 좋든 싫든 해야 하는 일이라면 그 일을 할 수 있는, 강인한 품성과 의지력이다.

품성이란 처음에 결심을 했을 때의 열정이 식은 후에도 그 결심에 따라 끝까지 일을 해내는 능력이다. 미래를 결정적으로 좌우하는 것은 무엇을 배웠느냐가 아니라 최종적으로 목적을 달성할 때까지 계속해서 대가를 치를 만큼 자기 자신을 통제할 수 있는가의 여부이다.

목표를 설정하고 계획을 세우기 위해서는 극기가 필요하다. 새로운 정보를 통하여 끊임없이 계획을 수정하고 갱신하기 위해서는 극기가 필요하다. 시간을 잘 활용하고 그 시간 동안 해야 할 가장 중요한 한 가지 과제에 전념하기 위해서는 극기가 필요하다. 자신에 대한 투자로서, 직업적인 면에서의 향상을 위해서 성공을 누리는 데 필요한 것들을 습득하는 데에는 극기가 필요하다.

앞으로 일을 하면서 살아가는 동안에 경제적 독립을 성취하기 위해 즐거움을 뒤로 미루고 돈을 절약하고 재정을 관리하려면 극기가 필요하다. 목표와 꿈에 집중하고 의심이나 두려움을 떨쳐버리기 위해서는 극기가 필요하다. 모든 어려움에 직면하여 긍정적이고 건설적으로 대응하기 위해서는 극기가 필요하다.

끈기 있게 극기를 행하라

일이 제대로 풀리지 않을 때 얼마나 끈질기게 노력하느냐가 극기의 수준을 입증해준다. 끈기는 극기가 행동으로 나타난 것이다. 끈기는 개인의 품성을 진정으로 평가해주는 척도이자 자기 자신에 대한 믿음과 성공에 대한 능력을 재는 진정한 척도이다.

역경과 절망스러운 상황에 직면해서도 고집을 꺾지 않으면 끈기라는 습성이 형성된다. 내부에서 강인한 성공의 자질이 개발된다. 그 자질에 힘입어 앞으로 나아가고 어떤 장애도 극복할 수 있게 된다.

역사적인 대성공의 공통점

인류 역사는 곧 끈기의 승리의 역사이다. 모든 위인은 성공과 성취라는 높은 고지에 도달하기까지 엄청난 시련과 고난을 견뎌내야 했다. 그들을 위대하게 만든 것은 참을성과 불굴의 노력이었다.

윈스턴 처칠은 많은 사람들이 20세기의 가장 위대한 정치가로 인정하는 인물이다. 그의 용기와 끈기는 익히 알려져 있었고, 그는 그것으로 존경받았다. 가장 암울했던 제2차세계대전 당시, 독일 공군이 영국을 폭격하고 잉글랜드가 고립되었을 때 많은 사람들은 패배를 당연하게 여겼다. 그러나 그런 상황에서도 처칠은 흔들리지 않았으며, 전 영국민은 이에 고무받아 싸움을 포기하지 않았다. 존 F. 케네디는 처칠의 연설에 대해서 이렇게 말했다. "처칠은 영어를 정렬시켜 그것을 전쟁터로 내보냈다."

끈기에 대한 역사상 가장 위대한 연설은 처칠이 1940년 6월 4일 영국민에게 한 연설이다. 그 연설은 이렇게 끝을 맺었다. "우리는 항복하거나 패배하지 않을 것입니다…… 우리는 프랑스에서 싸울 것입니다. 우리는 바다와 대양에서 싸울 것입니다. 우리는 날로 증대하는 확신과 강인함으로 하늘에서 싸울 것입니다. 우리는 어떤 희생을 치르더라도 우리 섬을 지켜낼 것입니다. 우리는 해안에서 싸울 것입니다. 우리는 땅에서 싸울 것입니다. 우리는 들판과 거리에서 싸울 것입니다. 우리는 언덕 위에서 싸울 것입니다. 우리는 절대 굴복하지 않을 것입니다."

말년에 처칠은 모교인 사립학교에서 강연하면서 위대한 성공의 비밀을 젊은이들에게 들려주었다. 그는 지팡이에 기대어 약간 떨면서 청중들 앞에서 힘찬 목소리로 말했다. "내 삶의 교훈은 일곱 단어로 요약할 수 있다. 절대로 굴복하지 말라, 절대로, 절대로, 굴복하지 말라."

캘빈 컬리지(Calvin Colidge)는 '조용한 칼'이라는 별명을 얻을 정도로 사람들 앞에서 연설하는 것을 몹시 꺼린 대통령이다. 그런 그가 이 주제에 관해 후세에 길이 기억될 간단한 글을 남겼다. "끝까지 밀어붙여라. 이 세상에서 그 어떤 것도 끈기를 대신할 수 없다. 재능도 이를 대신할 수는 없다. 재능을 갖추고도 실패한 사람이 너무나 많다. 천재성도 이를 대신할 수는 없다. 실패한 천재에 대한 이야기만큼 흔한 것도 없다. 교육도 이를 대신할 수 없다. 이 세상은 교육받은 낙오자들로 가득하다. 끈기와 굳은 결의만이 모든 것을 가능하게 한다."

끈기는 성공의 보증서이다

성공한 기업인들의 특징은 불굴의 의지와 확고부동한 끈기이다.

1895년에 미국은 끔찍한 불황에 휩싸였다. 중서부의 어떤 이는 그 불황의 와중에 호텔을 잃고 말았다. 그는 온 나라를 휩쓸고 있는 역경에도 불구하고 끈질기게 노력해서 다시 일어설 수 있도록 사람들에게 동기를 부여해줄 책을 쓰기로 결심했다.

그는 바로 오리슨 스웻 마든(Orison Swett Marden)이라는 사람이다. 그는 말 보관소 위에 방을 하나 잡고 『삶의 전면으로 나아가서 Pushing to the Front』라는 책을 쓰는 데 1년 내내 밤낮으로 매달렸다. 마침내 그는 어느 날 저녁 늦게 책의 마지막 페이지를 마쳤다. 피곤하고 허기진 그는 저녁을 먹으러 한 조그만 카페에 갔다. 그가 한 시간 정도 밖에 있는 동안 말 보관소에 불이 났다. 그가 돌아왔을 때는 800페이지가 넘는 원고가 불타서 모조리 사라진 뒤였다.

그럼에도 불구하고 그는 기억에 의지하여 다시 그 책을 쓰면서 또 한 해를 보냈다. 책을 다 쓰고 나서 그는 여러 출판사를 찾아다녔다. 하지만 온 나라가 극심한 불황과 높은 실업으로 허덕이는 마당에 그와 같은 동기 개발 서적에 흥미를 보이는 사람이 있을 리 없었다. 그 후 그는 시카고로 가서 다른 직업을 구했다. 그러던 어느 날 그는 마침 한 출판업자와 친분이 있는 친구에게 그 원고 이야기를 했다. 얼마 후『삶의 전면으로 나아가서』라는 책은 출판되었고, 전국적인 베스트셀러가 되었다.

『삶의 전면으로 나아가서』는 미국의 지도적인 기업가들과 정치인들로부터 미국을 20세기로 이끌어줄 책이라는 찬사를 받았다. 그 책은 전국의 독자들이 중요한 결정을 내리는 데 엄청난 영향을 주었으며, 자기 개발에 관한 가장 위대한 고전이 되었다. 헨리 포드, 토머스 에디슨, 하비 파이어스톤, J. P. 모건 같은 사람들이 모두 이 책에 큰 감화를 받았다.

실망은 불가피한 것이다

아무리 노력한다 해도 실망과 역경은 삶의 정상적이고 자연적이며 불가피한 일부분이다. 벤저민 프랭클린은 "피할 수 없는 것이라면 죽음과 세금뿐이지만, 모든 경험에 비추어보건대 실망 역시 피할 수 없다"라고 말했다. 아무리 훌륭하게 자신과 자신의 활동들을 조율한다고 하더라도, 삶을 살아가는 동안 셀 수 없이 많은 실의, 좌절, 장애, 역경을 경험하게 될 것이다. 그리고 목표에 더 많이 도전할수록 더 많은 실의와 역경을 경험할 것이다.

이것은 역설이다. 역경에 직면했을 때 그로부터 교훈을 얻지 않으면 잠재력을 완전히 발휘하는 수준까지 전진하고 성장하고 발전할 수 없다. 삶의 위대한 교훈들은 그토록 최선을 다해 모면하고자 했던 좌절과 패배의 산물로서 얻어진다. 만일 그것이 없다면, 높은 고지에 올라 위대한 목표를 성취할 수 있을 만큼 성장할 수 없다.

그리스 철학자 헤로도토스는 이렇게 말했다. "역경은, 만약 그것이 없었다면 묻혀 있었을 재능과 창의력을 끌어내는 힘이 있다."

가장 큰 난제에 직면해서 긍정적이고 건설적으로 대응하면 능력, 용기, 품성, 끈기와 같은 최상의 자질들이 모습을 드러낸다. 어느 누구나 한 단계 한 단계 넘을 때마다 난관에 부딪힌다. 높은 성취자와 낮은 성취자의 차이는 간단하다. 높은 성취자는 역경과 분투를 자신의 성장에 활용하지만, 낮은 성취자는 난관과 역경에 휘둘려 낙담하고 체념한다.

성공 앞에는 항상 실패가 기다리고 있다

위대한 성공은 거의 한결같이 온통 포기하고 싶은 심정뿐인 시점 바로 다음 단계에 나타난다. 사람들은 절망스럽고 힘겨운 상황에 직면해서도 절대 굴하지 않고 끈질기게 노력한 결과 위대한 돌파구가 나타나면 매우 놀라워한다. 위대한 성취를 하면 그에 앞서 '끈기력 시험'이라고도 불리는 이와 같은 최후의 단계를 거쳐야 한다.

1,000달러로 EDS라는 시스템 컨설팅 회사를 설립해서 거의 30억 달러의 자산 규모로 성장시킨 H. 로스 페로는 미국 역사상 가장 성공한 자수성가형 기업인이다. 그는 이렇게 말했다. "대다수 사람들은 성공을 쟁취하기 바로 직전에 포기한다. 그들은 1미터 앞에서 그만둔다. 경기의 마지막 1분을 남겨놓고, 승리의 터치다운을 한 발자국 남겨놓고 포기한다."

헤로도토스는 이렇게 썼다. "목표에 거의 도달했을 때 포기해버리는 사람들이 있다. 그런가 하면, 마지막 순간에 그 어느 때보다 더욱 매진하여 승리를 획득하는 사람들도 있다."

어떤 상황에서도 버티는 힘, 견뎌내는 힘, 이것이 바로 승자의 자질이다. 끈기란 포기하지 않고 또다시 패배에 맞서는 능력, 커다란 난관에 직면해서도 밀고 나가는 능력이다. 익명의 작가가 쓴 시 한 편이 있다. 그만두거나 손을 놓고 싶은 유혹이 생길 때마다 이 시를 읽고 외우고 암송했으면 한다. 이 시의 제목은 「포기하지 말라」이다.

포기하지 말라

때로 그렇듯이 일이 잘못될 때
터벅터벅 걷는 길마다 오르막으로 보일 때
돈은 떨어지고 빚만 쌓여갈 때
그리고 웃고 싶어도 한숨만 나올 때
근심이 당신을 짓누를 때
쉬어야 한다면 쉬더라도, 포기하지는 말라
우리 모두가 때때로 터득하듯

GOALS! ● 마지막 1분까지 포기하지 말라

삶이란 얽히고설킨 참으로 묘한 것
그리고 손만 뻗으면 잡을 것 같아도
실패할 때가 많은 법
너무 느린 듯 보여도 포기하지는 말라
어느 날 갑자기 성공할 수도 있으리니
성공은 실패 속에서 나타나는 것
의심의 구름에서 퍼져나오는 은빛
그리고 가까이 있어도 알 수가 없으니
아득한 듯 보여도 곧 다가갈 수 있으리니
아무리 힘들어도 끝까지 싸워나가라
아무리 일이 잘못되어가는 듯 보여도 포기하지는 말라

> **마지막 1분까지 포기하지 말라**
>
> 1. 지금 이 순간 길을 가로막고 있는 가장 커다란 문제가 무엇인지 확인하라. 그것은 자신의 결심과 욕망을 시험하기 위한 것이라고 생각하라.
> 2. 삶을 돌이켜보고 끈질기게 노력하겠다는 굳은 결심이 성공의 열쇠였던 경우들을 확인하라. 그 어떤 난관이나 낙담에 빠질 때마다 그 경험들을 떠올려라.
> 3. 간절히 바라는 목표가 있는 한 그것을 성취할 때까지 절대로 포기하지 않겠다고 먼저 결심하라.
> 4. 그 어떤 문제나 난관, 장애, 좌절이라도 잘 분석하고 그로부터 더 큰 이익이나 기회의 가능성을 찾아라. 항상 도움이 될 무언가를 발견하게 될 것이다.
> 5. 어떠한 상황에서든 해결 지향적이고 행동 지향적인 태도를 취하라. 항상 문제 해결이나 목표 성취를 위해 지금 당장 할 수 있는 일이 무엇인가 하는 관점에서 생각하고, 그 일에 착수하라! 절대로 포기하지 말라.

위대한 성공을 보장해줄 한 가지 자질은 다른 누구보다 더 오랫동안 끈질기게 노력하는 능력이다. 끈기는 극기가 행동으로 나타난 것이며, 자기 자신에 대한 믿음을 재는 진정한 척도이다. 미리 "절대로, 절대로 포기하지 않겠다!"라고 다짐하라.

추천 도서 목록

The Achievement Factors. B. Eugene Griessman.
The Achiever's Profile. Allan Cox.
Achieving Peak Performance. Nido Qubein.
The Acorn Principle. Jim Cathcart.
Advanced Selling Strategies. Brian Tracy.
Adversity Quotient. Paul G. Stolz.
The Art of Negotiating. Gerald Nierenberg.
Breakpoint and Beyond. George Land and Beth Jarman.
Breathing Space. Jeff Davidson.
Built to Last. James C. Collins and Jerry I. Porras.
The Business of Selling. Tony Alessandra and Jim Cathcart.
Competing in the Third Wave. Jeremy Hope and Tony Hope.
Consultative Selling. Mack Hanan.
Creating Your Future. George Morrisey.
Customer Intimacy. Fred Wiersema.
Customers for Life. Carl Sewell.
Do What You Love, the Money Will Follow. Marsha Sinetar.
Economics in One Lesson. Henry Hazlitt.
The Effective Executive. Peter F. Drucker.
Essays. Ralph Waldo Emerson.
The Experience Economy. B. Joseph Tine II and James H. Gilmore.
Fast-Growth Management. Mack Hanan.

GOALS! ● 추천 도서 목록

Faust. Johann Wolfgang von Goethe.
The Feldman Method. Andrew H. Thomson and Lee Roster.
The Fifth Discipline. Peter Senge.
Flow: The Psychology of Optimal Experience. Mihalay Csiksczentmihalyi.
Getting Everything You Can out of All You've Got. Jay Abraham.
The Great American Success Story. George Gallup Jr. and Alex N. Gallup.
Henderson on Corporate Strategy. Bruce Henderson.
How to Win Customers. Heinz Goldman.
Hyper Growth. H. Skip Weitzen.
Innovation and Entrepreneurship. Peter F. Drucker.
Job Shift. William Bridges.
Key Management Ideas. Stuart Crainer.
The Law of Success. Napoleon Hill.
Leadership Challenge. James M. Kouzes and Barry C. Posner.
Leadership When the Heat's On. Danny Cox.
Leading People. Robert H. Rosen.
Life beyond Time Management. Kim Norup and Willy Norup.
Lifetime Guide to Money. Wall Street Journal.
Locus of Control. Herbert M. Lefcourt.
The Management of Time. James T. McKay.
Managing for Results. Peter F. Drucker.
Managing the Future. Robert B.Tucker.
Man's Search for Meaning. Victor Frankl.
The Marketing Imagination. Theodore Leavitt.
Maximum Achievement. Brian Tracy.
Megatrends 2000. John Naisbitt and Patricia Aburdene.
Million Dollar Habits. Robert Ringer.

The Negotiators Handbook. George Fuller.

Nicomachian Ethics. Aristotle.

Nobody Gets Rich Working for Somebody Else. Roger Fritz.

Og Mandino's University of Success. Og Mandino.

On Becoming a Leader. Warren Bennis.

Only the Paranoid Survive. Andrew S. Grove.

The Organized Executive. Stephanie Winston.

Organized to Be the Best. Susan Silver.

Outperformers. Mack Hanan.

Passion for Excellence. Tom Peters and Nancy Austin.

The Path of Least Resistance. Robert Fritz.

Pathfinders. Gayle Sheehy.

Peak Performers. Charles Garfield.

Permission Marketing. Seth Godin.

Play to Win. Larry Wilson.

Positioning. Al Reis and Jack Trout.

Power in Management. John P. Cotter.

The Power of Purpose. Richard J. Leider.

The Power of Simplicity. Jack Trout.

The Practice of Management. Peter F. Drucker.

Price Wars. Thomas J. Winninger.

Profit Patters. Adrian J. Slywotzky and David J. Morrison.

Pushing the Envelope. Harvey Mackay.

Pygmalion in the Classroom. Dr. Robert Rosenthal.

Quality Is Free. Phillip Crosby.

Real Time. Regis Mckenna.

Relationship Selling. Jim Cathcart.

GOALS! ● 추천 도서 목록

Richest Man in Babylon. George Classon.
The Sale. Don Hutson.
Secrets of Effective Leadership. F. A. Manske Jr.
Sell Easy. Thomas. J. Winninger.
Selling the Invisible. Harry Beckwith.
Servant Leadership. Robert K. Greenleaf.
The Seven Habits of Highly Effective People. Stephen Covey.
The Situational Leader. Dr. Paul Hersey.
The Sole of a Business. Tom Chappell.
Stress without Distress. Hans Selye.
Success Is a Journey. Brian Tracy.
The Success Principle. Ronald N. Yeaple.
Techno Trends. Daniel Burrus.
The Unheavenly City. Dr. Edward Banfield.
Think and Grow Rich. Napoleon Hill.
The Time Trap. Alex Mackenzie.
Top Management Strategy. Benjamin B. Tregoe and John W. Zimmmerman.
The 22 Immutable Laws of Branding. Al Reis and Laura Reis.
The 22 Immutable Laws of Marketing. Al Reis and Jack Trout.
Visionary Leadership. Bert Mannus.
Visions. Ty Boyd.
Wealth without Risk. Charles J. Givens.
Working Smart. Michael LeBoeuf.
You Can Negotiate Anything. Herb Cohen.
The Zurich Axioms. Max Gunter.

찾아보기

ㄱ

가역성의 법칙 92
고객 서비스업 155
균형 성과표 114
극기 184, 208, 276, 277, 283
긍정문 32, 197, 201~203
긍정적인 사고 38, 203
긴급한 일과 중요한 일 185

ㄴ

내면의 거울 207, 208
내적 제약 조건 vs. 외적 제약 조건 125

ㄷ

다중 지능 개념 88
대안 개발 255
『더 골』 125
동기 부여 17, 25, 48, 80, 138
동시성 224, 242
두려움의 원인 270
마든, 스웻 오리슨 279
마법의 지팡이 기법 68, 151
마음속 그림 205, 209, 211, 216, 217
마인드스토밍 248, 254, 255
망상 피질 75, 76, 77, 80
문제 지향적 태도 123

GOALS! ● 찾아보기

미래 지향적 태도 41, 51, 53

ㅂ

벨, 알렉산더 그레이엄 28
보상의 법칙 259
부가가치 생산 247
부정적인 감정들 29~32, 34, 127
부정적인 감정들의 나무 32
비전 40, 42, 43, 45, 48, 49, 63, 64, 97, 107, 109, 206
뿌림과 거둠의 법칙 158

ㅅ

『삶의 전면으로 나아가서』 279, 280
상응의 법칙 75, 205, 211, 219
색인 카드 82, 201~203
성공을 위한 6P 공식 173
성공을 위한 마스터 프로그램 85
성공의 관성 원리 265, 267
명사들과의 교류 161, 162
성과 지향적 태도 163, 192
세렌디피티 224, 242
수퍼의식 75, 204, 218~229, 242, 247, 255
수퍼의식 활동의 법칙 222
스트레스의 주원인 232

승자로부터 배우기 282
시각화의 네 가지 측면 210~212
시각화하기 215, 216
시간당 급료로 계획 세우기 98
시나리오 짜기 254
신념의 법칙 84

ㅇ

"안 돼"라고 말하기 192
안전 지대 128, 235, 275
양자택일의 법칙 189
에디슨, 토머스 87, 190, 221, 280
열등감 30, 31, 33, 88, 127, 150
『영혼의 의자』 33
예비 계획 235, 256, 257
오컴의 면도날 65
『우리가 될 수 있는 것들』 209
우선 순위 55, 130, 156, 157, 169, 175, 180, 181, 183~185, 187, 188, 192, 193, 195, 196, 273
원점에서 재검토하기 100~102, 109, 237
융통성을 위한 마법의 주문 237
이상적인 사고 43
인격을 이루는 다섯 가지 요소 51, 52
인과의 법칙 224

인력의 법칙 74, 185, 205, 211, 219

ㅈ

자기 제한적 신념 42, 86, 87, 89, 90, 94, 95
자기 존중 54, 55, 57, 58, 272
자아 개념 85, 86
자아 이미지 31, 57, 58, 94, 207
자영업자로서의 태도 34
장기적인 경제적 계획 99, 100
장기적 안목 41, 42
전략적 계획 108, 170, 171, 179
전진 이론 241
정신적 등가물 94
정신적 리허설 209
제약 조건 이론 125
종이 위에서 생각하기 177, 257
『좋은 기업을 넘어 위대한 기업으로』 107
지글러, 지그 25, 72, 96, 154, 163

ㅊ

창의적인 미루기 187
처칠, 윈스턴 268, 278, 279
체계적인 목표 설정 vs. 마구잡이 목표 설정 195

최종 기한 111, 113~117, 121, 130, 134, 135, 143, 145, 169, 198, 253

ㅋ

카페테리아식 성공 모델 25
코끼리를 먹는 법 116

ㅌ

통로 원리 241, 275
통제 구역 이론 37
팀 플레이어 159

ㅍ

프로이트, 지그문트 219, 220
프로젝트 계획 일람표 177, 178

ㅎ

『하버드 경영대학원에서도 가르쳐주지 않는 것들』 21
학습된 무기력 128~130, 150
한 사람 안의 세 가지 정신 219
합리화 31, 150
해결 지향적 태도 123, 124, 176, 251, 283
핵심 성과 영역 143~145, 153
행동 지향적 태도 258, 267, 283

현실 원칙 97, 239
활동가 46
황금의 삼각 지대 38
힐, 나폴레온 74, 91, 122, 147, 205,
　　220, 241, 260
10대 목표 훈련 196
3 더하기 1 공식 151
360도 전방위 분석 144
3P 공식 197
5년 후의 모습 상상하기 42
80 대 20의 법칙 125, 137
ABCDE 방법 187, 192, 193

옮긴이의 말

살아간다는 것은 곧 꿈을 꾼다는 것이다. 사람들은 저마다 살아가면서 꿈을 꾸며, 그 꿈은 하루하루 살아가는 힘이 된다. 좋은 학교에 들어가고 싶은 꿈, 뛰어난 직장인이 되고 싶은 꿈, 사업에서 성공하고 싶은 꿈, 많은 돈을 벌고 싶은 꿈, '푸른 초원 위에 그림 같은 집을 짓고 사랑하는 우리 님과 한평생 살고 싶은 꿈,' 훌륭한 학자가 되고 싶은 꿈, 아름답고 평화로운 세상을 만들고 싶은 꿈, 아니면 새가 되어 푸른 하늘을 훨훨 날아가고 싶은 꿈……. 물론 그 꿈은 이 세상에 존재하는 사람들의 숫자만큼이나 다양할 것이다.

그러나 모든 사람이 꿈을 이루는 것은 아니다. 꿈을 이룬 사람이 있고, 꿈을 위해 열심히 노력하는 사람이 있는가 하면, 고군분투하다가 좌절하고 실의에 빠져 더 이상 꿈꾸기를 포기하는 사람도 있다. 그렇다면 많은 사람들이 꿈을 이루지 못하는 이유는 무엇인가? 그것은 그들이 방법을 모르기 때문이다.

이 책은 꿈을 이룰 수 있는 방법을 제시하고 있다. 아니, 더 정확하게 말하자면, 이 책은 목표 설정과 달성에 관한 방법을 제시하는 책이다. 저자는 자신의 경험에서 스스로 깨달은 바를 바탕으로 목표 설정과 달성에 관한 수많은 책을 읽고 연구해서 누구나 삶에서 원하는 모든 것을 얻을 수 있는 체계적이고 효율적인 방법들을 종합해놓았다.

자신이 원하는 바를 이루고자 하는 사람들에게 저자가 가장 먼저 강조하는 바는 더 이상 꿈만 꾸지 말고 명확한 목표를 세우라는 것이다. 스스로를 위해 명확하고도 구체적인 목표를 세우는 것은 목표 달성의 출발점이자 심지어는 그 전부라고까지 할 수 있다. 계속해서 저자는 이를 실현하기 위한 구체적인 계획을 수립하고 날마다 끈질기게 실천하라고 말한다.

'그러나 과연 원하는 바를 이룰 수 있는 능력이 나에게 있을까?' 저자도 말하고 있듯이, 이에 대해서는 걱정할 필요가 없다. 하늘은 스스로 돕는 자를 돕는다고 하지 않았던가? 누구나 자신이 알지 못하는 엄청난 잠재능력을 이미 갖고 있다. 다만 그 잠재능력을 이제껏 묵혀두고 있었을 뿐이다. 우리가 할 일은 자신의 잠재능력을 한껏 펼쳐놓는 것이다. 스스로를 믿고 저자가 안내하는 길을 따라 한발 한발 내디뎌 보라. '꿈은 이루어진다!'

이 책의 번역은 내게 소중한 경험이었다. 내 꿈과 목표에 대해 다시 한번 깊이 생각해볼 수 있었고, 내 삶과 내 운명의 주인은 나라는 사실을 새삼 확인하게 되었다.

책은 거울과도 같아서 읽고 싶은 대로 그 모습을 드러낸다. 다만 번역이 마치 깨진 거울과도 같이 이 책을 읽는 데 방해가 되지 않았으면 하는 마음 간절하다.

정범진

감수자의 말

　브라이언 트레이시는 고교 중퇴자이다. 그는 온갖 궂은 일과 풍파를 겪으면서 고생하던 중 자신을 이렇게 내버려둘 수는 없다고 생각하고 성공적이고 행복한 삶을 살아보겠다고 결심하게 된다. 그는 분명한 목표를 정하고, 포기하지 않고 부단히 노력하여 성공했을 뿐만 아니라, 성공의 방법을 시스템화하여 세미나나 강연, 책이나 테이프 등을 통해 전 세계에 보급하는 성공동기부여가(모티베이터)이자 컨설턴트가 되었다. IMF시절보다 더 어렵다는 지금, 우리는 브라이언 트레이시에게서 분명하고 확실한 성공에 이르는 길을 배우게 될 것이다.

　브라이언 트레이시는 '성공이란 무엇인가?' 라는 질문에 한마디로 대답한다. '성공이란 목표' 라는 것이다. 성공이란 분명하고 확실한 목표를 세우고 그것을 달성해 나가는 능력이다.

　『목표, 그 성취의 기술』을 읽다보면 내 자신이 걸어온 길을 되돌아보게 된다. 나는 어떤 목표를 갖고 여기까지 오게 되었는가?

　삼성그룹에서 14년간 인사·교육 부서의 일을 하면서 기업의 성공을 위해서는 사람의 변화가 가장 중요하다는 것을 깨닫고 사람이 변화하도록 만드는 교육 프로그램을 찾으려고 노력했다. 그 후 약 5년간 외국 프로그램을 교육하는 기관에서 일을 하다가 1997년 11월 독립해서 회사를 차렸다. 사실 그때까지만 해도 이 한 몸 잘 먹고 잘살고, 아파트 평수나 넓히고, 아들에게 집 한 채 사주고, 노후에 여유가 조금 있기를 바라는 정도일 뿐 원대한 목표나 꿈은 없었다.

그러나 IMF 경제 위기를 맞이하면서 나라가 왜 이렇게 어려울까 고민하게 되었고, 결국 잘못된 '리더십'에서 그 원인을 찾았다. 그 후 리더를 제대로 교육할 수 있는 프로그램을 찾던 중 캐나다 소재의 한 교육단체와 연락이 닿게 되었다.

"confidence" 즉, 자신감이라는 키워드로 인터넷에서 검색하여 찾아낸 이 단체는 비영리교육기관으로서 크리스토퍼 리더십 코스를 교육하는 곳이었다. 1998년 5월 처음 캐나다를 방문하여 그 프로그램을 도입하고, 같은 해 10월 한국에서 처음 교육을 시작했다. 2003년 현재 1만 명 이상의 졸업생과 1000명 이상의 자원봉사 강사가 배출되어 전국적인 규모로 교육이 실시되고 있다.

크리스토퍼 리더십 코스를 운영하는 책임자를 만나기 위해 캐나다 밴쿠버에 방문했다가 그 당시 미국 샌프란시스코에서 열리고 있던 ASTD(American Society for Training & Development) 교육전시회에 참가하게 되었을 때의 일이다. 전시회에 자리잡은 수많은 부스를 둘러보던 중 브라이언 트레이시 인터내셔널 부스를 지나게 되었다. 담당자의 설명을 들으면서 당시 우리나라가 처한 환경에서 리더들에게 새로운 목표를 갖고 노력하도록 강한 동기를 부여할 수 있는 프로그램이라는 확신이 들어 국내에 도입하기로 결심하게 되었다.

지난 수년간 나는 브라이언 트레이시의 교육 프로그램인 피닉스 세미나와 세일즈 세미나를 수백 차례 강의하면서 남녀노소를 불문하고 수많은 사람이 큰 감명과 새로운 동기부여를 받는 것을 보았다. 그를 통해 많은 사람들이 뚜렷한 목표를 세우고 어떤 환경이나 어려움도 이겨내어 다시 일어설 수 있는 자신감과 열정을 회복하게 되었다. 그들은 가치 있고 의미 있는 삶을 찾고 행복하고 성공적인 삶을 살게 되었다.

나 또한 그의 강의와 책을 통해 자아실현과 성취에 이르게 되었다. 이 세상을 더 행복한 곳으로 만드는 데 교육을 통해 이바지하겠다는 확실한 목표와 함께 실천할 수 있는 힘이 생겼다. 뿐만 아니라 수많은 동지가 모여들어 응집된 역량으로 지금 이 순간에도 사람을 바꾸고 세상을 바꾸는 목표를 수행하고 있다.

『목표, 그 성취의 기술』은 브라이언의 최신작으로, 그의 핵심 메시지인 성공, 목표에 관한 최고의 노하우를 다루고 있다. 목표 설정을 위한 핵심 열쇠와 목표 달성을 위한 단계가 체계적으로, 그리고 실제로 생활에 적용할 의욕을 북돋는 설득력 있는 어조로 제시되고 있다.

브라이언 트레이시는 목표의 중요성과 관련해서 가히 충격적이라 할 만한 메시지를 전달하는데, 이는 다음과 같다.

"목표가 없는 사람은 목표가 있는 사람을 위해 평생 일해야 하는 종신형에 처해져 있다."

더 이상 지체할 시간이 없다. 자신의 인생을 귀중하게 여긴다면, 지금 당장 종이와 연필을 준비해 원하는 것을 적어보기 바란다. 인생의 목표를 정하고, 이루기로 결심하고, 지금 당장 실행해야 한다.

이 책을 통해 '어떻게 하면 내가 원하는 것이면 무엇이든 성취하면서도, 삶 전체를 균형 있게 영위할 수 있을까?', '어떻게 하면 내가 상상한 것보다 빨리, 남들보다 더 빨리 목표를 이룰 것인가?'에 대해 구체적인 답을 얻게 될 것이다.

『목표, 그 성취의 기술』이 출간되어 국내 독자들도 브라이언 트레이시의 탁월한 목표 달성 기법에 대해 읽을 수 있게 된 것을 기쁘게 생각한다.

김동수(피닉스리더십센터 대표이사)

브라이언 트레이시 인터내셔널의 학습 프로그램
Learning Resources of Brian Tracy International

핵심 심화 훈련 및 지도 프로그램

브라이언 트레이시는 샌디에고에서 성공적인 기업가, 전문직 종사자, 고위 판매원들을 위한 개인 지도 프로그램을 제공하고 있다.

개인 전략 수립 과정 │ 참가자들은 3개월에 한 번씩 하루 종일 브라이언 트레이시의 단계별 개인 전략 수립 강좌를 들으며 수입을 두 배로 늘리고 시간을 반으로 줄이는 방법을 배운다.

핵심 집중력 과정 │ 참가자들은 가장 좋아하는 일을 찾고 가장 수익성 있는 활동을 잘할 수 있는 방법을 배운다. 좋아하지도 않고 이익이 되지도 않는 과제들을 줄이고 없애는 방법을 배운다. 또한 특별한 재능을 확인하고 각종 수단과 집중력을 활용하여 자기 분야의 최고가 되는 방법을 배운다.

핵심 개인 전화 훈련 프로그램

브라이언 트레이시의 개인 지도를 받은 전문 지도자들이 직업 생활에서 성취 수준을 끌어올리는 데 도움이 될 단계별 훈련을 제공한다.

12주 프로그램 │ 집중 12주 프로그램은 각종 훈련, 오디오 프로그램, 사전 작업, 개인별 지도 등을 거쳐 이수한다.

개인 책임 과정 │ 삶의 모든 영역에서 핵심 과정을 실행하는 방법을 배운다. 이 과정을 통해 자신이 누구인지, 무엇을 원하는지, 어디로 가고 있는지, 그리고 목표를 성취할 수 있는 가장 빠른 방법에 대해 완전히 명료하게 인식하게 된다.

브라이언 트레이시의 강연 프로그램

브라이언 트레이시는 세계에서 가장 인기 있는 전문 강연가 가운데 한 사람으로, 매년 25만 명이 넘는 사람들에게 강연하고 있다.

그의 주제는 다음과 같다.

- 최고 성과를 이룰 수 있는 21세기형 리더십
- 개인적 성과의 극대화
- 고급 판매 기술 및 전략
- 판매원과 기업을 위한 반격

브라이언 트레이시 인터내셔널

Brian Tracy International 462 Stevens Avenue, Suite 202
Solana Beach, CA 92075
전화 858-481-2977, 17 팩스 858-481-2445
홈페이지 www.briantracy.com

㈜피닉스리더십센터의 브라이언 트레이시 프로그램

㈜피닉스리더십센터는 성공과 리더십, 동기부여, 세일즈 등의 분야에서 성공적인 교육훈련사업을 하고 있는 브라이언 트레이시 인터내셔널(Brian Tracy International)의 한국 파트너로서, 개인과 조직의 성공을 돕기 위한 실용적이고 성과 지향적인 교육을 실시하고 있습니다.

브라이언 트레이시는 대중강연이나 세미나를 통해 긍정적이고 강력한 영향을 끼치고 있는 세계적인 동기부여 전문가이자 비즈니스 컨설턴트입니다. 1998년 12월, 김동수 원장이 설립한 ㈜피닉스리더십센터는 브라이언 트레이시 인터내셔널 프로그램을 한국화하여 제공하고 있습니다. 피닉스 세미나를 통해 개인의 근본적인 사고체계를 전환하고, 무한한 잠재능력을 개발하며, 삶의 행복과 최대의 성과를 거두기 위한 성공 시스템을 배우십시오. 최고의 세일즈맨을 꿈꾸고 있다면, 피닉스 세일즈 세미나의 고소득을 얻기 위한 최상의 노하우를 선택하십시오.

브라이언 트레이시의 성공 시스템은 현재 20여 언어로 번역되어 40여 국가에서 수백만 명의 사람들에게 강력한 영향을 끼치고 있습니다. 이 시스템을 적용한 피닉스 세미나, 피닉스 세일즈 세미나를 통하여 개인 생활과 직장 생활에서 최고의 성공을 거둘 수 있는 놀라운 실천 방식을 접하게 될 것입니다.

㈜피닉스리더십센터

서울 서초구 서초동 1627-2 JCM빌딩 2층
대표전화 (02)598-7183   팩스 (02)598-7186
홈페이지 www.briantracy.co.kr